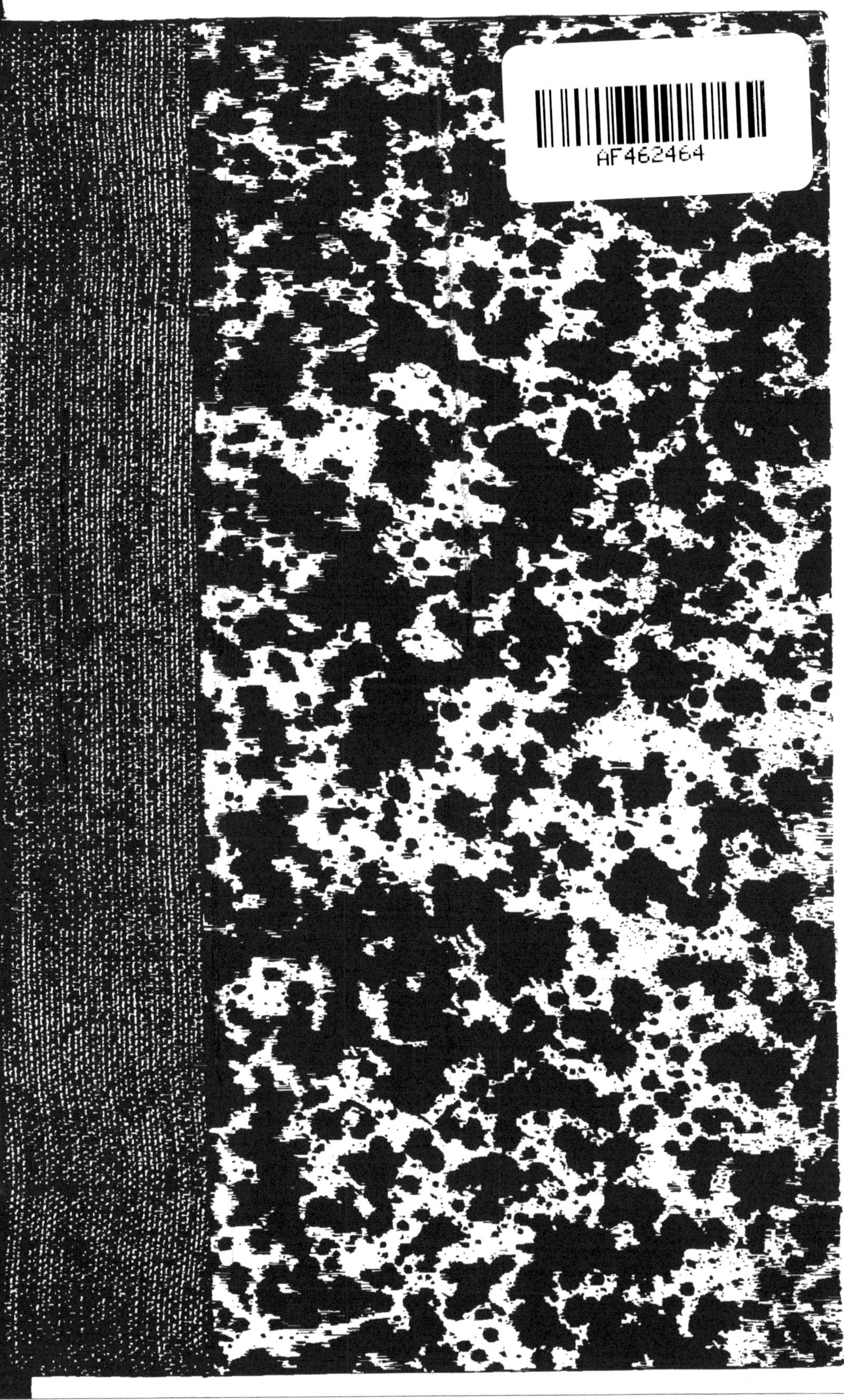
AF462464

UNE FAMILLE

PENDANT LA GUERRE

J. Claye. Imprimeur
Benoit 7. à Paris

Mme B. BOISSONNAS

UNE FAMILLE

PENDANT LA GUERRE

1870-1871

Nous pleurerons et nous nous souviendrons...
Nous ne nous lasserons pas d'espérer!

(LICHTENBERGER, l'*Alsace en deuil.*)

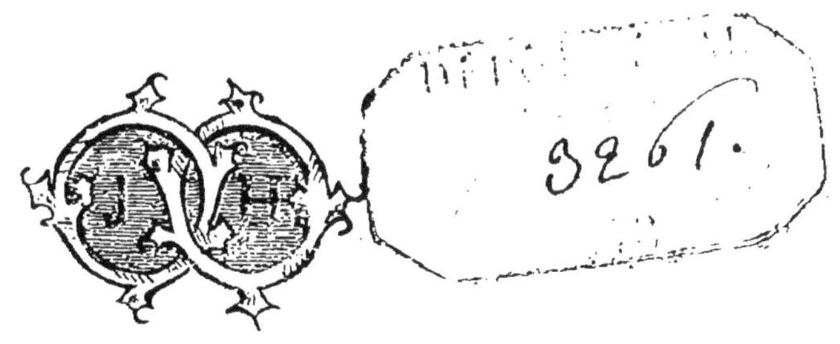

BIBLIOTHÈQUE
D'ÉDUCATION ET DE RÉCRÉATION
PARIS, J. HETZEL ET Cie, 18, RUE JACOB

1873

AVERTISSEMENT

DE L'ÉDITEUR

Il faut que le souvenir de nos désastres soit durable ; il est des douleurs qu'on ne saurait sans crime oublier ; et c'est surtout chez les générations qui s'élèvent et à qui appartiendra particulièrement la tâche de la réparation qu'il est bon, qu'il est nécessaire de perpétuer la mémoire des terribles épreuves infligées à notre pays.

Nous avons pensé que le livre que nous leur offrons ici pourrait contribuer à maintenir parmi elles ce douloureux mais instructif souvenir.

Il est en France nombre de provinces, nombre

de familles qui, tout en prenant part sans doute à nos misères, n'en ont souffert cependant que de loin et n'en ont eu que le contre-coup. Ce livre leur dira ce qu'ont enduré les maisons, les familles, les pays sur lesquels ont pesé directement la guerre, l'invasion et toutes les calamités qui en découlent.

La réunion des lettres qui composent ce volume nous a paru former une part de l'histoire vraie des malheurs de la France, racontés par les divers membres d'une famille pour laquelle — et il y en a eu beaucoup dans le même cas — les douleurs patriotiques étaient encore aggravées par les angoisses de la séparation.

L'auteur de ce livre n'a pas voulu le faire autre que les circonstances ne l'avaient fait. C'eût été aller contre le but qu'il se proposait que d'en modifier le caractère. Son œuvre a été de réunir, de condenser, de coordonner les lettres qui s'y trouvent recueillies et qui, écrites pour la plupart sous le coup même des événements, les retracent avec fidélité. Ici la parole devait être surtout aux faits; les réflexions en naîtront assez d'elles-mêmes.

J. HETZEL.

UNE FAMILLE

PENDANT LA GUERRE

1870-1871

BERTHE A ANDRÉ DE VINEUIL.

Les Platanes (Oise), 5 septembre 1870.

Mon cher André,

Hier, vers quatre heures, une pluie d'orage nous avait fait rentrer. Nous étions tous réunis dans la bibliothèque; Robert et Marguerite, en l'honneur de leur congé du dimanche, coloriaient des images, maman écrivait à ma tante de Thieulin, mon père, l'air très-soucieux, étudiait une carte de l'état-major.

On entendit le certain grincement que tu reproches à la porte d'entrée.

« Ce doit être François, dit mon père en relevant la tête, nous allons avoir des nouvelles. »

Il alla se placer contre la fenêtre et attendit. Je vis combien sa figure était inquiète et lui offris d'aller demander si c'était bien François. Mon père fit un geste négatif sans rien dire et attendit encore. Quelques minutes passèrent; enfin, n'y tenant plus, il ouvrit la porte pour s'informer lui-même. Nous aperçûmes derrière cette porte une figure si bouleversée, si navrée, si confuse, dirai-je, que j'en poussai un cri :

« François! qu'y a-t-il donc?... »

Brave François! papa l'avait envoyé à S. pour voir si quelque dépêche n'avait pas été affichée à la mairie, et il ne pouvait se résoudre à entrer et à dire ce qu'il savait. Le vieux soldat se révoltait en lui, comme le jeune soldat, mon pauvre frère, a dû se révolter en toi quand tu as appris ce qui s'appellera maintenant et pour toujours Sedan! c'est-à-dire le plus grand désastre de notre histoire, la ruine soudaine, incompréhensible; quelque chose d'effrayant au fond duquel on redoute de trouver la honte!

Quatre-vingt mille hommes, l'empereur, l'armée, tout ce qui pouvait se rendre s'est donc rendu! François semblait abruti, nos questions lui ont arraché la vérité lambeau par lambeau. Il apportait un journal et une dépêche qu'il avait copiée à la mairie. Mon père a voulu la lire lui-même tout haut; dès la seconde phrase, l'émotion de sa voix nous a gagnés; maman essayait vainement de comprimer ses sanglots; François pleurait sans y penser; mon cher père lui-même, si calme, toujours si ferme, il a faibli aussi, les larmes l'ont gagné, il a jeté l'affreux papier loin de lui, et, se laissant tomber sur un siége, il est resté dans une stupeur qui m'effrayait. On devinait qu'un monde de pensées s'agitaient dans son cerveau, il ne pouvait parler.

L'effroi de Marguerite, dont les huit ans ne comprenaient rien à cette scène, rappela mon père à lui-même; il l'attira sur ses genoux.

« C'est qu'il nous arrive un grand malheur, Marguerite : les Prussiens ont pris toute notre armée; il n'y aura plus maintenant assez de soldats pour nous défendre!

— Est-ce qu'ils ont tué Maurice et André, les Prussiens? fit Marguerite.

— Non, mon trésor. Grâce à Dieu, tes frères sont encore en sûreté; mais ils ne le seront plus bien longtemps, vois-tu; tout le monde va se battre. Ce n'est plus la guerre pour faire le mal maintenant, c'est la guerre pour empêcher le mal, c'est la guerre pour nous défendre... »

On vint dire que la vieille Mme de *** était là et demandait les nouvelles. Papa et maman nous embrassèrent, on essuya ses yeux avant de descendre, et chacun se dit que les temps devenaient graves et qu'il fallait prendre sur soi.

Depuis lors, hier et aujourd'hui, nous avons à

peine revu mon père et maman; cependant nous aurions eu grand besoin que l'un ou l'autre nous donnât une espérance. Où était-elle, ta gaieté fameuse, frère André? Elle seule et nulle autre aurait été capable de nous ranimer! Sans toi, je n'ai su que traîner les deux petits par la main; ils ne voulaient pas me quitter et nous errions ainsi dans le jardin, interrompus seulement par le jardinier ou par les bonnes femmes du village qui venaient demander à madame si c'était vrai tout ce qu'on disait.

Faute de madame, on se contentait de Mlle Berthe, qui répétait ce qu'elle avait appris. Marguerite ajoutait :

« Et ça a fait pleurer papa. »

Et Robert grondait Marguerite de dévoiler ainsi la faiblesse de papa :

« C'est que maman et Berthe pleuraient, disait-il, alors ça l'a gagné! »

Toujours errant, nous avons gravi la butte d'où l'on domine la grande route. De même que les jours derniers, on y apercevait les tristes caravanes des fuyards de l'Est cheminant péniblement avec leurs enfants et leur bétail.

Voilà près d'une semaine que les premiers ont passé ainsi, et l'émigration semble loin de se ralentir ; jamais nous n'en avions tant compté.

Ce spectacle n'était point fait pour égayer les enfants, diras-tu. En effet ; pourtant ils ont eu quelque plaisir à remarquer qu'une charrette quittait la grande route et venait de notre côté, et il a fallu descendre et faire ouvrir la petite porte pour mieux voir ceux qui approchaient. C'était navrant! Une femme était dans la charrette avec trois petits enfants dont l'un avait à peine deux mois. Quelques matelas, des paquets de linge, des marmites et une cage d'osier où les poules caquetaient plaintivement; tout cela était encore mouillé de la dernière averse, et l'ensemble avait un air transi qui faisait peine. Le père et ses deux fils marchaient à la tête du cheval, une vache était attachée derrière la voiture, et un chien pareil à Fox fermait la marche. Le petit cortége s'arrêta près de notre groupe, et l'homme demanda poliment où l'on pourrait trouver une goutte de lait pour le tout petit enfant. J'envoyai Robert en demander à Nanette, et, fortifiée par la présence du jardinier qui venait d'apparaître, j'osai questionner ces pauvres gens. Ils venaient de Lorraine. Leur ferme était située tout près de Gravelotte. A l'approche de l'ennemi, ils s'étaient sauvés, emportant ce qu'ils pouvaient, abandonnant le reste avec un secret espoir de le retrouver plus tard. Mais deux jours après la bataille ils avaient été rejoints par un de leurs voisins et avaient appris que tout était perdu.

Quelques soldats français s'étaient réfugiés dans la maison pour y prendre leur repas, un détachement prussien les avait cernés, nos lignards avaient tiré par les fenêtres. Enfin les Prussiens avaient pénétré dans la maison, ils avaient massacré nos soldats, puis tout avait été brûlé : maison, grange, étable. La pauvre famille ruinée avait continué depuis lors à marcher sans savoir où. Elle n'a plus qu'une crainte, celle d'être rattrapée par l'ennemi, et père, mère et enfants répètent à tous ceux qu'ils rencontrent :

« C'est inutile de vous défendre, personne ne peut résister aux Prussiens, ils fusillent tous ceux qu'ils peuvent prendre et brûlent les maisons. Sauvez-vous ! sauvez-vous ! »

Voilà pourtant de quelle façon la panique se répand et s'augmente. On ne raisonne plus, on ne songe qu'à sa propre vie, on ne pense plus au pays, et ceux qui ont entendu cet affreux sauvez-vous ! le répètent à leur tour à d'autres.

Robert était revenu avec le lait pour le baby, et Nanette avait elle-même apporté un gros pain et du vin. Nous avons eu un vrai bonheur à voir ces malheureux se ranimer et jouir un instant. Le petit cœur de Marguerite s'est ému pour les poulets, elle leur a émietté du pain et leur a cherché de l'eau, puis l'on s'est dit adieu. Et comme la charrette tournait notre mur, nous avons tous crié ensemble :

« Bon courage ! »

Et nous sommes rentrés.

« Berthe, m'a dit Robert qui devint tout à coup

très-rouge, je pense que tu n'as pas bien fait de ne rien dire à ces gens sur leur devoir. Ils se sauvent et ils font sauver les autres; c'est très-lâche, tout ça. Moi je ne voudrais jamais faire croire aux Prussiens que j'ai peur d'eux.

— Mon garçon, si tu avais femme et enfants, tu te sauverais peut-être aussi pour les sauver.

— Non, certes, je me mettrais derrière un fossé sur le chemin des Prussiens avec plusieurs fusils chargés, je les attendrais et je les tuerais à mesure qu'ils passeraient. »

Une grosse pluie est survenue et nous a fait rentrer, non sans donner une pensée à cette petite charrette, seul abri maintenant d'une famille naguère heureuse.

Et se dire que tant d'autres dans la situation de celle-là défilent presque toute la journée!

J'ai songé au reproche de Robert. L'ai-je mérité? Comme c'est difficile, le devoir! Je ne crois pourtant pas que j'aurais dû faire de la morale à cet homme qui a trois fois mon âge; mais il y a de bonnes choses que j'aurais pu dire, seulement ces grandes détresses-là causent une sorte de terreur; on n'avait rien imaginé de semblable auparavant; on les contemple et on reste muet. Qu'il plaise à Dieu de me rendre bonne à quelque chose!

BERTHE A ANDRÉ DE VINEUIL.

6 septembre.

Je t'écrivais hier et déjà je reviens à toi, cher frère; chaque jour amène du nouveau, et un nouveau si triste!

Papa m'a appelée tout à l'heure, dès que les petits ont été couchés.

« Ma grande fille, a-t-il dit, nous réclamons aujourd'hui tes dix-sept ans au conseil de famille, c'est le moment ou jamais de vieillir vite. Nous avons, ta mère et moi, de grands partis à prendre. Tu sais que comme commandant de la garde nationale j'avais rassemblé quelques éléments de défense à S. Je croyais possible, sinon d'arrêter, du moins d'embarrasser les troupes ennemies qui passeraient par nos routes. Eh bien, ce désastre de Sedan a bouleversé toutes les têtes. A quatre heures j'ai reçu de la mairie ordre de licencier la garde nationale; on prétend qu'il n'y a rien à faire contre les troupes qui sont maintenant libres de marcher sur nous. On va donc ouvrir ses portes! ou plutôt se sauver en les laissant ouvertes! Enfin c'est une panique!... Mon enfant, je ne saurais voir tranquillement ces choses-là s'accomplir. D'ailleurs, je puis encore être bon à quelque chose, il y a certains services que je puis rendre. Avec l'approbation de ta mère, qui fait peut-être à ton frère Maurice plus encore qu'à la patrie le sacrifice de ma personne (pauvre papa! il essayait en vain d'égayer maman), avec l'approbation de ta mère, je viens d'envoyer un télégramme au général Ch.-L... pour me mettre à sa disposition. Je pense qu'on m'emploiera aux fortifications; cela me rapprochera aussi de Maurice, que sa qualité de polytechnicien désigne à un service du même genre. Le père et le fils aîné seront donc à Paris et assiégés!!! Le second fils, maître André, est à cette heure au Mans occupé à faire l'exercice; il continuera son apprentissage militaire. Il reste vous, mère, enfants, et c'est vous qu'il s'agit de mettre en sûreté. Je souhaiterais que ta mère m'ôtât tout souci sur votre sort en fuyant, — le mot est laid, mais le fait est justifiable lorsqu'il s'agit de femmes et d'enfants, — d'abord si vous voulez à Brou, chez votre tante de Thieulin; puis, si l'ennemi avançait, à Tours, en Bretagne, si loin qu'il faudrait pour l'éviter. Ta mère, au lieu de cela, veut...

— Je ne veux rien, a interrompu maman, mais il nous faut réfléchir et chercher le mieux sans nous trop laisser entraîner par nos propres désirs. Nous pouvons fuir, il est vrai, et quelques autres habitants du pays feront de même; mais combien vont rester ! Ceux-là trouveront bien amère la pauvreté qui les livre à un danger que nous sommes si empressés d'éviter. La panique, dont nous voyons déjà de si tristes effets, va augmenter; on m'a dit que beaucoup de pauvres gens s'installaient dans les bois; on ne sait jusqu'où cette terreur peut les mener. Les vingt ou vingt-cinq familles du village resteront si nous restons; nous sommes seuls à savoir l'allemand et nous pourrons servir d'interprètes. Je crois que notre place est ici. Mais nous te parlons de ceci, mon enfant, parce que si tu éprouvais une trop grande crainte de rester, cela trancherait la question. Nous partirions pour le Perche, pour la Bretagne, nous irions aussi loin que le souhaite la prudence de ton père.

— Pourquoi n'irions-nous pas dans Paris avec papa et Maurice? ai-je demandé.

— Parce que Paris sera probablement assiégé, a dit mon père. On ne choisit pas une ville assiégée pour y enfermer des femmes et des enfants. Tu sais ce que je me suis donné de peine pour empêcher les paysans d'envoyer leurs familles à Paris; ces bouches inutiles embarrasseront la défense et peuvent l'abréger. Malgré la consolation qu'il y aurait à être ensemble, je ne crois ni juste ni bien de vous y faire entrer. Cela serait un plus mauvais exemple que la fuite dont la pensée scandalise ta mère. Ce sont des soldats qu'il faut à Paris et des vivres!

— Eh bien, père, je n'ai pas peur du tout de rester ici, et je pense comme maman que nous serons à notre place. Le vieux Hallier, Mme Reboul, puis Augustine, sont venus demander aujourd'hui ce que nous ferions avant de prendre eux-mêmes un parti ; je vois qu'on a très peur.

— Oui, a dit papa, on se souvient des Cosaques en 1815, et l'on s'attend à revoir des sauvages semblables. Grâce à Dieu, les temps ont marché et la guerre ne se fait plus comme jadis. En 1815, la barbarie avait d'ailleurs un prétexte ; c'était des représailles de nos invasions à nous. Cette vieille querelle-là est vidée, il n'y a plus de haine entre les peuples. Si ta mère persiste à rester, ce n'est pas l'occupation allemande que je redouterai le plus dans un canton qui ne se défend pas ; c'est l'isolement, la privation de nouvelles, ce sont les inquiétudes qui en seront la suite. Au reste, nous reparlerons de cela demain ; mais puisque tu écris à André, dis-lui toujours où nous en sommes et que mon départ à moi est décidé. »

Voilà qui est fait, je t'ai tout dit, cher frère ; j'ai mis les mots de chacun pour m'empêcher d'employer ceux qui rendraient ma pensée vraie, celle que j'ai dans le cœur : André, qu'allons-nous faire sans papa, sans toi et sans Maurice ? Nous vous imaginerons tués à chaque bataille dont on parlera ! Il faut que mon père juge le danger de la patrie bien sérieux pour demander du service à cinquante ans passés et quand ce service doit l'obliger à quitter maman. Je t'assure qu'ils font pitié à voir tous deux; on n'ose plus penser à son propre chagrin.

Et toi qui prétendais qu'une guerre en Europe ne pouvait être qu'une plaisanterie. Qu'en dis-tu, maintenant? Cette plaisanterie-là nous coûte déjà bien des larmes. T'imagines-tu papa et Maurice aux remparts, toi en expédition n'importe où, maman sans nouvelles au milieu des Prussiens, et tout cela compliqué d'inquiétudes sur les anciens camarades de papa, peut-être sur mon oncle et ma tante de Thieulin et tant d'autres parents et amis? Oh! si l'on pouvait avoir une bonne paix!

Écris-nous bientôt. Je ne tarderai pas à te donner des nouvelles, car c'est à moi qu'a été solennellement confié le soin de te tenir au courant.

BERTHE A ANDRÉ DE VINEUIL.

Les Platanes, 8 septembre.

C'est fini! et du moins nous n'avons plus à nous débattre contre l'incertitude. Papa a reçu ce matin sa nomination à l'un des bureaux du génie, puis il est décidé que nous restons aux Platanes. Mon père a cédé à toutes les bonnes raisons que maman a su trouver, et depuis ce matin la nouvelle est répandue dans le village.

Si nous avions besoin d'encouragements, nous en trouverions dans la joie générale. Les plus pauvres sont les plus heureux, car ils savent maintenant qu'ils ne mourront pas de faim. La vieille Manon l'a dit naïvement :

« Surtout, mamselle, faites beaucoup de provisions, car nous autres n'en ferons guère. »

Trois familles qui commençaient leurs préparatifs les suspendent; pour d'autres, l'exemple de maman arrive trop tard. Mardi sont partis les enfants et les petits-enfants de la mère Leblanc. Comme on n'accepte plus de bagages au chemin de fer à cause de l'encombrement, ils n'ont emporté que ce qu'ils pouvaient mettre sur eux. Les enfants avaient trois robes l'une par-dessus l'autre, cela les rendait aussi larges que hautes.

Les de R*** sont partis aussi hier, ne laissant derrière eux que les domestiques. Toutes les maisons bourgeoises sont maintenant fermées; tu ne saurais croire combien le pays est devenu triste depuis ces départs. Heureusement que nous avons beaucoup à faire; on va envoyer à Paris deux des vaches et une charrette pleine de vivres, puis il nous faut travailler aux cachettes.

Nous mettons dans des caisses la plus grande

partie du linge, les vêtements d'hommes, presque toute l'argenterie; François descend les caisses dans la cave qui est sous le bûcher. Les tableaux y sont aussi et, en général, les objets auxquels mon père et maman tiennent le plus.

J'y ai mis le beau nécessaire que Maurice et toi m'avez donné à mon dernier jour de naissance. Le maçon va murer l'entrée de la cave, on arrangera devant les bancs et les chaises de jardin, et il faudra être bien habile pour deviner ce qu'il y a là-dessous.

Dans chaque maison on en fait autant avec plus ou moins de mystère. Hier, à nuit noire, François a rencontré au carrefour du Poteau-Neuf une bande de nos voisins, ils revenaient de la forêt où ils avaient enfoui leurs trésors.

Le garde est venu demander à papa s'il devait autoriser certains habitants de Thiers à construire dans les bois des abris pour leurs bestiaux.

Chacun nous conseille de faire quelques dépôts de vivres dans des endroits sûrs. « On ne sait pas ce qui peut arriver, » nous répète-t-on, et ce doute n'est pas le beau côté de notre affaire.

Avec tout cela, le temps marche, et bientôt il faudra voir partir mon père! Il espérait rester jusqu'au 15, mais les nouvelles de la marche de l'ennemi sont menaçantes, nulle part on ne peut même essayer de l'arrêter et nous pouvons l'avoir ici dans quatre ou cinq jours. Puis on réclame mon père à Paris. Déjà il travaille toute la journée à l'aide de documents et de plans que le général Ch.-L... lui a envoyés par une estafette. Maman s'enferme avec lui, et, quelque effort qu'elle fasse, elle paraît chaque jour plus triste. On n'a un bon moment que le soir. Papa prend alors Marguerite sur ses genoux et il explique, en s'adressant à Robert qui le dévore des yeux, mille choses sur la vie des soldats et l'organisation des armées qu'il me semble apprendre aussi.

Mon père a une manière d'enseigner qui n'est pas celle de tout le monde; l'élément moral tient plus de place dans ses préoccupations que tous les éléments matériels réunis, et l'on voit que sa grande inquiétude pour notre pauvre pays n'est pas qu'il manque de canons ou d'argent, mais qu'il manque d'hommes qui sachent faire leur devoir avec conscience. Je crois que papa est la seule personne à qui je puisse entendre parler des défauts des Français.

Il y a des gens qui semblent prendre plaisir à énumérer les faiblesses et les fautes du temps présent, et qui se réfugient dans le dégoût pour se dispenser de l'action; il y en a d'autres qui récapitulent les folies et les malheurs passés et en prédisent de plus terribles encore avec un air si découragé qu'on finit par les excuser, eux aussi, de ne rien faire.

Mon père, lui, n'a ni ironie ni désespoir. Il voit mieux que personne nos plaies, mais comme l'on verrait celles d'un être aimé, adoré. Le respect pour la France ne le quitte pas plus que l'amour; il regrette, il blâme, il aime, il espère, il va combattre! et nous qui l'écoutons, nous nous sentons toujours mieux unis à cette douce patrie si mal servie, si mal aimée.

Je te quitte pour les leçons de Robert. Le pauvre garçon n'est guère en veine de travail. A chaque coup de sonnette, il court à la fenêtre pour apercevoir l'arrivant et juger à sa mine s'il apporte des nouvelles. Nous vivons dans une fièvre que tu peux concevoir. Qu'est-il échappé de nos troupes? Aura-t-on de quoi tenir la campagne sous Paris? Voilà, selon papa, la grande question du moment, et l'on espère toujours quelque dépêche qui nous apprenne sur quoi l'on peut compter.

Le seul point lumineux de notre horizon, c'est Maurice. Il gagne à la résolution de papa ce que nous y perdons, aussi écrit-il des lettres si joyeuses et si triomphantes que maman retrouve un sourire en les lisant.

9 septembre.

Grand émoi hier, comme je finissais ma lettre. Une quarantaine de cavaliers français défilaient sur la grande route. François rayonnait: — « Monsieur, disait-il, c'est bien sûr des éclaireurs, on envoie des troupes, on va essayer de tenir! Je le disais bien que ça ne pouvait pas se passer comme ça! »

Enquête faite, ces hommes font partie d'une brigade de cavalerie envoyée pour couper les routes, faire sauter les ponts, enfin préparer à la marche de l'ennemi toutes les difficultés possibles. C'est le général de C... qui la commande. Dès que mon père a vu son nom, il lui a envoyé François avec une lettre le priant d'établir son quartier général aux Platanes. Mais M. de C... n'a pas osé s'éloigner de la ville où les dépêches de la division, qui se succèdent rapidement, le viennent chercher; les ordres sont, à chaque instant, suivis de contre-ordres, et le plus léger retard pourrait avoir de graves conséquences. Cependant il a trouvé moyen de venir passer une demi-heure avec nous. Qu'il est changé! Il paraît brisé par la douleur et ne parle qu'avec effort de ce qu'il a vu et de ce qu'il sait. Son fils unique doit être auprès du maréchal Bazaine, sous Metz; il y a un mois qu'il n'en a eu de nouvelles. Les terribles batailles de Gravelotte et de Mars-la-Tour ont eu lieu depuis et le pauvre père est convaincu que son fils est tué. Il ne parle de lui qu'au passé. « Il *était* lieutenant au 4e chasseurs, » nous disait-il.

Puis on a passé la revue des amis communs engagés en ce moment. Le colonel A... a été tué à Forbach, et son beau-frère blessé à Reichshoffen. On manque complétement de nouvelles du capitaine Herbauld qui faisait partie du corps du général Frossard. Quant au général de C..., il était à Sedan, et il doit son salut à ce qu'envoyé le matin du 1er septembre, avec sa brigade pour garder la route de Mézières, il a pu encore se retirer à marches forcées sur Paris.

Ses ordres l'obligent à faire couper les routes derrière lui. Tous les beaux arbres de la route de Creil ont été abattus, ils se croisent sur la chaussée et rendent le passage impossible. Mon père a reconduit le général jusque-là, il dit que cette désolation organisée fait mal à voir.

Le matin, à cinq heures, la brigade a quitté S..., et un peu plus tard, un bruit épouvantable a fait trembler la maison. — C'était le grand pont du chemin de fer qui sautait.

BERTHE A ANDRÉ DE VINEUIL.

Les Platanes, 14 septembre.

Nous venons de traverser notre grande douleur — la plus redoutée : — mon père est parti.

Tu n'aimes pas l'élégie, frère André, sois tranquille, je te l'épargnerai. D'ailleurs, je ne prétends pas t'apprendre de quelle tendresse on aime un père comme le nôtre et ce que c'est que cette première heure qui commence une séparation grosse de dangers et dont on ne prévoit pas la durée.

Sans les petits, je ne sais comment maman aurait supporté le dernier moment, le dernier baiser dans la cour; mais Marguerite et Robert semblaient plus étonnés de voir que papa ne prenait pas le chemin de fer et allait à cheval à Paris que de toute autre chose. Leur surprise et leurs exclamations ont fait une diversion salutaire. François accompagne papa jusqu'à Survilliers et reviendra nous donner des nouvelles de cette partie du voyage qui est la plus dangereuse — car, il faut te le dire, et c'est cela qui a décidé mon père à se hâter, les Prussiens sont à Mortefontaine!

Oui, mon pauvre André, ils y sont! cela nous les promet ici pour demain ou après-demain. Leurs uhlans peuvent avoir atteint déjà la route de Paris, notre crainte est que mon père ait trop attendu et qu'il les rencontre! Il se fie à son brave Stanley. — François n'est pas si bien monté, mais il est tout résigné à se laisser prendre. On lui a loué un cheval pour cette expédition, car notre cavalerie est maintenant réduite au vieux poney et à l'objet que tu appelles impertinemment — la rosse du jardin.

Le départ de mon père avait mis le village en émoi, on l'attendait sur la place pour le voir passer. Leblanc, qui, courant à travers bois, avait apporté la nouvelle de l'entrée des Prussiens à Mortefontaine, pérorait au milieu d'un groupe avec l'air important d'un homme dont les moindres paroles font partir pour Paris des colonels du génie. On a interrompu les discours quand mon père a paru, pâle et les larmes aux yeux, mais ferme sur son grand cheval. Il a dit quelques mots pour recommander la prudence à chacun, et comme il savait que quelques trop bonnes âmes se proposaient de traiter de leur mieux les Prussiens pour n'en avoir rien à craindre, il a rappelé que si l'homme prussien blessé ou malade était seulement un homme à secourir, le soldat prussien, dans ses fonctions de soldat, était un ennemi; et que tout secours à lui donné directement ou indirectement serait un secours donné à l'ennemi contre le pays. Puis papa s'est retourné vers nous, son regard nous a bénis encore une fois; nous savons qu'il pensait à toi comme à nous.

Le reverrons-nous jamais, André? Est-ce un pressentiment que ce serrement de cœur qui ne me quitte pas? Il me semble que tout s'effondre, que tout le monde va mourir et que les premiers partis seront les privilégiés.

Maman me gronderait de t'écrire cela. Elle nous disait hier soir, au milieu de son chagrin : « La parole nous a été donnée pour nous encourager et non pour nous décourager, » et elle met son principe en pratique. Après cet affreux adieu à mon père, elle nous a emmenés dans sa chambre, et a pris la

Bible. Elle nous a lu le psaume 121 : « J'élèverai mes yeux vers les montagnes d'où me vient le secours, mon secours vient de l'Éternel !... » Et puis elle a prié pour mon père, pour toi, pour Maurice, pour que la France se défende bien. Les petits ont alors commencé à pleurer et maintenant ils nous assurent qu'ils vont être si sages, si sages! afin que maman n'ait pas un chagrin de plus.

Soir.

François est de retour, aucun Allemand sur la route, mais une énorme quantité de fuyards se hâtant vers Paris. Il a recueilli en chemin quelques nouvelles. Les Prussiens ont fait, à Mortefontaine, une véritable razzia de bestiaux et de grains. Ils sont allés droit au château, mais ne l'ont pas pillé quoiqu'il soit inhabité ; ils se sont contentés de prendre les chevaux et les vaches et sont repartis en disant qu'ils reviendraient bientôt. Te figures-tu les ennemis se promenant à l'aise dans le beau parc que nous aimions tant, où nous avons fait de si joyeuses parties? Cela semble un affreux rêve.

BERTHE A ANDRÉ DE VINEUIL.

Les Platanes, 16 septembre.

Les deux journées qui ont suivi le départ de mon père ont été tristes et mornes comme des journées sans espérance. A deux ou trois reprises, de vagues rumeurs : Les Prussiens sont à Montlévêque! les Prussiens seront ici ce soir! — ont traversé le village, mais leur peu de fondement n'a pas tardé à être reconnu. Maman ne s'en est point émue, et notre ordre habituel de leçons et de promenades n'a été troublé que par nos essais pour perfectionner nos cachettes ou mettre en ordre nos approvisionnements. Le 15, vers cinq heures de l'après-midi, par un temps qui ressemblait au beau temps, je gardais les enfants tout au bout des prairies, à cette place que nous aimons, d'où l'on aperçoit les clochers de S... à droite, et devant soi, la chaussée du Chemin-aux-Bœufs qui coupe en deux la plaine avant de s'enfoncer dans les bois. Nous allions rentrer, et je donnais un dernier coup d'œil au soleil couchant qui illuminait glorieusement ce paysage si simple et si calme, je lui en voulais d'être beau comme autrefois quand nous étions devenus si tristes.

« Tiens, dit Robert, voilà des hommes à cheval qui vont sans doute à Thiers par la forêt. »

Trois silhouettes de cavaliers apparaissaient en effet entre nous et le soleil, ils suivaient au petit pas le Chemin-aux-Bœufs. L'un d'eux tourna son cheval du côté de S... et l'arrêta un instant, il me parut se dresser sur ses étriers et inspecter l'horizon. Puis il reprit sa marche suivi des autres; nous les vîmes cheminer longtemps, enfin ils disparurent dans l'ombre du bois.

« Tu ne sais pas qui ce peut être, Berthe?

— Non, dis-je avec effort, car Robert m'éveillait à la réalité. — Non, je ne sais pas... mais il nous faut rentrer vite... Maman sera très-inquiète.

— Inquiète? pourquoi? nous ne sommes pas sortis du parc.

— Rentrons vite... Robert, je t'en prie, ne me demande rien! »

Nous avons couru la moitié du chemin, j'entendais les battements de mon cœur, mes jambes étaient singulièrement faibles, j'avais peur, et pourtant je ne savais encore rien, je n'osais approfondir mes pensées.

Près de la maison, deux grands corps vêtus de rouge s'étalaient sur le gazon.

« Berthe! » me dirent à la fois les deux enfants en s'arrêtant, blêmes de terreur.

Je les avais saisis chacun par un bras :

« Courage! dis-je à voix basse, allons trouver maman, ce sont les Prussiens! »

Nous passâmes rapidement devant ces gens, qui ne bougèrent pas.

« Où est maman? demandai-je à la cuisine.

— Madame est dans la cour, ah! mamselle Berthe! »

Je ne voulais que maman, tenant toujours mes deux petits, sages et silencieux, je courus, je m'aperçus à peine que la cour était pleine de chevaux et d'hommes en uniformes rouges, je ne vis bien que maman, et François derrière elle. Elle parlait avec calme, mais d'un ton froid et presque hautain que je ne lui connaissais pas. J'allais me jeter à son cou, son regard m'arrêta et je passai seulement mon bras sous le sien.

Un fourrier lui expliquait qu'elle allait avoir à loger dix-huit hommes et quinze chevaux pendant vingt-quatre heures, un autre écrivait quelque chose à la craie sur la porte extérieure, le gros de la troupe attendait qu'on eût fini chez nous pour pousser plus loin. Quelques hommes ouvraient les portes et regardaient curieusement partout. Le bruit d'un galop effaré a dominé celui des voix, c'étaient le poney et le cheval de jardin qu'on chassait de l'écurie; les chevaux prussiens prenaient leur place. François n'a pu retenir une exclamation que je n'ai pas à qualifier et il a conduit nos pauvres bêtes dans la petite grange; ce que c'est que d'être des chevaux de vaincus!

Il a été convenu que les Prussiens occuperaient les chambres au-dessus de l'écurie et que les domestiques nous rejoindraient dans la grande maison, puis tout le monde s'est ébranlé pour préparer le repas prescrit par l'officier. Va, c'est bien dur de se trouver ainsi servir l'ennemi! et comment faire autrement?

« Il faut reconnaître qu'ils ont été polis et arrangeants, dit maman une fois rentrée, cela ne s'est pas passé trop mal.

— Pourquoi ne leur as-tu pas parlé allemand? Ils avaient tant de peine à te comprendre! »

Croirais-tu que c'est maman, maman si prévenante pour tous et si douce, qui m'a répondu :

« Ma tâche n'est pas de simplifier la leur. Souvenez-vous que, sans nécessité, vous ne devez pas leur faire l'honneur de leur parler allemand. »

Pauvre maman! son air royal l'avait bien abandonnée quand, vers minuit, entendant les Prussiens chanter à tue-tête, je me suis relevée pour voir si elle dormait. Tes lettres et celles de Maurice étaient sur ses genoux et elle pleurait en les relisant.

Ce matin, nos occupants sont partis sans désordre et sans exigences déraisonnables. François, malgré lui, a été forcé d'écouter quelques-uns de leurs récits. Ils venaient de Sedan et racontaient surtout les exploits des turcos, — des bêtes féroces, disaient-ils.

Des troupes nouvelles n'ont cessé de passer pendant

l'après-midi, nous n'avons pas eu à nous en plaindre, mais en ville on est fort effrayé. Ils ont chassé le chef de gare de son logis et l'ont complétement pillé. Ce qu'ils n'ont pu emporter, ils l'ont brisé. Ils ont cassé les marbres des commodes, les glaces, les serrures. Quelques maisons dont les habitants sont partis ont été traitées de même.

Tu te rappelles ces grands arbres qui bordaient la route de Creil? Je t'ai raconté qu'ils avaient été abattus et laissés en travers sur la chaussée. L'officier arrivé le premier hier en a été furieux et a signifié au maire que si la route n'était pas déblayée avant le soir, il brûlerait la ville.

On ne pouvait douter qu'il n'exécutât sa menace, et force a été d'envoyer des ouvriers pour mettre sur le bord de la route nos pauvres beaux arbres; ils vont maintenant servir à chauffer les Prussiens.

MONSIEUR DE VINEUIL A MADAME DE VINEUIL.

Paris, 14 septembre 1870.

Chère femme, chers enfants,

A vous mon premier moment de liberté. Six heures pour ce voyage que nous faisons si facilement d'ordinaire en deux heures, une visite au général, un coup d'œil à mon bureau : voilà l'emploi de mon temps depuis que je vous ai quittés.

Vous rendre l'aspect de la campagne en avançant vers Paris, est impossible. La panique de nos côtés n'est rien en comparaison de ce que j'ai vu. Cette vieille route de Flandre, si large, ressemblait depuis Louvres à ce que seraient les boulevards si tous les Parisiens se donnaient le mot pour déménager le même jour. L'effet est d'autant plus étrange que tout le monde marche dans le même sens. C'est la fuite d'un peuple entier, un torrent que rien ne semble pouvoir arrêter ni tarir.

Il était plus de deux heures quand j'ai atteint Paris. Décidément les chemins de fer nous gâtent, nous en avions assez, mon cheval et moi de ces onze lieues sans débrider. La ville est calme. Je suis allé immédiatement et tout ruisselant me présenter au général. Il a su me persuader que mon arrivée lui faisait plaisir. « Je craignais que votre femme ne vous retînt, m'a-t-il dit; — désirez-vous votre fils comme secrétaire? » La tentation était forte, mais je me suis souvenu de nos résolutions et j'ai répondu simplement que Maurice me saurait mauvais gré de l'enlever à sa batterie.

Au reste, on a peu de temps en ce moment pour causer. A cinq heures, je ferai avec le général la tournée des remparts, j'espère y rencontrer notre cher garçon, puis je prendrai possession de mon bureau ; si je peux, j'ajouterai un mot avant le courrier.

Même jour, neuf heures.

Je rentre, j'ai vu Maurice, tout va bien. Il travaille aux casemates du fort de la Double-Couronne, à Saint-Denis. J'avoue que je l'ai trouvé décidément beau garçon. Ses vingt ans parés d'un commandement, son entrain ordinaire tempéré par un sérieux nouveau chez lui, surtout ses élans de cœur, sa ferveur pour le devoir, tout ce qui nous le rend cher, m'a paru resplendir d'un éclat particulier, là, dans cette boue, avant ce danger qu'on sent venir. Nous ne nous sommes pas dit de longues paroles : « Embrassez-les pour moi ! » m'a-t-il crié. Vous dirai-je que ce message simple a failli décider deux larmes à tomber? Je ne m'étais jamais senti si loin de vous qu'en le recevant. Je n'ai pu lui répondre qu'un : « Dieu te garde ! » — Il m'a envoyé un bon regard, et j'ai rejoint l'état-major.

Un mot maintenant de la situation. Il semble que tout soit encore à faire comme armement, et pourtant on a beaucoup fait. La tâche est immense. La pluie de ces derniers jours nous est venue en aide en retardant l'artillerie de l'ennemi, aussi personne ne s'en est plaint, on aurait voulu un déluge, et c'est avec une sorte d'amertume qu'on a vu le soleil reparaître aujourd'hui plus brillant que jamais. Paris prend l'aspect d'un camp. Les mobiles font l'exercice sur tous les trottoirs, les soldats traînent partout, on voit peu d'officiers. La population est calme. Il n'y a, hélas! pas le moindre enthousiasme, plutôt une nuance de stupeur.

Y aura-t-il siége? C'est là la question. Vous savez de quelle ardeur je désire la résistance, elle seule peut relever notre honneur, mais qui saurait prévoir ce qu'une population si considérable nous laissera faire? A mon avis, tout dépend du premier moment; si nous tenons quinze jours, nous tiendrons trois mois, car l'esprit public se ranimera, il s'exaltera par sa résistance même. Il faut donc armer, armer jour et nuit et se roidir sous le premier choc.

Ma femme chérie, mes enfants, vous le voyez, je désire un long siége, et pourtant il me séparera de vous... de vous sans lesquels je n'ai jamais su vivre... et il faudra vous sentir entourés par l'ennemi, en proie à l'inquiétude, peut-être même au danger. Je n'oublie pas André, il est seul. Que Dieu le suive et nous le ramène! L'heure est solennelle. Dites-vous bien tous et dites à André que votre père a été infiniment heureux par vous, qu'il vous bénit... que chacun fasse son devoir où il est — et adieu!

Mes chers tout petits, Robert et Marguerite, papa n'oublie pas votre cantique :

L'ange de l'Éternel se campe avec puissance
Autour de ses enfants;
Il les garde et soutient, il est leur délivrance
En leurs dangers pressants.

MONSIEUR DE VINEUIL A MADAME DE VINEUIL.

Paris, 17 septembre 1870.

Toutes les lignes ferrées sont coupées, sauf celle de l'Ouest; le flot qui a déjà passé sur vous bat nos murs de trois côtés; bientôt Paris ne sera plus qu'une île de l'océan Prussien. Soyez prudents les uns et les autres, les récits des réfugiés de l'Est font frémir; ils parlent d'actes de sauvagerie tels qu'on les croyait impossibles de nos jours. T'aurais-je laissée aux Platanes si de semblables craintes m'avaient abordé auparavant? Je ne le crois pas. Je me souvenais de la guerre telle que nous l'avons faite en Crimée et en Italie; je ne prévoyais pas que la haine des Prussiens les ramènerait aux mœurs d'un autre âge.

Dis à François, aux domestiques et en général aux

gens du village, combien serait coupable une seule imprudence qui pourrait compromettre le sort de tous.

Ce que le patriotisme vous commande à vous, femmes, enfants et vieillards, c'est de ne prêter aucun secours à l'ennemi, jamais de renseignements, point d'autres vivres que ceux exigés par la force ou consentis par la commune.

Et maintenant, adieu encore, ma femme chérie, et vous, Berthe, Robert, Marguerite... Je vous remets entre les mains de Celui qui vous aime mieux encore que je ne sais le faire...

Répète encore à François combien je compte sur son expérience de vieux soldat. — Mais, adieu, adieu...

Voici une lettre d'André qui m'arrive, elle a bien réellement passé à la dernière minute. Que faudrait-il donc pour mûrir ce garçon?

ANDRÉ A MONSIEUR DE VINEUIL.

Le Mans, 15 septembre.

Mon cher père,

Cette brave petite Berthe, par une lettre du 8, m'apprend vos grandes résolutions sur un ton tellement lamentable, que votre fils, tout indigne qu'il est, s'en est ému et que, sans les exigences du service (phrase consacrée), je vous aurais demandé aussitôt sa lettre reçue, si vous croyez vous-même à l'espèce de cauchemar auquel elle veut m'associer. Ou nous sommes ici bien ignorants de ce qui se passe, ou j'ai l'entendement furieusement obtus, mais je ne puis croire au siége de Paris, et, grâce à l'absence de cette croyance fondamentale du système de Berthe, je ne puis m'attendrir encore sur la douleur (qui serait si grande, je le sais) d'une longue séparation de maman d'avec vous.

Pourtant, cher père, quand je vous ai vu reprenant le harnais guerrier, tant par fidélité à votre vieil ami le devoir que par amour pour votre fils le polytechnicien, mon incrédulité a reçu un sérieux ébranlement qui m'a conduit à faire l'emplette du *Parfait Troupier,* augmenté de la *Théorie du maniement du chassepot, de la nouvelle école de peloton,* etc., etc. Qu'on dise après cela que je ne fais pas consciencieusement les choses ! En ce moment, nous sommes cent quarante sur l'effectif de la compagnie qui n'avons jamais été plus loin que l'*École du soldat.* Cependant nous sommes beaucoup plus avancés que les mobiles, dont aucun n'a encore de fusil, et nous croyons de bonne foi faire l'admiration de la population du Mans quand l'exercice nous appelle sur la verte promenade qui orne cette pacifique cité. Non, mon cher père, permettez-moi de vous le dire, vous n'aurez pas plus de quinze jours de siége. Messieurs de Tours verront, même sans leurs lunettes, qu'il n'y a plus en France un soldat digne de ce nom, que Paris, une fois bloqué, ce n'est ni eux ni nous qui le débloquerons, et comme, après tout, cet état des choses n'est pas leur faute, ils vont dire à Guillaume : — Entendez la raison, Sire... et à la France : — Nous n'avons rien, ni hommes, ni matériel, soumettons-nous et pensons à mieux faire une autre fois.

Mais, cher père, j'entre dans vos domaines en abordant la politique et mieux vaut vous conter ce que nous faisons ici. Que je vous remercie d'avoir fait de moi un simple lignard ! Rien n'est plus drôle que cette vie-là au sortir des bancs de l'École de droit. En ce moment, la chasse à l'espion est à l'ordre du jour, et chaque ambitieux des galons de caporal veut avoir pincé le sien. Cela amène les scènes les plus comiques. Une autre curiosité est la crédulité de nos pauvres compatriotes. Pourvu qu'une idée soit étrange et impossible, sa fortune est faite ; elle devient un bruit et toute une population passe à la suite de ces bruits divers, aussi peu fondés les uns que les autres, du plus profond découragement à des accès de fol enthousiasme. Hier, Strasbourg était pris ; aujourd'hui, cette prise n'aurait été qu'une feinte. Les héroïques Strasbourgeoises auraient laissé entrer les Allemands dans la ville, puis chacune aurait tué son homme. De cette façon, et toutes les villes se proposant d'imiter Strasbourg, ces pauvres Allemands sont perdus. Au reste, c'est une justice à nous rendre, à nous autres Français, nous sommes de bonnes pâtes. Plaindre ces *pauvres* Allemands nous occupe un peu plus que les combattre. A chaque instant, nous nous attendrissons sur leur sort, et je ne crois pas, vraiment, que deux bourgeois manceaux, ou deux lignards, ou deux bonnes d'enfants, puissent entamer le sujet guerre, sans conclure ainsi ou à peu près : — Attendez seulement qu'ils aient un petit échec sous Paris et puis vous verrez comme les paysans les arrangeront! De Paris à la frontière, c'est long. Les pauvres gens ! il n'en restera pas un! — Et là-dessus, on s'en va à son logis, très-préoccupé de ce qui ne vous concerne pas et fort peu de ce qu'on pourrait faire.

Je tourne au volume, mon cher père, et pourtant je vous sais bien occupé. Embrassez le lieutenant Maurice pour moi et aimez toujours ce fils écervelé dont le cœur est cependant si entièrement et si respectueusement à vous.

André.

Il se peut que le léger parfum qui s'exhale de cette feuille vous apprenne que le tabac me compte au nombre de ses adeptes, — de ses dupes, devrais-je dire, — car, rassurez-vous, c'est de l'état militaire ce que je quitterai le plus volontiers.

MONSIEUR DE VINEUIL A MADAME DE VINEUIL.

Paris, 21 septembre.

Le combat d'avant-hier, à Châtillon, nous a trop bien montré que la lutte en dehors de la ligne des forts est impossible. Les zouaves (un nouveau régiment) ont lâché pied, la mobile s'est bien battue, mais il n'en reste pas moins prouvé qu'il faut nous aguerrir à l'abri de nos murs avant de mesurer nos jeunes troupes à ces soldats victorieux. L'ennemi a occupé Sèvres et Saint-Cloud. — Il n'y a rien eu du côté de Maurice. — Toutes les troupes sont retirées sous le canon des forts ou dans Paris.

C'était déjà triste, mais voici plus triste encore : la demande d'armistice a échoué. — La Prusse veut l'Alsace et la Lorraine par droit de conquête ! Demain matin cela sera su dans la ville. On craint des manifestations en faveur de la paix. J'ai meilleur espoir, je crois que l'esprit public, qui eût pu hésiter devant des conditions généreuses, va frémir et se redresser devant la lâcheté qu'on lui propose. Il y a là un affront qui nous unira dans une même indignation, et j'espère que Paris tiendra assez longtemps pour permettre aux armées de secours de se lever.

Vous figurez-vous, enfants, André délivrant Maurice et papa? et la famille se retrouvant entière dans la patrie affranchie? Ce serait beau, n'est-ce pas? Que n'a-t-on le loisir d'oublier la réalité dans la vision d'une telle joie!

La réalité est sévère. Déjà la vie est difficile, parce qu'il n'y a plus de travail, que tout est cher et que les secours ne peuvent pas s'organiser aussi rapidement qu'il le faudrait. Les réfugiés des environs de Paris sont les plus à plaindre. La plupart d'entre eux ont le cœur partagé — comme moi, — puis la vie matérielle est plus difficile pour eux que pour d'autres. On les case dans les maisons en construction ou les appartements vides. Les meubles les plus indispensables leur manquent, on dirait d'immenses campements de Bohémiens. Cela fait grand'pitié, puis c'est vers l'hiver que nous marchons...

Mais quelque chose qui fait du bien au cœur, c'est le mouvement de charité qui semble commencer. Ou je me trompe fort, ou nous verrons de belles choses, et qui sait si l'épreuve dans laquelle nous entrons n'aura pas pour fruit digne de sa grandeur l'initiation de notre peuple au dévouement et au sacrifice? Dès à présent les efforts sont sérieux et l'on dirait que l'argent prend enfin sa vraie place : de maître, il devient serviteur. Qu'il s'agisse de défense nationale ou de charité publique, dès qu'on l'appelle il arrive; il ne compte plus que comme moyen et il roule à flots. Presque tous nos amis se sont réunis pour fonder et défrayer une grande ambulance au nouveau collége Chaptal; c'est là que j'irai souvent dès que mon travail m'absorbera moins complétement.

Ces quelques jours ont été bien employés aux remparts, et cependant on aurait pu faire encore mieux. Je désirais qu'on demandât à la population des terrassiers gratuits. Je crois qu'il y aurait eu de l'élan et il faut peu d'études pour mener une brouette, mais on a craint de laisser savoir tout ce qui manquait à la défense, et, faute de bras, plusieurs travaux utiles resteront à l'état de projets. Il en résulte que l'activité de ceux des Parisiens qui n'ont de service ni dans la garde nationale, ni aux ambulances, se dépense à la recherche des suspects de tout genre. On est suspect pour un accent moins pur, suspect pour une bougie allumée plus haut que le troisième étage, suspect pour ne pas croire à la culpabilité de tous les pauvres gens qualifiés espions sur les plus légers indices.

A part cette petite faiblesse, qui tient à un premier moment de trouble trop justifiable après de tels désastres, l'attitude de la population est excellente. Oui, chère femme, et j'aime à te le redire, tes chers Parisiens sont de braves gens, ils savent souffrir gaiement, et ils en souffrent moins, puis ils sont pleins de confiance et trouvent leurs privations peu de chose en comparaison de la gloire du succès qu'ils rêvent.

Et vous, mes exilés, mes isolés, mes chers affligés, quand serai-je assez heureux pour recevoir un mot de vous? Pas une ligne ne m'est arrivée depuis mon départ des Platanes. On calculait que l'ennemi pouvait atteindre S... le 15. — Aucun renseignement sur sa marche de ce côté n'est parvenu à l'état-major. J'ai fait questionner ceux des réfugiés des cantons environnant S... que j'ai pu découvrir, aucun n'a été plus heureux que moi.

Ce grand et soudain silence a quelque chose d'effrayant.

Hier j'étais à Saint-Denis, au bastion de Maurice, et nous regardions sans nous lasser ce nord-est dont la brume nous voilait nos bien-aimés. La plaine était absolument solitaire : pas un cri, pas un coup de fusil, les sentinelles ennemies se tenaient si bien cachées qu'on les oubliait, vous seuls remplissiez notre pensée, et un désir poignant de vous revoir s'était emparé de nous. Il nous semblait — nous nous le sommes dit après — que c'était trop douloureux de vivre ainsi; dix lieues d'un pays connu à traverser, à peine trois heures au trot d'un bon cheval, et nous mettrions fin en nous revoyant tous à cette horrible angoisse. — Mais voici une petite fumée blanche qui s'élève bien loin, de l'autre côté du talus du chemin de fer; c'est la première batterie prussienne qui se démasque... Maurice a entendu mon profond soupir: « Père, père, je ne me consolerai pas de votre chagrin, car c'est pour moi que vous avez quitté..., » et notre lieutenant de vingt ans s'est pris à sangloter. Je t'assure qu'il était bien facile de voir qu'il pleurait de sa propre douleur, le pauvre garçon, plus que de la mienne.

ANDRÉ A MADAME DE VINEUIL.

Le Mans, 22 septembre.

Chère maman,

Vous me pardonnerez de ne rien dire de moi aujourd'hui; j'ai une nouvelle devant laquelle disparaît tout l'intérêt de mes affaires personnelles: figurez-vous que ce pauvre capitaine Herbauld est retrouvé!

C'est hier, sur la place de la Gare qu'il m'a sauté au cou. Il était en blouse sale, sans moustaches, et si changé, si maigre, que je ne l'aurais jamais reconnu de moi-même. C'est toute une histoire, et il me faut ma feuille entière pour vous la dire.

Vous savez que personne n'avait eu de nouvelles

du capitaine depuis la bataille de Beaumont et que sa malheureuse femme le croyait tué ce jour-là (30 août). Le corps du général Frossard, surpris au moment de manger la soupe, avait été coupé en deux; une moitié s'était retirée sur Mouzon, l'autre sur Raucourt. On savait que le 68e avait campé à Beaumont même le 30, et une lettre de Durand, notre camarade, qui se trouvait très-près de là avec l'ambulance 11 *bis* qu'il accompagne comme aide-chirurgien, avait encore contribué à ôter tout espoir.

Le 4 septembre, cinq jours après la bataille, l'ambulance 11 *bis* avait été acheminée de Raucourt sur Beaumont. Un peu avant Beaumont la route traverse un petit bois; là, à genoux dans le fossé ou massés quelques pas en arrière, Durand avait trouvé les cadavres de près de six cents hommes dans la position même où la mort les avait frappés [1].

Ils s'étaient dévoués pour le salut de tous, pas un ne s'était écarté pour fuir.

Durand vit avec un sentiment que vous pouvez comprendre que la moitié au moins des cadavres portaient l'uniforme et le numéro du 68e, il chercha parmi eux notre vieil ami. Il aperçut un capitaine qui, la tête traversée d'une balle, étendait encore le bras avec un geste de commandement. Dix-sept hommes avaient obéi à son appel et étaient tombés

1. Voyez : Rapport de l'ambulance 11 *bis*.

en cercle autour de lui. C'était un capitaine du 27e de ligne et Durand respira, mais il était fort à craindre que M. Herbauld n'eût trouvé la mort plus loin, et, en l'absence de toute lettre de lui, de tout renseignement du ministère, la malheureuse famille a conclu avec Durand que le capitaine avait été tué.

Or voici sa véridique odyssée. Le capitaine Herbauld était en effet à Beaumont le 30 août ; il y était si bien qu'un éclat du premier obus qui, en tombant au milieu du campement, annonça l'ennemi, l'atteignit et lui coupa deux doigts.

Cette blessure lui a sans doute sauvé la vie. Une forte hémorragie l'obligea à se faire panser immédiatement, de sorte que le chirurgien qui le tenait au moment où la retraite commença le fit mettre de force à cheval et filer sur Raucourt avec le gros du régiment.

Le même jour, ils purent atteindre Raucourt ; le lendemain, ils campèrent entre cette petite ville et Sedan. Aucune distribution de vivres ni de munitions ne fut faite.

Le 1er septembre, on leur fit prendre la route de Sedan, et bientôt ils se trouvèrent enveloppés dans cet effroyable tourbillon d'hommes et de chevaux, dont aucun récit, me dit le capitaine, ne peut représenter l'horreur. La retraite sur Mézières, d'abord ordonnée, venait d'être contremandée, les troupes d'avant-garde se rabattaient sur Sedan, tandis que la moitié de l'armée, ignorant le changement des dispositions, continuait à vouloir s'en éloigner, et sur cette masse confuse à laquelle la défense était impossible, les obus prussiens tombaient à courts intervalles, laissant chaque fois un trou sanglant.

Tard dans la soirée, on se résigna à camper sur place, et le premier bruit d'une capitulation courut dans les rangs. Malgré tout, et quoique la rage de ne pas rendre coup pour coup les poussât au désespoir, ce fut l'indignation seule qui s'éleva de ce troupeau de braves ainsi livrés. L'ordre de cesser le feu, ordre dérisoire puisqu'ils ne pouvaient tirer, leur arriva; — c'était trop vrai...

Chère maman, je vous répète cela bien mal, mais si vous pouviez entendre et voir ce pauvre capitaine Herbauld, vous comprendriez bien autrement à quel point ce devait être affreux.

Leur colonel rassembla, pour leur lire l'ordre, ceux des officiers qui restaient debout. Autour d'eux les soldats brisaient leurs fusils ou se couchaient par terre. Le canon avait cessé pour la première fois depuis trois jours, mais les imprécations et les gémissements formaient une clameur assourdissante. Quelques-uns criaient : « Il faut faire une trouée!... » Le colonel montra de son épée la mêlée confuse des nôtres, et plus loin, sur les collines, les feux prussiens qui s'allumaient de tous côtés : « Comment? » — demanda-t-il. — Cela rendit chacun muet, et pendant deux heures le capitaine fut, me disait-il, incapable de penser, il se sentait comme écrasé, il se répétait : — Ce n'est pas vrai ! la capitulation n'est pas vraie ! ce n'est pas possible !... mais il avait perdu conscience de la réalité de ce qui l'entourait.

Il faisait nuit noire quand le colonel rappela les officiers auprès de lui. Une estafette venait de lui apporter deux lignes de la part de X..., un de ses amis de l'état-major général : — « Tout est perdu, on pressent les plus dures conditions. Gagnez le large si vous le pouvez encore. »

On questionna le messager, que la poudre et le péril avaient surexcité ; il conta la déroute morale de tous, l'empereur sans conseil faisant hisser comme pavillon un des draps de lit de son hôtel, et à cette vue la stupeur des uns, la rage des autres, rage impuissante, hélas ! Pendant que cet homme parlait, la conviction du désastre pénétrait peu à peu dans les esprits. Le colonel songea alors au drapeau.

Lentement, contre le tranchant de la hache d'un sapeur, la hampe fut sciée en plusieurs tronçons assez courts, puis on déchira l'étoffe comme on put, en bandes ou en carrés ; la frange d'or fut arrachée et coupée de même.

« Le colonel remit à chacun sa part, acheva M. Herbauld, voici la mienne... »

Et figurez-vous, chère maman, le capitaine qui ôte de son cou une grosse cravate en coton à carreaux, il l'ouvre sur mon lit, un long bout de frange y était roulé. Puis il enlève ses souliers, et dans chacun, entre les deux semelles, il y avait un fragment du drapeau, l'un blanc avec un petit lambeau de rouge, l'autre tout bleu. Ah! maman, quand j'ai vu notre vieil ami lisser de sa grosse main noire, afin d'en ôter les plis, ces deux chiffons pour le salut desquels il avait risqué sa vie, tout le bonheur de ses enfants et de sa femme; quand je l'ai vu pleurer et sangloter devant ces trois débris et qu'il m'a dit sa joie de les avoir du moins sauvés, j'ai pleuré avec lui, chère maman, et je pleure encore en vous le répétant!

Quand chaque officier eut pris et caché sur soi un morceau de la hampe ou de l'étoffe, il restait encore l'aigle. Cette aigle avait eu le matin une aile brisée par un obus; mais telle qu'elle était, un homme ne la pouvait porter aisément. On l'enterra au milieu du cercle des officiers, puis au-dessus de cette tombe, le colonel leur serra la main à tous et leur dit :

« Partez, messieurs, vous sauverez ainsi l'honneur du régiment et vous rendrez au pays des officiers dont il aura besoin. Pour moi, je reste avec mes hommes; il ne faut pas qu'ils pensent que leur vieux colonel les a abandonnés. »

Silencieusement, un à un, ils partirent, ils se glissèrent le long des haies, puis sous les bois. M. Herbauld n'a rien su d'aucun d'eux.

Pour lui, il était au jour sur les bords de la Meuse

et près de gagner Flize, quand un parti allemand se montra, venant à lui. Il se jeta dans un fossé plein d'eau et s'y tint étendu jusqu'à ce que les cavaliers eussent passé sans le voir. Il n'osa plus traverser de terrains découverts avant que la nuit se fût faite de nouveau. Il était transi et souffrait de la faim. Une femme vint à passer vers cinq heures du soir près des fagots sous lesquels il s'était enfoui; il l'appela doucement et se confia à elle. Cette femme n'hésita pas. Sans oser s'arrêter de peur d'attirer l'attention, elle lui promit son secours et revint à la nuit. Elle le guida alors chez elle et lui donna nourriture et vêtements, les mêmes vêtements que le capitaine porte encore; puis il partit, décidé à marcher de nuit et à dormir le jour. Mais il vit qu'il se trompait souvent de direction, et, après trois nuits de marche, il se hasarda, se croyant moins menacé, à continuer sa route au jour.

Une fois, une bande de uhlans déboucha soudainement d'un taillis derrière lui. Il était dans un champ, on y avait arraché des pommes de terre, et les outils y étaient restés avec des sacs à moitié pleins; en entendant le pas des chevaux, il se courba là où il était et parut continuer l'ouvrage commencé. Les uhlans semblaient vouloir s'établir, ils descendirent de cheval, allumèrent du feu et vinrent prendre des pommes de terre de l'un des sacs. Il y avait près d'une heure que cela durait quand les ouvriers, hommes et femmes, revinrent à leur ouvrage. Ils passèrent auprès du capitaine, et, avec une présence d'esprit bien rare, aucun ne parut le remarquer; il continua à travailler sans entendre une question. Seulement, quand l'heure du repas fut venue, l'un des ouvriers lui jeta une hotte et lui fit signe de les suivre. Ils traversèrent le champ de pommes de terre pour entrer dans une pièce moissonnée sur la lisière de laquelle étaient des meules de blé. Ils passèrent de manière à ce que les meules fussent entre eux et les uhlans, et là, en un moment, sans presque s'arrêter, une femme ôtant de gros ciseaux de sa ceinture les lui tendit en lui disant de se couper bien vite les moustaches, et « aussi près que possible, » ajouta-t-elle. Il obéit en toute hâte, il n'avait pas encore pensé à ce signe accusateur de sa profession.

Après avoir quitté ces braves gens, et le soir du même jour, il entra plein de confiance en son déguisement dans une auberge écartée, près du village de Signy. Il y était à peine que la salle fut envahie par des coureurs allemands. Le bandage de sa main blessée leur donna des soupçons. Un officier l'interrogea, M. Herbauld vit l'impossibilité de nier sa qualité. On le mit dans une espèce d'écurie avec un planton à sa porte.

Vers dix heures du soir, il essaya de déplacer des bottes de foin qui fermaient un côté de sa prison. Il parvint à se faire un trou suffisant pour toucher le toit; il ôta une tuile, puis deux, puis trois, réussit à s'élever au travers de l'ouverture, puis à glisser sans accident jusqu'à terre. Mais là, un bruit de verre cassé sous son poids le trahit; il devina que l'éveil était donné et prit sa course à travers champs. Quelques coups de fusil lui furent tirés dans l'obscurité, et il fut ou se crut poursuivi sérieusement; ce ne fut qu'à l'abri des clôtures d'un parc qu'il osa s'arrêter et qu'il reconnut qu'une balle lui avait effleuré le bras.

Heureusement que là encore il trouva des gens courageux et dévoués. La fièvre l'avait pris et il resta dix jours chez des cultivateurs, trop malade pour quitter son lit. Ensuite ses hôtes le firent guider hors des lignes de l'ennemi et le fournirent d'argent pour qu'il pût prendre le chemin de fer. Il arrivait hier au Mans, harassé, vieilli, perdu dans son propre pays, ne sachant où était sa famille, pleurant son régiment prisonnier. Je l'ai amené chez moi. Il cherche à qui s'adresser pour rentrer de suite en activité; dès qu'il aura reçu sa nomination, il ira embrasser les siens, puis partira.

Je lui ai donné des nouvelles de vous tous. En apprenant que mon père, avec sa mauvaise santé, avait repris du service, que vous, chère maman, aviez refusé de quitter votre poste, il m'a dit que vous étiez bien toujours les mêmes et que nous ne vaudrions jamais autant que vous. Pauvre capitaine!

il a le cœur navré et ne cesse de raconter ce qu'il a vu de terrible. L'épouvante me prend à votre sujet quand il me dit comment on a traité les villages aux environs de Sedan!

Si Paris résiste, à quels excès le désappointement ne peut-il pas pousser ces vainqueurs impitoyables! Et pourtant, *il faut* que Paris résiste pour consoler des douleurs de Sedan; il faut tout, plutôt que des hontes pareilles. Ah! mère chérie, qui nous disiez, quand nous étions tout petits, que la patrie s'aimait comme s'aime la famille, soyez tranquille, même votre André l'a compris et senti, et c'est pour ne l'oublier jamais. Non, je ne veux pas me consoler de notre honneur flétri, et ce sont bien mes frères, ces braves gens qu'on veut nous ravir et qui ne nous veulent pas quitter. S'il plaît à Dieu, et si l'on nous donne des fusils, ils sauront du moins, nos pauvres Lorrains et Alsaciens, qu'on s'est battu pour l'amour d'eux.

Que ma lettre est longue, chère maman! et encore il y manque tant de choses! Quand aurai-je une nouvelle occasion? Que je voudrais vous annoncer encore la résurrection d'un ami!

Savez-vous que la présente missive, remise par ma tante de Thieulin à un honnête éleveur de N..., fort soupçonné d'acheter les bœufs du Perche pour les revendre aux Prussiens, vous arrivera cousue dans l'intérieur du collier d'un de ses chevaux de trait?

Se croirait-on dans la vie réelle et en plein XIXe siècle? Si ce moyen réussit, nous recommencerons.

J'embrasse Berthe, qui va me croire converti par elle à l'élégie, et aussi Marguerite et Robert. Souvenirs à François. A vous, chère mère, la plus tendre affection de votre

ANDRÉ.

MADAME DE THIEULIN A MADAME DE VINEUIL.

Château de Thieulin (Eure-et-Loir), 24 septembre.

Chère sœur,

Nous avons voulu voir nous-mêmes André avant son départ probable pour la future armée qui doit opérer sur la Loire. Je l'ai trouvé tout ému de l'arrivée et des récits de ce pauvre capitaine Herbauld, et pendant une heure j'ai cru voir et entendre, non plus mon boute-en-train d'André, mais bien le grave Maurice. Heureusement (voilà un adverbe qui te scandalise, mais il est écrit) il a suffi de quelques taquineries pour me rendre mon neveu d'autrefois qui, à son tour, m'a fait retrouver quelques-uns de ces vieux bons rires, oubliés depuis ces deux affreux mois.

Sur un point, cependant, André m'a déroutée. J'avais mon petit plan à moi, en allant au Mans, et ton fils en était l'objet. Je vois tous les jeunes gens de bonne famille devenir le plus aisément du monde officiers dans la mobile ou ailleurs, et j'avais compté employer la bonne amitié du général de K... à faire le bonheur de mon neveu et filleul et à commencer sa fortune militaire. Je trouve le général aussi aimable que jamais, et ne demandant qu'à voir le sujet recommandé pour le combler de faveurs. Je vais à la caserne — quelle caserne ! une écurie où je ne mettrais pas mes chevaux — pour y prendre ton fils. Mais voilà que Monsieur refuse. Monsieur dit que son père désapprouve que les grades se donnent ainsi, Monsieur prétend que sa mère a une répugnance marquée pour les protecteurs et les protections, enfin Monsieur affirme que la position sociale de caporal comble déjà tous ses vœux, et que ses fonctions (il faisait balayer par ses subordonnés une cour qui en avait, certes, besoin) sont entièrement selon ses goûts. Ce qui me vexe, chère sœur, c'est que tu trouves cela beau, j'en suis sûre, tandis que moi, je trouve cela absurde. Je l'ai dit tout aussi crûment à ton fils, qui n'a fait qu'en rire. J'ai voulu, pour sa peine, qu'il eût lui-même l'ennui de refuser le général ; il m'a accompagnée de bonne grâce et s'est tiré d'affaire avec une aisance et une convenance parfaites : un vrai gentleman en pantalon garance. Malgré tout, tu vois que je ne pourrai jamais en vouloir à ce garçon-là. Du reste, il se porte à merveille et est le favori de chacun au régiment comme ailleurs. Sa famille et toi surtout, héroïne incorrigible, êtes ses seuls soucis. Nous serons bien heureux si mon messager réussit à rapporter de vos nouvelles.

La voie était si encombrée hier, au retour de notre expédition, que nous ne sommes arrivés à Condé qu'à dix heures du soir, et à Thieulin qu'après minuit. De la grille, nous voyons les fenêtres éclairées, des ombres qui passent et repassent; sur le perron, Cadet le garde, d'un air fort ému, nous annonce que des espions sont cachés dans le parc. Tu vois d'ici ma frayeur. Ton beau-frère se fâche pour redonner du ton au moral de son personnel, soutient que les Prussiens qui arrivent à peine devant Paris ne songent guère au Perche, et demande ce qu'on fera de plus s'ils parviennent une fois jusqu'à nos cantons. On lui raconte les faits. Deux hommes avaient demandé la route de Châteaudun, puis s'étaient dits fatigués et, en se reposant, avaient fait mille questions sur les environs, l'état des routes, les gardes nationales, etc.

Ensuite, au lieu de prendre la route de Châteaudun, ces gens avaient suivi le chemin creux qui longe le parc à droite, il n'en avait pas fallu davantage: les têtes s'étaient montées, on s'était persuadé avoir remarqué un certain accent, et nos gens en étaient arrivés à se croire immédiatement menacés. Trouvant leur chef naturel dans Adolphe, voilà tout ce monde qui veut battre le parc, et chacun qui s'arme de n'importe quoi. Thomas, Marie, la fille de basse-cour, Cadet et son maître en tête, les voilà à une heure du matin, se préparant à explorer les bâtiments d'abord, et les massifs ensuite. J'ai eu si peur de rester seule que je les ai suivis. C'était bien la mouche du coche, n'est-ce pas? Que veux-tu! J'ai du moins la franchise de ma poltronnerie. A trois heures du matin, nous nous sommes couchés sans avoir trouvé personne. J'ai ferraillé toute la nuit en rêve contre les Prussiens. Du reste, je ne fais plus que cela. Quelle vie! et penser qu'on n'a pas l'air de songer à faire la paix! Je t'assure que quand je ris, c'est pour ne pas pleurer.

Et pourtant, combien ma part dans l'épreuve est faible en comparaison de la tienne, ma pauvre sœur! Je pense à toi, à ton petit troupeau, à tes chers assiégés; je frémis de te sentir en des jours si troublés tant de points vulnérables, et, certes, je ne regrette plus cette stérilité, épreuve de ma jeunesse, ni le lumbago chronique de mon seigneur et maître, ni son demi-siècle accompli qui va bien avec mes quarante-deux ans.

Mais si réduite que deviendrait la surface de nos intérêts intimes si nous pouvions jamais les séparer des tiens, il y aurait encore place pour des coups sensibles. Cela me fait faire de grandes réflexions quelquefois ; je me demande si nous n'avons pas tourné un peu trop à l'isolement à deux, et si notre qualité de vieux ménage sans enfants est une suffisante excuse pour notre attachement à tant de choses, qui ne sont que des choses, et pour lesquelles nous sommes arrivés à trembler tout de bon.

L'ombre d'un espion te met en cet état! me disait Adolphe cette nuit, quand je lui serrais le bras à chaque détour d'allée, et comment fait donc ta sœur qui, en ce moment, a l'ennemi tout autour d'elle et peut-être chez elle? Que veux-tu qu'on te fasse? — On peut piller le château, on peut brûler... Hélas! voilà le grand mot — j'ai peur pour le château. Nous avons restauré et complété Thieulin; tu sais comme nous l'avons meublé; nous en avons fait notre paradis; nous y avons rêvé notre vieillesse et nous avons peur pour tout cela. Cette peur, c'est triste à dire, mais je suis en veine de sincérité, est la cause première de l'achat d'un immense drapeau à croix rouge, et des airs d'ambulance que nous nous donnons. J'aurais seulement voulu le drapeau encore plus grand.

Cette peur m'ôte aussi beaucoup de zèle pour la défense locale. Je frémis quand j'entends parler des avantages stratégiques du Perche, de ses haies, de ses cours d'eau et de ses chemins creux. Je me sens pour mon parc un patriotisme tout particulier qui fait un peu tort à celui que je devrais avoir pour la grande patrie.

Je te dis tout cela, chère sœur, comme dans ce beau jadis, quand moi, l'aînée, je te versais si volontiers mes folles confessions pour recevoir de toi, la cadette, de bonnes morales, bien fermes et bien douces. Je prête souvent l'oreille, comme pour entendre ta voix, et quelquefois je crois que c'est d'elle que me viennent certaines pensées que je voudrais conserver pour m'en fortifier. Comme tu le dis, c'est l'heure d'être attentifs, et devant cette menace immense qui s'apprête à nous envelopper, quand tout ce qu'on croyait fort a croulé, on se prend à désirer sentir quelque chose de solide à quoi s'appuyer, quelque chose qui ne s'effondre pas comme tout le reste.

Voici qu'il faut te dire adieu.

Compte sur nous pour André, et dis-nous bien vite comment vous a laissés le premier flot prussien.

MONSIEUR DE VINEUIL A MADAME DE VINEUIL.

Paris, 1er octobre.

Hier, il y a eu combat entre Villejuif et Chevilly; ni succès, ni défaite; du moins, progrès réel dans la tenue et l'aplomb de nos troupes. Mais c'est ma fermeté à moi qui se trouve en décadence, chère femme. Ce bout de champ de bataille, bien peu de chose pourtant auprès de nos boucheries de la Crimée, m'a profondément remué. Je ne sais pas le nombre des morts, mais certainement il ne pouvait pas être très-considérable; eh bien, j'ai été, je suis encore navré.

La guerre est une chose atroce. Nous plaignons nos campagnes ravagées, nos ponts qui sautent de toutes parts, mais ce n'est rien, rien, auprès de la vue de ces pauvres corps mutilés. Ah! je le sens bien, se savoir deux fils au feu ou près d'y être, ouvre cruellement les yeux et aide à apprécier ces détails horribles que la fumée de la gloire cache aux officiers de vingt ans. Être père, savoir ce qui se dépense de dévouement, d'orgueil et d'amour auprès de ces jeunes vies, puis voir les enfants des autres et les siens après, alignés comme autant de cibles à bonne portée d'une batterie perfectionnée, entendre du bruit pendant une heure, repasser et trouver la moitié des hommes à terre, sans même qu'aucun ait eu l'âpre joie de la lutte ; se dire que cela n'a servi à rien, que chacun n'en reste pas moins dans ses lignes et qu'il faudra recommencer demain... tout cela est trop affreux et donne une grande lassitude de la vie de ce monde.

On retourne alors vers le passé pour en regretter même les tristesses. Que nous savions peu ce que nous faisions quand nous nous plaignions sous Sébastopol d'être si loin de la terre française ! Qui nous eût dit que c'était là le beau temps, qu'un jour viendrait où l'on voudrait vainement éloigner de soi une autre guerre, que Paris, plein de femmes et d'enfants, deviendrait un nouveau Sébastopol, que notre sol serait le sol souillé, ravagé ! La leçon est bien dure, puissions-nous la comprendre, et apprendre en souffrant à ne plus faire souffrir !

En arrivant sur le terrain, j'ai vu relever un jeune homme grand comme Maurice et blond comme lui ; je savais mon fils à Saint-Denis, à sa batterie, et pourtant j'ai eu ce qu'on appelle vulgairement un coup. Que Dieu nous épargne !

Il sort pourtant quelque bien de tout ce mal ; jamais, sans contredit, le dévouement personnel ne s'est montré plus grand. Cette Société internationale de secours fait merveille. Tous les blessés d'hier ont été ramassés par ses diverses escouades. J'ai rencontré entre autres celle des Suisses de Paris ; ce sont des banquiers, des commerçants, des professeurs, des pasteurs qui sont les brancardiers.

Je rentrais à Paris à neuf heures le soir, quand j'ai dépassé B... et G... que tu connais bien. Ils rapportaient à eux deux, pour finir leur journée, et cela depuis le champ de bataille, un pauvre être en piteux état. Il n'y avait pas eu de place pour lui dans aucune voiture, et je pense que ses porteurs auront conservé une courbature d'autant plus complète que leurs habitudes de vie ne les ont pas préparés à des travaux de ce genre.

DU MÊME A LA MÊME.

Paris, 2 octobre.

Strasbourg est pris! Encore une douleur! Que je plains Uhrich et ses troupes impuissants à sauver ceux qui s'attendaient à eux! Livrer une telle population et après tant de souffrances, c'est trop dur.

C'est peut-être une illusion impardonnable chez un homme qui a déjà autant vécu ; mais je ne puis pas croire que, quelle que soit l'issue de cette guerre, la Prusse ose, à la face de l'Europe du XIXe siècle, s'approprier jamais ceux dont la protestation sanglante prouve au monde entier combien ils sont Français. Ces choses-là ne sont plus de nos jours. Au siècle dernier déjà on abolissait la traite des noirs, tout à l'heure l'Amérique affranchissait ses esclaves, est-ce le moment d'établir la traite des blancs? car ce serait la traite des blancs.

Sans même se donner l'air de consulter les populations, bien plus, malgré leur énergique résistance, méprisant leur patriotisme, bravant leur haine, se les adjuger comme l'on fait d'un troupeau sans pensée et sans âme, cela mérite un pareil nom. Je ne puis croire qu'on en vienne là. Il y aura un retour vers la civilisation et la justice.

Ce serait si beau et si bien fait pour désarmer les rancunes, que le roi Guillaume sût reconnaître le respect dû à Strasbourg et lui fît une sorte d'indépendance pour prix de ses sacrifices!

Hélas! j'oubliais comment il a respecté le pauvre petit Danemark; pouvons-nous espérer mieux pour nous?

BERTHE A ANDRÉ DE VINEUIL.

Les Platanes, 9 octobre.

Enfin, voici un paquet de lettres et de journaux! Nous avons de toi le long récit de la fuite du capitaine Herbauld, de mon père et de Maurice des lettres presque quotidiennes sur ce papier mince qui s'appellera dorénavant papier-ballon, puis quelques autres lettres de parents et d'amis, et des journaux anglais et belges. C'est à peine si nous avons terminé l'inventaire de nos richesses.

Il était bien temps de revoir vos écritures, chers absents que vous êtes! Le découragement nous prenait, et, pour ma part, j'en étais arrivée à croire que la vigilance de nos ennemis ne nous laisserait jamais rien parvenir. Grâce à Dieu, nous voici rassurés. Non-seulement on va bien dans Paris et au Mans, mais puisque des lettres ont pu passer une fois, elles passeront une seconde et une troisième. Nous tâcherons de ne plus désespérer.

Que je te le dise au plus vite, tout va bien ici. Voici plusieurs jours que nous n'avons eu de Prussiens à loger; quelquefois une compagnie ou un escadron en promenade réclame un repas, on le sert tel qu'on le peut fournir, et les convives se retirent sans désordre.

Dans la ville où l'occupation prussienne est constante, on en souffre davantage. Chaque fois qu'un nouveau régiment arrive à S..., la circulation est interdite jusqu'à ce que tous les soldats qui le composent aient été casés. Chacun des habitants doit se tenir dans sa propre maison sans en bouger, et même les femmes ne peuvent aller et venir, à moins de posséder un sauf-conduit. Ces vexations sont peu de chose, en somme, auprès des maux réels de l'invasion ; les réquisitions journalières en vivres et en argent menacent de ruiner le pays, et cependant certaines gens ressentent l'arrogance de nos vainqueurs plus encore que des exigences auxquelles la nécessité pourrait servir d'excuse.

Maman a reçu il y a peu de jours ordre de fournir une charrette et un cheval pour un convoi destiné aux troupes sous Paris. C'est toujours un nouveau combat qui se livre en elle lorsqu'elle se trouve ainsi forcée de *prêter secours à l'ennemi,* ainsi qu'elle s'en accuse avec douleur.

Il fallait obéir, cette fois comme les autres, mais personne de la maison ne se souciait d'escorter le vieux cheval et la charrette. Maman a pensé à proposer cette mission, qu'elle comptait bien payer, à Dubreuil, l'ex-garde moulin, qui depuis l'arrivée des Allemands s'est fait leur compagnon, au grand dommage de sa réputation. Il se pose volontiers en homme sans préjugés, en citoyen du monde affranchi de toutes les faiblesses patriotiques, de sorte qu'il aurait eu mauvaise grâce à refuser le service demandé.

Dubreuil est donc parti, il est même revenu quarante-huit heures après. Son air sombre au retour a frappé maman.

« Vous n'avez pas eu d'ennuis, Dubreuil? Le cheval a bien marché?

— Madame, je ne ferai plus ces commissions-là.

— Que vous est-il donc arrivé?

— Six coups de canne, si Madame tient à le savoir, dont un m'a démoli l'épaule; en plus j'ai été visé avec leurs pistolets, tout cela pour avoir objecté contre un trop fort chargement de votre cheval, aussi je n'en veux plus. »

Le prussianisme de Dubreuil se trouvant radicalement guéri, il a ajouté des choses que j'ai peine à croire sur la manière dont sont traités les charretiers qu'emploie l'ennemi. La plupart d'entre eux sont des Lorrains enlevés de force à leurs villages et qui depuis trois semaines sont contraints de marcher d'étape en étape. Ceux-là restent en dehors des bienfaits de cette admirable organisation qui assure chaque jour, à chaque soldat prussien, des vivres abondants. Pour eux ou leurs chevaux, jamais de distributions. Ils doivent, à leurs frais, se procurer le nécessaire; malheur à eux s'ils se laissent affaiblir par le manque de nourriture! A coups de bâton ou de crosse de pistolet, l'escorte s'assure que l'homme et le cheval sont réellement incapables d'avancer; c'est seulement alors que la charge de la voiture est répartie sur d'autres, à moins qu'une nouvelle victime ne se trouve à portée et continue la route.

Ce matin, notre mélancolique petite existence d'envahis a été animée par une vive émotion.

Les enfants jouaient à quelques pas du salon, quand tout à coup ils se mettent à crier :

« Un ballon! un ballon! maman, Berthe, venez vite! »

En effet, un grand ballon venait de se montrer au-dessus des bois; il monta assez rapidement, se dirigeant droit vers le nord, il passa en biais au-dessus du parc. Nous nous sommes tous mis à courir dans le même sens que lui, agitant nos mouchoirs, criant : « Français! Français! » comme si les personnes qui étaient dans le ballon pouvaient nous entendre. Oh! comme nous espérions qu'elles laisseraient tomber un journal, un papier quelconque pour nous dire ce qui se passait dans notre cher Paris qu'elles venaient de quitter! mais le ballon allait bien plus vite que nous, il ne laissa rien tomber et disparut derrière la maison rouge.

A peine l'avions-nous perdu de vue qu'un second ballon sortit à son tour de derrière les mêmes bois, presque au même endroit que le premier. Nous nous mîmes encore à courir, mais sans plus de succès. Que n'aurions-nous pas donné pour le plus petit morceau de papier tombé de l'un de ces ballons! Des cavaliers prussiens qui passaient sur la route ont tiré dessus. Que Dieu protége nos compatriotes et permette qu'ils ne tombent pas aux mains de l'ennemi !

MONSIEUR DE VINEUIL A MADAME DE VINEUIL.

Paris, 11 octobre.

Voici vingt-quatre jours sans nouvelles d'aucun de vous. C'est long, c'est triste, cela se comprend à peine.

Si près, et pourtant si loin! Si unis, et pourtant si séparés!...

Et voilà qu'il semble que les Prussiens ont renoncé à toute attaque de vive force. Ils s'établissent dans leurs positions, nous nous fortifions dans les nôtres, et comme, à l'heure qu'il est, Paris est déjà bien près d'être imprenable, il n'y a plus guère que deux éventualités à considérer : ou la délivrance par Bazaine ou toute autre armée de province, ou la chute par la famine...

Nous discutons beaucoup entre officiers sur ce que seront les armées de province et sur leur armement.

Je suis de ceux qui attachent moins d'importance à la valeur du matériel qu'à celle de l'homme qui l'emploiera. Je me demande avec angoisse si les canons ne se fondront pas plus rapidement que les hommes ne se formeront. La volonté de se battre ferait vite de tout homme un soldat; mais nos paysans auront-ils cette volonté bien arrêtée? Il leur faudrait du temps pour comprendre ce que le désastre national exige d'eux, et c'est justement le temps qui manque. Pourtant on trouve ici un peu plus de vivres qu'on n'osait y compter, et comme l'on se dit qu'une seule semaine de gagnée ce pourrait être à un moment donné tout gagné, l'on s'en réjouit bonnement et d'autant plus volontiers que les sujets de joie sont rares.

Un bon signe, c'est la manière dont les privations (car elles ont déjà commencé, sachez-le bien) sont supportées. On ne peut plus avoir de viande qu'en faisant queue dès quatre heures du matin à la porte des bouchers, et encore n'obtient-on ainsi que des rations insuffisantes. Eh bien, on n'entend aucun murmure, au contraire. Il semblerait que la nouveauté de la situation mette cette foule en gaieté.

BERTHE A ANDRÉ DE VINEUIL.

Les Platanes, 12 octobre.

On est venu tout à l'heure dire à maman qu'une nombreuse troupe de pauvres gens avec des charrettes et un immense troupeau de vaches avaient envahi la place et semblaient vouloir y camper. Maman m'emmena avec elle, et nous trouvâmes huit charrettes pleines de femmes et d'enfants dominant un océan de quadrupèdes cornus, maigres, sales et beuglant d'une façon lamentable.

Quelques hommes essayaient d'improviser un foyer en plein air ; bien vite, maman envoya des ordres à la cuisine, et s'avançant vers les voyageurs avec cette expression d'accueil joyeux que les Prussiens seuls n'auront pas vu sur son visage, elle invita tous ceux qui auraient faim à entrer chez elle, où ils trouveraient de la soupe chaude. En effet, en allongeant d'un seau d'eau le bouillon à nous destiné, en y ajoutant du beurre, du sel, beaucoup de pain, des rouelles de saucisson, un reste de purée de pommes de terre, etc., nous nous sommes trouvés pouvoir donner une tasse pleine de quelque chose de très-bon à chacun des trente ou trente-cinq individus dont

4.

se composait la troupe. Peu à peu, nous avons su leur histoire.

La panique qui a suivi les batailles de Reichshoffen et de Forbach les avait chassés de leur village, situé aux environs de Bar-le-Duc. Leur maire s'est sauvé le premier, ils l'ont imité, et depuis le 8 août jusqu'à maintenant, ils errent presqu'à l'aventure, poussant leurs vaches devant eux. Ils n'ont jamais couché deux nuits de suite dans le même endroit. Leur intention avait été de gagner la Normandie, où ils pensaient trouver des pâturages. Ils atteignirent les bords de l'Eure; les Prussiens y étaient établis avant eux et leur refusèrent le passage. Ils leur ont prescrit de retourner chez eux avec leur troupeau. Les malheureux veulent bien obéir, mais cette route du retour leur paraît longue, affreuse, car ils savent que leur cher village n'existe plus. Il a été dévasté, puis brûlé; ils ne trouveront que des ruines. Derrière eux, sur les chemins, ils laissent trois cercueils d'enfants, les pauvres petits n'ont pu supporter les fatigues et les privations de la fuite, plusieurs vaches sont mortes aussi, celles qui restent font pitié.

J'ai causé quelques instants avec une jeune femme qui tenait un tout petit enfant dans ses bras. Elle m'a raconté que son enfant était né il y a six semaines, dans une de ces charrettes; elle ne sait pas ce que son mari est devenu. Il n'a pu se décider à quitter leur petite maison, mais il a insisté pour qu'elle partît avec les voisins. Depuis lors, elle n'a eu aucune nouvelle de lui, et comme il n'était pas d'un caractère à se laisser prendre son bien sans le défendre, elle s'imagine qu'il a dû être fusillé. Elle est dans une affreuse angoisse, et depuis que je l'ai vue, je ne peux plus penser qu'à elle.

Ces pauvres gens ont vu les mêmes ballons qui ont passé ici et ont ramassé des feuilles que les personnes qui montaient le second leur ont jetées. « Mais c'était en allemand, et nous n'y avons rien compris,» disaient-ils. Nous avons demandé tout de suite à voir ces feuilles, nous espérions apprendre quelque nouvelle importante. — Aussi avons-nous été bien désappointés en ne trouvant qu'une traduction en allemand de la proclamation de Victor Hugo que tu dois connaître par les journaux.

Nos pèlerins viennent de repartir, que Dieu les aide! nous penserons souvent à eux. Aurais-tu imaginé qu'on pût être si malheureux? Je ne comprends plus rien à la vie de ce monde, c'est trop affreux.

T'ai-je dit que nous entendons distinctement le canon de Paris? On reconnaît très-bien l'attaque ou la défense, le canon prussien et le canon français, la demande et la réponse, comme on dit. Ce son lugubre nous fait bien mal. Quelquefois il nous semble qu'il appelle au secours, d'autres fois il gémit comme une plainte. J'ai surpris hier Marguerite demandant à maman si cela n'allait pas tuer papa et Maurice, tout ce canon?

J'ai grondé Marguerite, mais sa question me reste toujours présente et me serre le cœur.

Frère André, frère André! sois prudent, soigne-toi bien! nous sommes bien malheureux ici, vois-tu? et il nous faut de bonnes nouvelles de toi.

BERTHE A ANDRÉ DE VINEUIL.

Les Platanes, 24 octobre.

Encore un courrier, et rien de toi! rien même de ma tante de Thieulin! Il semble que notre vie se rétrécisse et se restreigne chaque jour davantage.

Les lettres de Paris, par ballon, sont les seules qui nous arrivent, souvent décachetées, hélas! Du reste de l'univers nous ne savons que ce que nous apprennent quelques journaux que nos amis réfugiés en Angleterre sont assez bons pour nous envoyer. Quand l'un de ces précieux paquets est annoncé, quelle émotion! Maman et moi le dévorons d'abord, sautant de l'*Armée de la Loire* aux *Nouvelles du siége,* puis un mot d'ordre court dans le village: «Mademoiselle lira les journaux ce soir,» — et dès que la nuit est arrivée, les voisins entrent un à un dans la cuisine où sont déjà réunis les domestiques.

Je commence à traduire, et tu ne peux t'imaginer à quel point mes auditeurs sont attentifs. Les commentaires, les demandes d'explications s'entre-croisent, et si je n'ai pas eu soin de passer les phrases qui témoignent trop d'amitié pour les Prussiens, c'est une explosion d'indignation que j'ai bien de la peine à calmer. Il faut avouer que les journaux étrangers dépassent en général la mesure de malveillance qu'on leur pourrait permettre. A les entendre, tandis que les soldats de Guillaume sont tous des anges, sans exception, et se conduisent avec une générosité et une délicatesse sans exemple, nous, Français, sommes aussi coupables qu'insensés de prétendre nous défendre au lieu d'accepter la loi du vainqueur. Ce qui devrait honorer notre désastre, ces essais, encore trop peu marqués, de résistance locale, nous sont reprochés comme autant de crimes. C'est à ne plus savoir où l'on en est; ce qui est bien ou ce qui est mal se confond et s'embrouille suivant l'esprit de parti. J'avais cru qu'au moins l'on nous plaindrait de notre malheur, mais non, pas même cela!

Aussi, je passe à mes auditeurs ce qui n'est que politique, et je les nourris plutôt des récits sur les ambulances. Les traits de blessés français et allemands se portant secours les uns aux autres, ces apaisements des haines, quand la lutte est finie, sont ce qui touche le plus. — « C'est vrai tout de même qu'on ne s'en veut pas, » — est une phrase que j'entends souvent. — « Ça n'empêche pas, proteste quelqu'un, *ils* ne devraient pas être si durs que cela au pauvre monde. » — *Ils* veut dire : les Prussiens, et l'allusion indique que l'orateur est de ceux qui croient aux brutalités qu'on attribue aux occupants.

Les Prussiens que nous avons à demeure, depuis huit jours, ne peuvent être accusés de dureté. Ils appartiennent à la landwehr, et font plutôt l'effet de gens ennuyés que de gens acharnés. Ils causeraient volontiers avec nous, et il devient quelquefois difficile de garder ses distances.

L'un d'entre eux, menuisier des environs de Nuremberg, a laissé trois enfants chez lui. Marguerite ressemble, dit-il, à l'un d'eux, et il la poursuit de toutes sortes d'attentions aimables ; quand maman rappelle la fillette qui s'égare de son côté, le pauvre homme prend un air triste qui fait peine.

Hier, nous avons trouvé sur le seuil du salon une petite charrette travaillée d'une manière charmante, avec une pelle et un râteau également bien réussis. Marguerite est devenue rouge de plaisir en s'en emparant ; il faut te dire que nous n'avons plus acheté le moindre jouet depuis la guerre, de sorte que les enfants sont réduits à des débris. Mais Robert a arraché la charrette des mains de sa sœur et l'a jetée bien loin. — « Comment peux-tu être assez lâche! criait-il, un cadeau de Prussien! un cadeau des gens qui veulent tuer papa et tout le monde! »

Marguerite n'avait pas vu si loin, et, soit repentir de son crime ou regret du joujou, elle s'est mise à pleurer de toutes ses forces. J'ai grondé Robert et l'ai forcé à ramasser la charrette pour la rendre à l'affligée, puis nous avons été consulter la justice de maman.

J'ai vu que maman était aussi perplexe que moi. Blesser le sentiment affectueux de ce Nurembergeois en lui rendant ses dons était le décourager d'être bon et le disposer à la dureté, c'était aussi enseigner la rancune à Marguerite..., et cependant maman a toujours en mémoire la règle posée par mon père : « L'ennemi n'est pas un hôte, il est l'ennemi, » et elle répète souvent combien il serait fâcheux pour l'honneur de la France qu'on parût indifférent à la lutte des armées en semblant accepter la présence des Prussiens. Enfin elle a rendu la charrette à Marguerite et est allée trouver le pauvre soldat qui guettait, à demi caché par un sapin, l'effet de ses politesses.

« Vous avez voulu causer un plaisir à ma petite fille, lui a-t-elle dit, merci, mais je vous prie de ne plus rien faire pour elle et même de vous en occuper le moins possible. Ma petite fille est Française, elle doit subir, dans la mesure qui appartient à son âge, l'épreuve qui nous frappe tous. Elle peut se passer de jouets, quand tant d'autres privations pèsent sur d'autres enfants; — elle ne doit pas avoir d'amis parmi ceux qui se trouvent... nos ennemis. »

L'homme a paru comprendre, et il a balbutié quelque chose à quoi maman a répondu : « Dieu veuille nous rendre ce temps-là! » — et elle est revenue plus triste que je ne l'avais encore vue.

« Que c'est affreux la guerre! répétait-elle; travailler à s'empêcher d'aimer! »

Il est remarquable de voir combien ces troupes allemandes, fussent-elles de la landwehr, sont exercées et tenues en haleine. Malgré la distance qui nous sépare de la ville, il faut que chaque jour chaque homme se trouve à tous les exercices, promenades et inspections. Trois fois par semaine il y a des exercices de tir, et ils doivent tirer chacun je ne sais quel nombre de coups, mais c'est deux fois autant que nos soldats.

Leurs officiers sont pour la plupart arrogants et exigeants, ils tiennent à montrer qu'ils méprisent les Français et ne perdent guère d'occasion de faire sentir qu'ils sont les maîtres. L'autre jour, ils avaient un repas de corps dans un hôtel, ils envoyèrent au maire un bon de réquisition pour cinquante bouteilles de champagne.— Réponse du maire qu'il est impossible de les fournir, les Prussiens ayant déjà bu tout ce que possédaient les marchands. — Second message des officiers annonçant que, si dans une heure les cinquante bouteilles n'étaient pas apportées, le feu serait mis aux quatre coins de la ville. Le maire s'adresse alors aux quelques habitants aisés qui n'ont pas pris la fuite, et supplie qu'on livre ce que l'on peut. Mais personne n'a maintenant de cave bien montée, les exigences des occupants y ont mis bon ordre. Il fallut beaucoup de peine et beaucoup de temps pour rassembler trente-six bouteilles ; ce fut un autre travail d'obtenir des officiers qu'ils s'en contentassent. Enfin l'affaire s'arrangea.

Une remarque faite par presque toutes les personnes qui ont à loger des Prussiens est que leur sobriété est en raison inverse de leur grade. On rencontre rarement un simple soldat ivre, tandis que les trois quarts des officiers se grisent habituellement. Nous n'avons chez nous qu'un sergent, mais il tranche du grand personnage, et tous les soirs, sans exception, il faut que ses hommes, qui ne boivent jamais, le portent sur son lit.

MONSIEUR A MADAME DE VINEUIL.

Paris, 24 octobre.

Je t'envoyais par les derniers ballons mes gémissements de ce qu'il y avait si peu de nouveau. Hélas! il est venu, ce nouveau! et avec lui des inquiétudes nouvelles. Orléans est occupé, dit-on, occupé et non pris, mais on va certainement essayer de le reprendre et André sera probablement de ceux qui marcheront. Voilà donc où nous en sommes ! Conjectures et conjectures toujours !

Pas un mot d'aucun de vous ne m'est parvenu ; trente-six jours déjà d'un silence absolu, c'est un réel supplice et sur lequel je ne comptais pas. Je ne parviens pas encore à comprendre qu'il n'existe aucun point sur lequel un piéton puisse traverser les lignes de l'ennemi. Il y aura fort à apprendre au point de vue du métier dans cette guerre-ci.

En attendant, les ambulances se remplissent. Les engagements de Châtillon, de Bagneux, de la Malmaison, ce dernier surtout, ont peuplé le Palais de l'Industrie, Chaptal, etc... Naturellement il y a eu de l'inexpérience dans plusieurs installations, mais le dévouement ne manque nulle part, et puis c'est tout plaisir de soigner nos soldats. Leur faculté d'endurer est quelque chose d'admirable. Avec cela, ils savent apprécier tout ce qui se fait pour eux et ont un talent naïf pour témoigner leur reconnaissance qui touche et qui navre en même temps leurs gardes-malades. On dirait, à voir leur surprise des soins qui les entourent, qu'ils n'avaient jamais espéré autant du cœur humain. Ton amie, madame H*** qui s'occupe activement de Chaptal, me disait : « Je rentre en moi-même en entendant nos hommes. Nous n'avions pas su leur donner bonne opinion de nous. Eux versent leur sang simplement, comme habitués au sacrifice, et ils s'émerveillent de notre pitié comme si elle était chose extraordinaire. »

Je cause souvent aussi avec les blessés ou les malades, et comme les pensées reviennent toujours vers l'issue possible de la guerre actuelle, j'essaye de prévoir quelle elle sera, par la nature des sentiments qui dominent parmi eux. Je trouve une résignation admirable quant à eux-mêmes, — l'absence de toute rancune et de toute colère quant à l'ennemi. Je parlais hier avec indignation de l'emploi fait par les Prussiens des paysans de Garches comme terrassiers aux ouvrages qu'ils élèvent contre nous auprès de Saint-Cloud ; on avait raconté, peut-être avec exagération, que plusieurs pauvres diables avaient été fusillés pour avoir refusé leurs bras : « Faut pas tant vous emporter, croyez-moi, mon colonel, m'a dit un mobile blessé ; les pauvres ! ils font ce qu'on leur commande, la faute de tout ça, c'est à leurs ordres, faut qu'ils obéissent, qu'ils soient consentants ou non. »

Et presque tous nos soldats raisonnent de même. Certes, je ne voudrais pas verser une seule goutte de fiel dans ces cœurs, car la haine n'est jamais salutaire, mais on se demande où nous conduira, au point de vue de la défense nationale, une telle mansuétude. Il ne me semble pas qu'on sente dans les âmes le bouillonnement puissant qui jetait jadis son cri dans la *Marseillaise* et balayait l'ennemi par delà la frontière. Je ne le regretterais pas si je trouvais à sa place un ferme sentiment du devoir et cette vraie passion de la patrie, assez forte par elle-même pour lever tout un peuple et l'employer à sa défense sans qu'il ne se mêle à son grand amour aucune haine d'homme à homme, mais je ne vois rien de cela. On s'est nourri de la viande creuse du cosmopolitisme, le mot *patrie* semble une abstraction, et les Français, qui ne savent pas vivre sans la France, ne sauront pas comprendre peut-être qu'ils lui doivent de la défendre ! C'est un cauchemar qu'une telle pensée et il faut la chasser bien vite en te parlant de Maurice.

Ce sera court, car ce mauvais papier *pelure* supporte mal le croisement des lignes; d'ailleurs il t'écrit lui-même par chaque ballon. Dis-toi bien qu'il ne s'est jamais mieux porté et que la ration militaire étant de 300 grammes de viande par jour au lieu de 60 alloués aux simples habitants, son célèbre appétit auquel, j'en suis sûr, tu penses bien souvent avec inquiétude, est à peu près satisfait.

Il ne peut pas quitter facilement son bastion et m'a écrit hier pour que je l'autorise à entrer dans ce qu'il appelle le service actif. Il a ouï dire que les généraux, prévoyant des sorties, désirent avoir quelques officiers d'ordonnance spéciaux pour l'artillerie ou le génie, et il demande à se mettre sur les rangs.

Te dirai-je que je suis resté longtemps, plume en main, cherchant une bonne raison pour lui refuser la permission demandée? Quand je croyais l'avoir trouvée, voilà que toute ma jeunesse se plaçait entre moi et le non que je voulais écrire et semblait me dire : Tu n'as pas le droit... Il faut avouer que ce service de bastion est fort ingrat. Piétiner perpétuellement cette boue des remparts, surveiller toujours et attendre un ennemi qui ne vient pas, ne rien savoir de la ville que l'on garde et se dire que le siége pourra se passer tout entier de la même façon, cela est une épreuve pour la patience d'un garçon de vingt ans. J'ai donc fini, mais non sans un petit sermon sur le mérite des dévouements obscurs, par l'autoriser à se faire inscrire. En somme, ce nombre de jeunes officiers devra être peu considérable et il est fort probable que Maurice ne parviendra pas à en faire partie, ainsi ne t'inquiète pas avant le temps.

Pauvre femme! je te plains de toute mon âme, car je sais ce que cet aîné est pour toi. Il semble que tout ceci fasse trop d'angoisses à la fois : rien de vous, rien d'André, peut-être Maurice au feu, et, dominant toutes nos douleurs, la grande douleur de la patrie...

ANDRÉ A MADAME DE VINEUIL.

Blois, 23 octobre.

Chère maman,

Il faut que je me hâte de vous écrire pendant que je le puis, car nous allons marcher! je l'espère du moins, et j'imagine qu'une fois en campagne la correspondance avec les pays envahis nous sera interdite; il serait trop commode à nos malins ennemis de puiser tout simplement leurs renseignements dans nos lettres. Dès à présent, je ne vous parlerai pas de ce que nous supposons des plans adoptés (si nous avions supposé juste!). Mais à défaut de l'avenir, le passé m'appartient, nous allons retourner six jours en arrière.

Ça a été une bonne journée, chère maman, que celle de notre départ du Mans. Non que la ville nous déplût, au contraire, mais quand on se trouve soldat, on est un peu pressé de savoir comment on se tirera de la vraie guerre et sans être le moins du monde féroce, on souhaite la bataille uniquement pour satisfaire l'intense curiosité que l'on éprouve de connaître son résultat. Nous sommes donc partis gaiement. Une bonne visite de l'oncle Adolphe m'avait ravitaillé. Pour lui faire plaisir il aurait fallu prendre assez de vêtements pour charger un fourgon et de l'or plein les poches. Heureusement que l'ordonnance ne permet que deux chemises; je les ai toutes neuves, en laine, et aussi de bons souliers; mes vieilleries n'en feront pas moins la campagne au service d'un pauvre camarade moins bien monté que moi — en oncle.

Nous sommes allés par chemin de fer du Mans à Tours, où nous avons logé chez l'habitant. J'avais pour hôte un épicier des faubourgs qui, après m'avoir gardé assez longtemps dans sa boutique sans rien faire de ma personne, se décida à me montrer au rez-de-chaussée une jolie petite chambre, presque remplie par un énorme lit. Il y avait de drôles de fleurs artificielles sur la cheminée, et j'aurais trouvé cela charmant, n'eût été un pénétrant parfum de chandelle dont on ne pouvait se défendre, puisque toute la provision était suspendue au plafond dans un ordre admirable qui eût fait honneur à notre régiment. Je me console vite en songeant au bon lit que je vais avoir quand arrive la maîtresse du logis avec sa servante, et voilà qu'en moins de rien ce fameux lit se trouve déménagé : un bel édredon en calicot rouge, des couvertures, je ne sais combien de matelas, tout cela est parti à mon nez et à ma barbe, — mais non pas les chandelles. Quand il n'est plus resté que le bois de lit, la servante a reparu seule avec une vieille paillasse qu'elle a jetée à terre, — c'était assez bon pour un soldat, — et voilà ce qui s'appelle des gens soigneux! Le lendemain nous avons repris un train pour Amboise, d'où la route jusqu'ici s'est faite par étapes.

C'est un beau pays que notre pays, et je ne l'ai jamais senti plus vivement qu'à Amboise en quittant les wagons. Si loin que la vue pouvait s'étendre, les plus riches campagnes du monde; tout près de nous, la Loire roulant ses eaux à travers des châteaux et des souvenirs magnifiques comme elle-même. Vous souvenez-vous que mon père nous avait promis que nous ferions le voyage de la Loire quand Maurice sortirait de l'École? Hélas, pauvre Maurice! et pauvre moi, qui traverse cela tout seul!

C'est un sentiment poignant que celui qui vous ramène de cette splendeur des choses à la pensée de la menace qui se trouve là-bas, vers Orléans. Le soleil a été superbe pendant nos deux jours de marche et le temps si clair ne nous laissait rien perdre du paysage, mais quoi! on pensait: « Pourvu que nous suffisions à défendre tout cela! » Et le sol même où nous marquions nos pas semblait compter sur nous et nous dire : « Vous ne les laisserez pas passer? »

C'est au sortir d'Amboise, pendant une halte, que la nouvelle de la prise de Châteaudun nous est parvenue. D'abord, cela nous a fait peu de chose, on en a déjà tant perdu, de villes! c'est devenu une triste habitude. Mais quand peu à peu nous avons su les détails, comment cette fois la population avait résisté, comment sans espoir de succès et seulement pour le devoir, deux mille braves gens, bourgeois pour la plupart, avaient tenu tête dix heures à cinq mille ennemis, nous avons eu une grande émotion toute mêlée de joie, de pitié, d'espoir de vengeance. Ce que deux mille avaient fait, nous l'aurions tous fait dans ce moment-là. Je ne sais pas si nous retrouverons jamais un si complet accord de nos pensées, mais je crois que si les Prussiens se permettaient encore deux ou trois exécutions comme celle de Châteaudun, ils feraient pourtant lever contre eux un flot d'indignation avec lequel il leur faudrait compter.

Le 20, nous sommes entrés à Blois. Mon bataillon campe le long de la Loire, sur la rive gauche. Nous commençons l'exercice à feu, et franchement ce n'est pas trop tôt. Les chassepots arrivent peu à peu, mais les mobiles ne manœuvrent encore qu'avec les vieux fusils d'autrefois, ce qui les vexe prodigieusement. En revanche ces mobiles, il faut bien l'avouer, sont plus beaux hommes que nous. Dans nos compagnies de ligne il n'y a que de très-jeunes gens, et cela se reconnaît trop vite à leur air gauche et à leur menton aussi peu velu que le mien ; au lieu que les mobiles ont vingt-quatre ou vingt-cinq ans, ils sont à leur taille, en pleine force, et auraient bien vite l'aspect militaire si l'on venait à bout de les équiper d'une manière uniforme. La résistance de Paris fait du bien au moral de chacun; on n'osait y compter, et voilà que cela donne du temps pour s'armer et s'aguerrir. On en revient à dire que tout espoir n'est pas perdu... Si seulement la France veut se lever, l'Est se révolter et Paris sortir... Seulement!...

Il y a décidément une armée dans cette Sologne et elle n'a pas autant de fiévreux qu'on le pourrait croire d'après la réputation du pays. On parle d'un chiffre respectable de troupes derrière le Beuvron, et nous aimons à penser que ces soldats-là valent mieux que nous, car il paraît qu'ils campent depuis le commencement du mois et qu'ils sont fréquemment exercés.

Mon père, dont j'ai, par ballon, une lettre du 15, me dit que les progrès des mobiles et de la garde nationale sont merveilleux. Il nous souhaite de faire aussi bien. Pauvre père! il essaye de me rassurer sur ses privations, mais en disant : « La suspension de la vie de famille est la seule souffrance de ce siége, » il laisse voir combien est vive pour lui cette souffrance-là. Il se désespère de n'avoir aucune nouvelle d'aucun de nous. La veille, il avait passé sa soirée rue de Londres, chez les A.-A. et y avait vu le colonel Lindsay donner à M. H.-M. des nouvelles de sa femme réfugiée en Angleterre. Mon pauvre père en avait senti plus vivement l'angoisse de ne rien savoir, aussi me recommande-t-il de profiter de toutes les occasions présumées bonnes de faire entrer à Paris ne fût-ce qu'un mot. Je n'y manque pas, ni vous non plus, chère maman.

Peut-être devriez-vous essayer par la Suisse. Le conseil fédéral doit communiquer quelque peu avec son ambassadeur. Un seul mot que cet excellent M. Kern transmettrait à mon père vaudrait mieux, même pour son reconfort physique, que trois jambons au garde-manger.

ANDRÉ A MADAME DE VINEUIL.

Concriers (Loir-et-Cher), 31 octobre.

Chère maman,

Enfin nous marchons! Ne vous inquiétez pas, je me porte mieux qu'au logis et serai la prudence même. Tous les jours où ce ne sera pas absolument impossible je vous écrirai un mot pas plus long que celui-ci qui vous dira seulement que votre fils vous aime de tout son cœur et que ses membres sont au complet.

DU MÊME A LA MÊME.

Roches (Loir-et-Cher), 2 novembre.

Le mouvement en avant paraît général. On sent que nous entrons réellement dans la période active. Rien ne saurait vous donner une idée de l'encombrement des villages que nous traversons. Deux flots s'y rencontrent, — les fuyards avec leurs terreurs et heureusement aussi leurs troupeaux, — et l'armée qui arrive en sens contraire bousculant les fuyards et profitant (grâce à son argent) de leurs provisions.

On dit qu'une brigade de cavalerie a dû apercevoir l'ennemi aujourd'hui même; nous avons entendu le canon cet après-midi, ce qui confirmerait le renseignement.

DU MÊME A LA MÊME.

Forêt de Marchenoir, 6 novembre.

Nous marchons toujours, mais lentement. On parle de coups de fusil ici et là, rien encore pour nous, chère maman.

Peut-être vais-je avoir le temps de vous dire un plaisir qui m'est survenu et que vous partagerez. Nous allions traverser hier Plessis-l'Échelle quand on nous fit faire halte pour laisser passer les mobiles de Loir-et-Cher qui s'en allaient, disait-on, prendre position à Saint-Laurent-des-Bois, sur la lisière opposée de la forêt. Derrière eux, avec les cantiniers et même plus loin encore, je remarquai quelques carrioles légères qui suivaient; il y avait aussi deux breaks fort bien attelés. Dans ces voitures étaient des pères, des frères inquiets, voulant être au plus près des nouvelles; j'ai même vu trois ou quatre femmes, évidemment des mères, et les uns et les autres étaient tout entourés de gros paquets, vivres condensés, couvertures, cigares et sans doute aussi — bandages.

Il paraît qu'on avait toléré cette queue jusque-là, mais à Plessis-l'Échelle, ordre fut donné de laisser libre la route pour l'armée, et tout ce pauvre monde en peine dut se jeter dans les traverses.

Je songeais à vous, chère maman, qui auriez été parmi ces femmes, je le sais bien, si mes sœurs et Robert n'avaient eu encore bien plus besoin de vous qu'un grand garçon comme moi, et je soupirais. J'étais triste et, autant vaut vous le dire, je pensais aux bandes, à la charpie que vous auriez eues, à vos mains si adroites, à l'infinie douceur que devaient éprouver ceux des mobiles de Loir-et-Cher qui avaient leurs mères là.

Pendant ce temps, les voitures avaient obéi à l'ordre donné et pris la traverse; la dernière carriole seule restait encore, son conducteur causait avec B..., mon lieutenant, à vingt pas du faisceau de chassepots que je gardais. Ce conducteur était un homme âgé, en blouse, figure ouverte, menton rasé. Il fouetta enfin son cheval harassé et passant près de moi, il l'arrêta de nouveau et me cria : « C'est donc vous qu'êtes M. André? — Je suis un André, répliquai-je, reste à savoir si je suis celui qu'il vous faut. — L'homme descendit. « Je m'appelle Joseph Barbier; vous devez connaître cela. J'ai été vingt ans cocher chez votre grand-père à cette fin que c'est même moi qui ai conduit la voiture à l'église le jour que votre maman s'est mariée. Depuis ce temps-là, je suis fermier de votre tante de Thieulin et c'est elle qui m'envoie après vous. » Il me remit alors ce billet que je vous copie, pour que nous soyons reconnaissants ensemble :

« J'apprends que Joseph Barbier, un vieux serviteur de la famille, veut suivre, autant que faire se pourra, son fils unique, mobile dans un des bataillons du Loir-et-Cher. Je lui donne ton adresse, use de lui, compte sur lui. Il a mille petites choses qui pourraient servir en cas d'accident; surtout il a son brave cœur qui te sera dévoué, cher enfant, pour l'amour de ta mère. Elle et nous tous serons un peu soulagés de notre inquiétude à ton sujet en sachant que quelqu'un d'ami est près de toi, sait ce qui t'arrive, peut te secourir ou nous appeler au secours. Laisse-toi faire, je t'en prie... »

Je me suis si bien laissé faire, chère maman, que me revoilà avec des chaussettes neuves aux pieds, un mouchoir propre en poche, de délicieux gants tricotés, et même avec un supplément de fonds, délicate attention de l'oncle Adolphe. Me voilà surtout avec un ami, car ce brave homme, dont vous parliez souvent du reste, vous aime de tout son cœur, et prend très au sérieux la tâche qu'on lui a donnée, de veiller sur moi. Il est reparti pour suivre son fils, mais il s'inquiétera de moi toutes les fois que mon régiment aura été engagé. Vous voyez comme j'avais tort de soupirer, chère maman, et que cet unique accès de mélancolie était encore de trop. Maintenant que je sais ce vieux Joseph n'importe où, mais se souciant de moi, tout sentiment d'isolement a disparu et puis je suis heureux de ce que vous allez être plus tranquille sur mon compte.

Voici un officier qui arrive avec les nouvelles de la reconnaissance du général Abdelal. Il paraîtrait que l'ennemi est en forces entre nous et Orléans ; on l'a tâté à trois places, dit l'ordonnance, et partout ça a sonné plein...

DU MÊME A LA MÊME.

Villermain (Loir-et-Cher), 8 novembre.

Chère maman,

Je me suis battu, nous les avons battus et je vais à merveille.

Je finissais à peine hier l'histoire de ma rencontre, qu'il a fallu prendre son fusil et partir. Nous avons couché près de Saint-Laurent-des-Bois, et y sommes entrés le matin à temps pour y faire notre partie dans le concert : si je n'étais absolument fourbu, je vous en dirais plus long. Il paraît que c'est un réel succès[1], qu'une compagnie bavaroise est prisonnière, que nous nous sommes bien conduits, mais non encore si bien qu'un certain 3me bataillon de chasseurs. Les mobiles du Loir-et-Cher ont donné, j'espère que le fils Barbier n'a rien.

Les gueux (je parle des Allemands et encore vous demande pardon du mot) ont brûlé en se retirant tout un village qu'on appelle Chantôme.

1. Combat de Vallières.

DU MÊME A LA MÊME.

Villermare, 10 novembre.

Impossible de vous écrire hier, mais vous ne perdez rien à avoir attendu. Figurez-vous, chère maman, une vraie bataille et une vraie victoire! On dit même que l'ennemi sera forcé de lâcher Orléans. Quelle joie ce serait! Quelle joie si c'était le commencement de la revanche! Il me semble que je vois déjà Paris s'ouvrir et papa vous embrassant!

Les rapports vous diront l'ensemble de la journée; nous ne savons encore que peu de chose nous-mêmes. Évidemment c'est la droite et le centre qui ont fait la meilleure partie de la besogne. Notre gauche a été un peu faible sans qu'il y eût de la faute de votre fils, croyez-le, mais parce que les munitions ont manqué à l'artillerie. Notre brigade formait la réserve de l'aile gauche, nous n'avons donné que vers trois heures. De ce moment, cela a été chaud et nous avons perdu assez de monde. Je n'ai pas eu une égratignure, ainsi, chère maman, réjouissez-vous sans arrière-pensée.

Savez-vous qu'une partie des mobiles n'avaient pas même de baïonnettes? Ils ne s'en sont pas moins bien battus. En somme, nos généraux sont contents de nous et nous le sommes d'eux. Espérons que cela va marcher rondement maintenant.

Mais qu'on est donc las et qu'on a faim! Avec cela, le temps est affreux. — Le père Barbier s'est faufilé jusqu'à moi tout à l'heure. Son fils n'a rien, mais son sergent a été tué raide à côté de lui.

DU MÊME A LA MÊME.

11 novembre.

Impossible de vous dire d'où je vous écris, chère maman, je n'en sais rien. Nous campons sous nos petites tentes en plein champ, en pleine boue. Il pleut, il pleut, décidément il pleut trop.

Mais que cela réchauffe et restaure d'être enfin victorieux! car c'est de plus en plus une victoire. L'ennemi se retire sur tous les points, et autant il se retire, autant nous avançons. Le 15me corps a dû réoccuper Orléans. J'aurais voulu être des troupes qui y sont entrées. Cela doit être si bon de délivrer! J'aurais pensé tout le temps à Paris. Que Dieu veuille donc une fois nous y mener!

On dit que messieurs les ennemis commencent à réfléchir, et qu'ils y croient enfin à cette armée de la Loire, qu'ils niaient il y a quinze jours. Pourvu que Paris sorte, et que l'Est se soulève! C'est le moment ou jamais.

Notre victoire s'appellera Coulmiers.

MONSIEUR DE VINEUIL A MADAME DE VINEUIL.

Paris, 27 octobre 1870.

Toujours sans nouvelles, et cependant quelques privilégiés en reçoivent. Quand je pense quelles peuvent être les causes de ce silence, une telle angoisse me saisit, que je ferme les yeux comme au bord d'un gouffre.

J'ai peine à continuer à écrire aussi régulièrement. Ces feuilles qui partent chaque jour sans qu'aucune m'ait pu ramener une seule ligne de toi, ces questions qui traversent les airs et auxquelles rien ne répond, cela devient sinistre. Essaye, je t'en prie, de toutes les voies que tu pourras imaginer. On parle de francs-tireurs qui tenteront de traverser les lignes; peut-être les sorties qu'on promet leur permettront-elles d'entrer.

Si ce n'était cette absence de nouvelles, nous supporterions fort bien le siége, ton fils et moi. Nous nous ressentons peu, grâce à nos rations militaires, du manque de vivres dont la population souffre très-réellement maintenant.

La classe riche se restreint et s'étonne d'avoir à tant dépenser d'industrie pour conquérir un dîner, composé d'une soupe passable et d'une seule tranche d'une viande quelconque, avec des haricots ou du riz en salade. Mais enfin elle a le nécessaire. La classe pauvre ne l'a plus et pourtant on fait des sacrifices énormes pour elle.

La préoccupation de ces privations croissantes pèse plus qu'on ne pense sur l'esprit de nos gouvernants. Le siècle des hommes de fer est passé, en France du moins, et ce n'est pas moi qui ferai reproche à nos chefs du sérieux avec lequel ils apprécient leur responsabilité.

En attendant, l'activité ne diminue pas aux remparts; on se prépare à y recevoir les très-beaux canons à longue portée que l'industrie privée achève en ce moment, et qui sont pour la plupart le produit des dons patriotiques. On en promet 350. Ils compléteront magnifiquement la parure guerrière de la grande ville.

La transformation en véritables corps militaires des masses armées, dont nous ne savions d'abord que faire, est plus étonnante encore pour un vétéran que celle de toutes les usines civiles de Paris en fonderies de canons.

Certes, je ne songe pas à comparer la moyenne

des troupes actuelles à mes vieux vrais soldats de Crimée, rapides, endurcis, intelligents, achevés enfin; mais si l'on songe à la difficulté qu'il y avait à donner quelque consistance à une foule bigarrée et troublée, composée de soldats battus et démoralisés, de mobiles qui ne se prenaient pas au sérieux, de gardes nationaux qui donnaient dans l'excès contraire, et de quelques marins qui seuls se trouvaient en bonnes conditions de corps et d'esprit; si l'on se souvient que les officiers, même mauvais, manquaient, on est forcé d'admirer le résultat, tout imparfait qu'il soit encore. Quoi qu'il arrive, ce sera la gloire de Trochu de n'avoir pas désespéré d'amalgamer tout cela et d'avoir réussi, du moins, à en faire des bataillons capables de manœuvrer.

En ce moment-ci, le plaisir nouveau des Parisiens est de prendre le chemin de fer de ceinture et d'aller... si loin qu'il veut bien ou peut bien les mener. Hier, ayant par hasard deux heures de loisir, j'ai suivi le courant et me suis fait conduire au Point-du-Jour, d'où les nôtres lançaient quelques obus sur les batteries prussiennes de Meudon. Je suis revenu par les bateaux-omnibus. Les berges de la Seine sont envahies par des pelotons de tambours et de trompettes s'exerçant à qui mieux mieux. C'est un charivari infernal. Je ne savais pas à quoi je m'exposais en prenant ce chemin. Et pourtant, c'est encore une des formes du zèle de la défense!

MONSIEUR DE VINEUIL A SES ENFANTS.

Paris, 28 octobre.

C'est aujourd'hui, mes chers petits, que papa a eu cinquante ans. Son grand fils y avait pensé et c'est à nous deux que nous avons rappelé quel beau jour vous saviez lui faire tous les ans, de ce jour-là. Ah ! que cela manque douloureusement, les baisers d'une femme aimée et de chers enfants ! Que ne donnerais-je pas pour entendre Berthe jouer le morceau de circonstance, et assister à ce défilé de poésies qui remplissait toujours notre heureuse soirée !

Si Dieu nous prête vie, si nous nous retrouvons au complet, oh ! que nous sachions jouir de tous nos bonheurs !

MONSIEUR DE VINEUIL A MADAME DE VINEUIL.

31 octobre,

Le Bourget, pris par les nôtres il y a trois jours, a été repris. Les Prussiens l'ont cerné ; ça été l'affaire d'un coup de filet. Nous y avons perdu un certain nombre de mobiles de la Seine, et l'effet moral de ces deuils va se faire sentir rapidement.

Mais, ma pauvre chère femme, qu'est-ce que cela? qu'est-ce que cette tristesse, réelle pourtant, auprès du coup de massue qui brise notre seule chance de salut!

A l'heure où je l'apprenais, tu la savais déjà, cette reddition de Metz, et il n'est pas probable que les vainqueurs t'aient caché leur joie.

C'est qu'ils peuvent bien être fiers. Acquérir d'un coup plus de cent cinquante mille prisonniers, quatre maréchaux de France, Metz la jamais prise, et aussi cette certitude que nous sommes à leur merci!... Car pour moi, c'est la fin, c'est la perte de toute espérance. Quelque chose nous restait quand nous pouvions, de derrière nos murailles, compter sur l'armée de Bazaine. On ne comprenait pas trop qu'elle fît si peu de bruit, mais enfin elle vivait, on pouvait supposer que le maréchal méditait quelque grand coup. Telle qu'elle était, dans son inaction même, elle retenait et paralysait une formidable armée. Et voilà que tout s'écroule!... Jamais un désastre pareil n'a submergé un pays; nous n'avons pas même une consolation d'orgueil, pas même l'honneur de la résistance...

On doit vous donner quelque explication de ce qui s'est passé à Metz; ici, aucune ne nous est parvenue, de sorte que le mystère ajoute à l'horreur du fait.

Naturellement on parle de trahison, et je m'indigne contre ceux qui emploient un tel mot.

D'abord, le maréchal Bazaine doit être assez malheureux sans qu'on lui inflige, avant de rien entendre, le pire des outrages. Puis, un mot tel que celui-là est dans une ville assiégée comme une bombe dans une poudrière. Il ne manque pas d'ignorants et de brouillons pour ne pas mieux comprendre à cette heure les précautions de Trochu, mieux que nous ne comprenons tous l'inaction de Bazaine, et de là à menacer Paris d'une fin pareille à celle de Metz, il n'y a pas loin. Au reste, il faut bien l'avouer, on ne sait plus où se prendre pour espérer.

Qu'il était bon de se dire, même à nos premiers revers, qu'il n'était pas possible que le succès ne nous revînt pas! Qu'il était doux, et fatal aussi, de vivre de sa gloire passée et d'y puiser la foi! Maintenant tout est à bas. Wœrth a commencé un éblouissement affreux que Metz achève. Pourquoi pas nous aussi après eux tous?

Voilà une armée libre, ou de renforcer celle qui nous étreint, ou de courir la province pour y disperser nos recrues. Qu'elle fasse l'un ou l'autre, comment sortirons-nous, puisque déjà maintenant nous ne le pouvons pas? En attendant, on mange, et sans manger assez pour chacun, on mange trop pour la prolongation de la défense. Il faudra donc... Tout le sang que l'on ferait verser ne nous sauverait pas; — à quoi bon alors?

DU MÊME A LA MÊME.

Paris, 2 novembre.

Je ne vaux pas mieux que les autres, ma chère femme, et quoique je me doute bien que c'est là une vérité connue de toi, j'en consigne l'aveu, c'est toujours un signe d'humilité. Ce repentir me prend au souvenir de quelque chose que j'ai dû t'écrire le 31 en apprenant cette capitulation de Metz. Je crois que je n'ai pas su dominer mes impressions et que tu m'auras vu très-malheureux. Malheureux, je l'étais et je le resterai, car ces douleurs-là ne s'effacent pas; mais je ne devais être ni amer ni découragé.

Nous avons remarqué bien des fois ensemble que, quand une grande épreuve frappe une famille, quand on perd un enfant, par exemple, il y a du désespoir dans la première douleur. Il semble aux parents que toute leur joie est partie avec cet enfant-là, et qu'il ne leur reste plus rien. Très-souvent alors, Dieu qui les trouve ingrats les menace de nouveau, un autre enfant tombe malade, et ils s'aperçoivent à l'intensité de leur angoisse de ce que valent encore les trésors laissés.

Ainsi de nous en ce moment, ainsi de moi. Je trouvais tout perdu, même l'honneur, et voilà que les troubles de la rue sont venus, l'émeute a eu Paris dans sa main, on a pu croire un instant que la plus folle des populaces nous ravirait jusqu'au douloureux privilége de tomber en soldats devant d'autres soldats. Maintenant que l'ordre est rétabli, que Bismarck n'aura pas la joie de prendre Paris par la guerre civile, on se dit que tout n'est pas perdu, qu'une portion d'honneur reste à sauver, et que nous la sauverons.

Mais comment flétrir assez les chefs de tels mouvements! Si jamais trahison fut odieuse, c'est la leur. Devant l'ennemi, dans une ville assiégée, détourner de la défense les bras et les cœurs! On mesure devant de telles aberrations ce que l'esprit humain peut contenir de folie. Grâce à Dieu, la population a eu le sentiment juste du devoir, et ce sentiment l'a sauvée; — mais nous avons vu de près l'abîme.

BERTHE A ANDRÉ DE VINEUIL.

Les Platanes, 3 novembre.

Ah! frère André! par où commencer?... Comment te dire!...

On avait reçu hier d'un fermier de Rully la provision d'orge des volailles, et maman avait décidé que dès ce matin François irait payer. Elle sait combien les gens les plus à l'aise d'ordinaire peuvent se trouver gênés, maintenant que toutes les communications sont interrompues.

François est donc parti pour Rully ce matin, et Robert et moi avec lui. C'était la première fois que nous sortions de nos murailles depuis l'invasion; Robert mourait d'envie de faire une course, et quant à moi, maman a jugé bon pour ma mine de prendre le grand air.

Nous voilà donc tous trois dans le petit panier traîné par Poney, heureux malgré tout, il faut l'avouer, du mouvement, du vent frais qui nous fouettait le visage, heureux de nous retrouver, comme si la guerre eût été un rêve, en liberté, en plein champ, sans Prussiens à l'horizon. Et pourtant le canon de Paris s'entendait très-bien. Les dernières feuilles mortes qui achevaient de tomber semblaient frémir au bout des branches dénudées quand le retentissement sourd d'une décharge arrivait jusqu'à elles. Comment avons-nous pu être heureux? Cela n'était pas tout à fait bien.

Nous laissâmes à droite, sur sa colline, la tour ruinée de Montépilloy, à gauche la haute cheminée de Barberie, et au bout d'une heure le petit trot raisonnable de Poney nous amenait au pavé de Rully. Le village avait un air calme, presque triste; sur les portes se lisaient les inscriptions allemandes à la craie; on ne voyait point de soldats, point d'habitants non plus, ou bien peu.

Un seul groupe nous salua sur la place de l'église, c'était cinq ou six personnes qui se tenaient à la porte de cette épicerie-cabaret devant laquelle les routes se croisent.

Notre fermier fut trouvé et payé, mais c'est bien l'homme le plus hospitalier et le plus tenace que je connaisse; il voulait nous faire reposer et réchauffer, et malgré mes instances nous n'étions pas encore repartis une heure après notre arrivée. La conversation, qui roulait sur les Prussiens, l'amena à nous apprendre qu'on avait annoncé pour ce jour même un passage de troupes venant de Crépy. François se joignit alors à moi pour presser le départ, assurant que madame pourrait être inquiète si nous tardions davantage; il attela lestement et nous prîmes congé.

Tu connais ce chemin rapide qui contourne l'église? Nous le descendions au petit pas, par égard pour les vieilles jambes de Poney :

« Ils y sont déjà!... s'écria François en arrêtant court. Les gueux! voyez-les!... »

En effet, cent cinquante à deux cents cavaliers étaient arrêtés sur la place, devant l'épicerie. Leurs grands manteaux leur donnaient un air imposant, peu de bruit du reste parmi eux. Le cabaretier, sa femme qui avait un poupon sur le bras gauche, et une vieille voisine, allaient de l'un à l'autre, versant du vin ou de l'eau-de-vie, je ne sais lequel.

« Comment passerons-nous? » dis-je tout bas à François.

A ce même moment, voici ce que je vis :

La femme du cabaretier levait son broc d'étain pour verser dans le verre d'un soldat qui nous tournait le dos. Ce soldat saisit le broc et fit le geste de boire à même. La femme résista un instant, elle ne voulait pas lâcher l'anse qu'elle tenait, — quelque chose remua sous le manteau du cavalier, sa main droite s'étendit, — il y eut une détonation, et nous vîmes la malheureuse tomber comme une masse sur le sol sans lâcher son enfant.

Robert poussa un cri qui nous rappela à nous-mêmes; le pauvre petit s'était levé, tout pâle de frayeur; François le contint d'un geste énergique; frémissant lui-même, il obligea le Poney à retourner et lui fit gravir au grand trot la pente que nous venions de descendre.

Nous prêtions l'oreille à ce qui se passait derrière nous, il semblait que ce meurtre allait en amener d'autres ; une angoisse mêlée de pitié, d'indignation et de terreur nous étouffait. Nous n'entendîmes rien. Au bout de la ruelle que nous suivions, nous trouvâmes les champs. François se mit à courir à côté de la voiture pour ménager le cheval dont il voulait forcer la vitesse une fois dans le chemin. Je n'ai jamais passé de moments plus affreux que ceux-là. La figure presque gracieuse de cette femme au moment où elle avait levé le broc et sa chute en arrière quand la balle l'avait atteinte étaient les seuls souvenirs qui restassent clairs dans ma pensée. J'essayais machinalement de calmer Robert qui sanglotait :

« Les méchants, les méchants!... » répétait-il.

François ne songeait qu'à nous remettre à maman.

Notre petite voiture dansait, ballottée d'une pierre dans un trou ou d'un fossé à un talus, le poney n'y comprenait rien.

Enfin François essoufflé murmura :

« Voici le chemin. »

Nous nous trouvâmes sur notre bienheureuse route et François put remonter. Dans ce court moment d'arrêt, je vis un nuage plus sombre encore passer sur son visage; il me poussa le bras en me faisant signe de regarder en arrière : c'était l'escadron prussien qui sortait de Rully; il nous suivait, il prenait la même route que nous!

La vraie peur me vint alors. C'était effrayant de voir marcher ces hommes en colonne serrée sur nous, contre nous, après ce que nous savions.

« Sauvons-nous, François, fouettez! vite, vite!...

— Nous les ferions courir après nous, fit-il; faut avoir l'air tranquille. »

Et il ne mit le cheval qu'à son petit trot. Oh! que ce fut long! Robert avait vu les Prussiens, et son exaltation me faisait peur. Heureusement qu'ils allaient seulement au pas; nous gagnions sur eux, et peu à peu nous avons augmenté notre vitesse.

Maman ne savait rien, et nous avons manqué lui faire bien mal en la surprenant par nos sanglots et nos récits incohérents. Elle ne comprenait pas plus que nous un meurtre semblable dans de telles circonstances et a assuré que l'assassin ne pouvait être qu'un fou.

Ce matin elle est allée voir le cabaretier de Rully, elle rentre à l'instant. Le médecin était près de la malheureuse femme qui achevait d'expirer. Son mari veut partir et se faire franc-tireur. Il paraît qu'après ce fatal coup de pistolet, au moment même où nous prenions la fuite, le commandant prussien a placé le soldat coupable sous la garde de deux de ses camarades et a fait annoncer qu'il serait puni. Les habitants de Rully, terrifiés, ont laissé la colonne ennemie se reformer tranquillement et sortir du village.

On dit que quelques jeunes gens qui restaient encore sont maintenant décidés à rejoindre les mobiles de l'Oise ou bien l'armée du Nord.

MONSIEUR A MADAME DE VINEUIL.

Paris, 4 novembre.

Voici maintenant cinq jours qu'on discute les conditions de l'armistice. De notre part, il est très-désiré et très-désirable, et quand je pense que son premier résultat sera sans doute de rétablir les communications, que je reverrai ton écriture après ces quarante-six longs jours, l'émotion de l'attente me fait presque oublier le reste. Vous, ma chère colonie des Platanes, André, Herbauld et tous nos amis, qu'a-t-il pu vous arriver parmi tant de dangers? Combien de supplices différents dans ces craintes qui hantent l'esprit des pauvres assiégés ! Je ne sais comment l'histoire jugera cette mise au secret d'une population de deux millions d'âmes; elle devra en admirer l'exécution et pourra l'appeler une habileté, mais certes, c'est une cruauté aussi, et qui aura moins servi nos ennemis qu'ils ne l'espéraient, elle a mêlé une nuance de révolte à la résistance.

Les forts ne tonnent plus. Aux avant-postes, chacun se départit peu à peu de sa réserve de belligérant, on attend l'annonce de l'armistice. En somme, l'énergie est maintenant à bout. La chute de Metz pèse sur nous. Son malheur joint au silence de la province a tué ici l'esprit guerrier. On se sent condamné, on se dit qu'il est inutile et par conséquent criminel de prolonger la lutte, puisque les armées de province ne sont pas en état d'y prendre part. On prête ce mot au général Trochu : La défense de Paris ne peut être qu'une héroïque folie. — Je ne sais jusqu'à quel point il est authentique, mais il n'en est pas moins vrai que cette déclaration, médiocrement heureuse de la part du commandant en chef de cette même défense, a pris maintenant toutes les proportions d'une prophétie.

En attendant, le froid augmente et le combustible est hors de prix, les souffrances de la population en sont fortement aggravées. Il faudra penser à ces pauvres ménages, à ces femmes héroïques, à cette moisson d'enfants qu'il s'agit d'arrêter, pour se consoler de prononcer, en signant la paix, l'acceptation de la défaite. Si découragée que fût la lutte, le dernier mot n'était pas dit tant qu'elle durait; c'est pourquoi le cœur se serre, et entre deux douleurs ne sait laquelle préférer.

DU MÊME A LA MÊME.

Paris, 6 novembre.

Ce matin, l'*Officiel* annonce la rupture des négociations. La cause principale est le refus de la Prusse d'accorder aucun ravitaillement; on aurait pu passer sur les autres conditions, mais il n'y avait pas moyen de se livrer soi-même ainsi, pieds et poings liés, c'était rendre Paris à discrétion. Cela est si clair (heureusement!) que tout le monde le sent et que chacun essaye de refaire bravement volte-face vers la défense à outrance, le jeûne, le froid et les gardes aux remparts.

Avec le rejet de l'armistice, l'*Officiel* contient un décret de formation de trois nouvelles armées tirées des défenseurs de Paris. C'est une bonne chose que d'essayer d'occuper en ce moment les pensées de chacun pour les détourner, même violemment, du regret inavoué du beau rêve évoqué par le mot d'armistice, mais ce sera difficile. On y a trop compté. Que de familles chez lesquelles, pendant ces cinq derniers jours, on a doublé sans arriver pour cela encore à l'excès la portion de nourriture de chacun! On croyait en avoir fini avec ces longues privations, et voilà qu'il faut les reprendre plus sévères que jamais, et jusqu'à quand?

On se perd en conjectures sur la cause de l'obstination de la Prusse à maintenir une clause aussi évidemment inacceptable.

Les uns disent que la capitulation de l'armée de Bazaine, en rendant impossible la délivrance par le dehors a augmenté du même coup les prétentions de Bismarck et qu'il a introduit cette clause pour rompre les négociations sans endosser l'odieux d'un refus tout net de traiter; d'autres jurent que c'est l'émeute du 31 octobre qui a donné au chancelier prussien l'espérance de voir Paris s'ouvrir de lui-même avant peu et se livrer à lui par crainte du désordre.

Quoi qu'il en soit, rien ne pouvait être plus habile au point de vue prussien, et plus fatal pour nous que cette espérance donnée et reprise. Si les premières ouvertures ont été faites par déférence pour les scrupules de l'Europe, sa tiède amitié n'aura servi qu'à préparer un piége où nous pouvons périr. L'esprit guerrier aura peine à se ranimer; on s'est amolli, je ne le sais que trop par moi-même, dans la vision délicieuse du retour des siens, on a caressé des images trop chères, on a trop bien cru être au bout de l'effort, on a regardé derrière soi pour admirer sa résistance : près de cinquante jours de siége! qui l'eût attendu de Paris? Chacun a compté qu'il avait fait tout ce que la patrie réclamait de lui et a cru le moment venu de jouir en paix de son héroïsme.

Mais non. Voilà qu'au contraire c'est l'heure du dévouement vrai et du réel sacrifice, l'heure de lutter pour l'honneur et non plus pour le succès, l'heure de souffrir pour le seul devoir. O mon pays! je ne veux pas douter de toi! c'est un grand naufrage que le nôtre et nul ne sait quelles épaves chacun pourra recueillir quand le calme se sera fait. Nul ne sait ce qui restera de Paris ou de la France le jour où, le dernier morceau de pain mangé, on subira l'ennemi. Mais si le succès ne dépend d'aucun homme, il est une portion de l'honneur du pays à la garde de chacun : que chacun lui soit fidèle!

Nulle puissance humaine ne peut nous ôter la douceur d'avoir mieux aimé souffrir que faiblir, mourir et même laisser mourir que nous soumettre.

Je sais que tu dis avec moi : Jusqu'au bout, jusqu'au bout du devoir. Tu as une grande part dans mon entière résignation parce que je sens que tu l'approuves, comme le peuple de femmes qui ne laisse pas, même à cette heure, échapper un murmure, aura une grande part dans le respect que le monde devra, j'espère, à la défense de Paris.

DU MÊME A LA MÊME.

Paris, 9 novembre.

J'ai assisté hier au départ d'une troupe d'Anglais, d'Américains et de Suisses. La difficulté d'obtenir pour eux un laisser-passer a causé assez d'allées et de venues pour que des bruits fâcheux de reprise des négociations aient recommencé à courir. J'ai été content de voir que les partants seraient peu nombreux. On ne peut pas trouver mauvais que des étrangers venus à Paris pour leurs affaires ou leurs plaisirs cèdent à la tentation de le quitter quand affaires et plaisirs y sont devenus impossibles, et pourtant il y a dans ces départs une apparence d'abandon qu'il doit être pénible de prendre. Puis le peuple ne manque pas de se dire : — « C'est qu'on va bombarder, ceux-là le savent et s'en vont, » et sa prison actuelle lui semble plus dure à supporter.

C'est un acte généreux et bon que le refus des ministres étrangers de quitter Paris. Qui sait quelle protection pourra être pour nous, dans la suite des temps, la présence de ces témoins impartiaux? La Prusse vit sur la bonne réputation de l'Allemagne, elle oppose souvent son affirmation encore respectée à telle ou telle affirmation française, et le monde se hâte de croire le plus fort. Il est bon que d'autres témoignages puissent se joindre au nôtre et que la Prusse sente que les yeux de l'Europe surveillent sa haine jalouse. Aussi le brave M. Kern et ceux qui l'imitent auront-ils bien mérité de l'humanité. Leur exemple console en ce temps de défaillances. Le pauvre Paris ne se rattache plus que par eux seuls au monde extérieur dont l'écho lui parvient à peine. — Il leur devra d'avoir moins senti son isolement.

DU MÊME A LA MÊME.

Paris 14 novembre.

Paris est dans la joie, ma chère et pauvre femme, il en a le droit, même le devoir. On a appris un succès près d'Orléans, et mieux qu'un succès, l'existence de l'armée de la Loire sur laquelle on n'osait compter. Il y a donc une armée en province! peut-être y en a-t-il plus d'une! et il est redevenu possible de faire reculer, du moins pour un instant, cet épouvantable flot de l'invasion.

Qui voudrait marchander leur joie aux assiégés? ou leur reprocher l'explosion soudaine d'une espérance qui ne s'élève si haut que pour avoir été depuis longtemps trop à bas? Ce n'est pas moi. Qu'ils jouissent, qu'ils espèrent, qu'ils reprennent courage pour les mauvais jours à venir auxquels ils ne pensent plus! Ils ont bien mérité cet écho de victoire, et je n'attends qu'un mot, un mot qui me dise où est André, pour être le plus joyeux des joyeux Parisiens. Mais ne pas savoir si mon bon et loyal garçon n'est pas l'un de ces deux mille tués ou blessés dont parle la dépêche, est une angoisse qui, je l'espère, t'aura été épargnée. Ta sœur ou André lui-même doivent avoir trouvé quelque moyen de correspondre avec toi, et sans doute qu'à ce moment tu sais si notre couronne d'enfants est encore entière...

Il y a une expression très-vulgaire qui peindrait à merveille le changement que la dépêche de Gambetta a produit dans l'esprit de la population : retourné comme un gant, — il est absolument et complétement retourné. Peut-être la faute en est-elle à mon inquiétude personnelle qui me rend l'esprit chagrin, mais j'aimais mieux le côté grave montré naguère par l'esprit parisien, que l'espèce d'*envers* qu'il étale aujourd'hui. La jactance reparaît, on décide trop vite que toute la France est debout et que le général d'Aurelle va percer jusqu'à Paris; il se trouve des gens pour marquer ses étapes et fixer le jour de son arrivée sous Versailles. Les réactions de ces grands enthousiasmes sont quelquefois fatales.

Dis aux enfants qu'on vend, pour les manger, les

éléphants du Jardin d'acclimatation. Cela les touchera plus que bien d'autres pertes.

BERTHE A ANDRÉ DE VINEUIL.

Les Platanes, 15 novembre.

Une victoire! une victoire! une vraie! et tu y étais mon cher, bien cher André! notre joie est mêlée de tant de crainte qu'elle n'est presque plus une joie.

Les journaux anglais viennent d'arriver, ils portent en énormes caractères pour la première fois : « Great French Victory! Orleans occupied by the French troops[1] ». L'émotion nous a suffoqués, nous n'osions lire plus loin, il nous semblait que la ligne suivante allait démentir celle-là ou bien nous apprendre quelque chose d'affreux sur *notre* soldat. Nous ne vivrons plus jusqu'à ce qu'un mot de toi nous rassure, mais le jour où viendra ce mot... quelle joie! tout ce qui est triste et amer sera oublié.

Il y a un instant, j'ai aperçu François se dirigeant contre ses habitudes vers ce que nous appelons le quartier prussien. J'ai compris que ce parfum de

1. Grande victoire des Français! Orléans occupé par les troupes françaises.

victoire, apporté par le journal, lui rendait un peu d'aplomb et qu'il n'était pas fâché de voir quelle figure faisaient nos occupants.

J'ai guetté son retour, mais je l'ai trouvé désappointé. Les Prussiens n'ont montré ni surprise ni inquiétude, ils prétendent que l'évacuation d'Orléans est une ruse de guerre de von der Thann; que, s'il a quitté la ville, c'est qu'il l'a bien voulu, et qu'évidemment il ne tardera pas à y rentrer. D'ailleurs, Frédéric-Charles arrive avec les troupes qui assiégeaient Metz; si von der Thann a besoin de secours, il en aura tant et plus. Tout cela se dit sans passion, sans animation, la pipe entre les dents.

François était vexé que la victoire *où était M. André* n'eût pas produit plus d'effet. Il ne rattrape sa confiance qu'en supposant que les Prussiens ont ordre de cacher leurs appréhensions. Pour moi, je ne sais que penser, ou plutôt, je ne pense pas, j'attends, j'attends un mot de toi, je prie, et je suis reconnaissante de ce que Dieu veut bien accorder du moins un encouragement à nos armes.

Dans notre vie si calme, si monotone, si réduite, où chaque lendemain, durant des semaines, peut ressembler à la veille, il y a cependant quelquefois des émotions violentes.

C'était un soir, vers quatre heures, maman revenait avec nous d'une promenade rapide dans le parc. Les enfants auraient voulu aller en bateau, mais *nos*

Prussiens, comme on finit par les appeler, quoique les deux termes hurlent de se trouver ensemble, *nos* Prussiens s'en étaient emparés, et force avait été de changer les plans des petits que le seul espoir de trouver des hérissons dans le saut de loup avait pu consoler. Robert commençait à descendre dans le fossé, tandis que Marguerite et moi fouillions, à la recherche des hérissons, un énorme tas de feuilles mortes retirées des allées :

« Il n'y en a pas, » disait Marguerite découragée.

Au même instant, le sommet du tas de feuilles parut chanceler : un bras, des jambes apparurent. Marguerite se jeta en criant contre maman ; à dire vrai, j'avais très-peur. Il ne s'agissait pourtant que d'un pauvre être nullement menaçant, maigre, vêtu de haillons et bleu à force d'être pâle, comme nous nous en aperçûmes quand le visage appartenant aux membres se fut débarrassé des feuilles.

« Ayez pitié de moi, je me sauve, je meurs de faim, » nous dit ce malheureux, et il ajouta :

« Y a-t-il des Prussiens par ici?

« Il y en a, répondit maman, est-ce eux que vous craignez?

« J'étais leur charretier, ils m'ont pris avec mes deux chevaux en passant dans mon pays. Il y a dix-sept jours que je roule avec eux ; je ne peux pas dire la misère que j'ai endurée ; maintenant je me sauve, mais je n'ai rien mangé qu'un morceau de biscuit, hier. Voulez-vous me donner du pain? j'ai des papiers de chez moi. »

Je n'avais jamais vu anxiété pareille se peindre sur une figure. Le pauvre homme regardait maman presque avec défiance, il paraissait prêt à reprendre sa course, à tenter un dernier effort s'il était repoussé, et pourtant ses yeux semblaient demander la vie en demandant ce morceau de pain.

« Nous ferons ce que nous pourrons pour vous sauver, dit maman, que Dieu nous aide! Comme ma maison est pleine de Prussiens, il faut une grande prudence.

« Remettez-vous sous vos feuilles jusqu'à ce que l'une de nous, ou peut-être un homme âgé qui porte une casquette cirée, vous vienne chercher. Vous ferez ce qu'on vous dira. Vous, enfants, pensez bien ceci : ne dites pas un mot à personne, ne parlez même pas entre vous de ce que vous venez de voir. Si les Prussiens soupçonnaient que nous cachons un fugitif, celui-ci serait, et nous en même temps, dans le plus grand danger. »

Maman pensait à tout et n'avait pas l'air troublé; moi, j'avais la réaction de mon saisissement, et je pouvais à peine marcher. Les enfants se conduisirent très-bien, ils demandèrent seulement tout bas pourquoi maman n'avait pas fait conter à l'homme toute son histoire. On leur dit que le plus pressé était de le sauver; un Allemand aurait pu survenir et l'apercevoir. J'appelai François et un long conseil fut tenu. Cacher le fugitif dans la maison ou dans une grange n'était pas possible, les Prussiens entrant partout ; c'est à peine si nos chambres et le salon sont à l'abri de leur intrusion. François proposa de lui faire passer la nuit dans l'une des huttes de charbonnier de la forêt, mais on n'en pouvait trouver à portée que du côté de Mortefontaine, c'est-à-dire en se rapprochant de Paris, tandis que maman aurait voulu le mettre sur la route du nord, où la libre terre française peut être plus tôt rencontrée. En attendant la décision, je remplissais le carnier de mon père avec de la viande froide, du pain, du vin ; il y a bien tenu la nourriture de trois jours.

Un peu avant six heures, maman a mis son châle pour conduire François jusqu'au tas de feuilles où devait être notre homme ; justement on est venu l'avertir que le sergent prussien demandait à la voir ; or il faut à ce sergent une heure pour expliquer le moindre détail. Maman m'a passé son châle.

« Veux-tu conduire François ? m'a-t-elle dit, tu sais qu'il faudra revenir seule ? »

J'ai pris son châle avec un vague sentiment que je mourrais de peur, mais qu'il fallait aller.

Nous nous sommes glissés par les allées les plus sombres. Heureusement que la pluie était venue, une pluie froide et serrée qui ôtait aux prudents landwehr toute envie de fumer dehors. Nous avons atteint le saut de loup, dont les murs blancs renvoyaient une espèce de lueur; rien ne bougeait sous le tas de feuilles, on n'entendait que la pluie, même le canon de Paris ne vibrait plus dans cet air humide. Je me décidai à appeler tout bas, notre homme sortit des feuilles, on devinait sa silhouette noire plus qu'on ne la voyait; de visage, il n'en était plus question.

Je lui mis d'abord dans la main un flacon de bouillon chaud, le premier merci ne vint qu'après qu'il l'eut vidé; mais ce merci avait un tel accent, il venait de si loin que quelque chose s'émut en moi et que des larmes que je ne comprenais pas bien me vinrent aux yeux. François lui dit de se hâter, car lui-même ne devait pas rentrer trop tard de peur d'éveiller les soupçons; il lui donna un morceau de pain à manger tout en marchant, se chargea de la carnassière et entraîna le malheureux qui semblait quitter à regret l'abri et le repos de ses feuilles. Certainement il voulait me dire quelque chose pour remercier maman, mais l'émotion, la hâte de François, ne lui ont permis qu'un murmure que j'ai compris.

La pluie ne cessait pas, on se sentait transi, il me fallait rentrer seule et n'être pas vue. Je te passe cette retraite, qui n'est pas la partie la plus glorieuse de l'histoire. En retrouvant maman et le feu, j'ai fait mine de m'évanouir, et j'ai donné à notre pauvre mère un souci dont elle n'avait pas besoin. Elle commençait à se reprocher de m'avoir trop demandé quand l'indignation de la voir s'accuser m'a fait revivre. Maman a attendu François pour le faire entrer par le salon. Il est revenu changé en fleuve, mais enchanté du Lorrain; car notre fugitif est un Lorrain d'un village près de Frouard. C'est à Nanteuil seulement que ce Wakel a pu échapper à l'escorte du convoi prussien. Sans argent depuis longtemps, il ne se procurait qu'avec beaucoup de peine une nourriture insuffisante, il avait été plusieurs fois battu cruellement. Le dernier de ses chevaux mourut avant d'arriver à Nanteuil, il s'adressa une fois de plus à l'officier commandant pour être autorisé à rentrer chez lui, faisant valoir qu'il ne pourrait rendre de services sans ses chevaux. On lui répondit qu'on lui en trouverait d'autres, qu'il ne s'occupât que de marcher. Le désespoir le décida à tenter de s'échapper, il était arrivé chez nous depuis plusieurs heures. Que Dieu l'accompagne et le garde jusqu'au bout!

François a pris très-bonne opinion du pauvre garçon. Comme il ne peut retourner chez lui, il va s'engager dans le premier corps français qu'il rencontrera. François l'a laissé dans cette vieille cabane de gazon, à demi cachée par les genets, qui existe près du poteau d'Anleu; il voulait essayer le lendemain de le rejoindre pour le conduire un peu plus loin... Mais ma lettre dépasse toutes les proportions permises.

Adieu, mon cher, mon brave André! Des nouvelles, des nouvelles! Nous t'en supplions!

MONSIEUR DE VINEUIL A MADAME DE VINEUIL.

Paris, 16 novembre.

Enfin des nouvelles! Juge de ma joie! et pourtant il ne s'agit que de quatre mots, tout juste, et qui peuvent avoir quinze jours de date! Tels qu'ils sont, mes quatre mots, ils me rendent si heureux que j'en suis à me reprocher de pouvoir jouir autant quand les angoisses ou les détresses qui m'entourent sont toujours au même point.

H... est entré chez moi ce matin, une lettre ouverte à la main. Elle était de sa femme, de Genève, et avait passé par la valise du ministre d'Amérique. Elle contenait pour moi ceci : *Bonnes nouvelles des Platanes* et donnait avec la même brièveté des nouvelles d'un grand nombre de familles. Écris de suite à Mme H..., dis-lui la joie qu'a causée son message, supplie-la de le renouveler, tiens-la au courant de ce qui vous arrive, parle-lui d'André... Était-il compris dans la désignation *Platanes,* mon brave garçon, lui qui les a quittés depuis si longtemps? Et s'il allait bien d'ailleurs quand la lettre a été écrite, l'affaire de Coulmiers n'avait pas encore eu lieu, et pour lui, mon inquiétude reste entière... Tu vois comme le bonheur rend exigeant, c'est bien mal. Je ne devrais être que reconnaissant.

DU MÊME A LA MÊME.

Paris, 18 novembre.

Une étoile isolée qui brille au ciel n'empêche pas la nuit d'être noire; un mot isolé après lequel le silence reprend n'empêche pas ce silence d'être oppressif. Pour moins l'entendre, pour essayer d'oublier que tous nos interlocuteurs habituels sont devenus muets, nous allons parler entre nous. D'ailleurs l'homme ne vit pas de pain seulement, il vit aussi de pensée et de foi.

De généreux esprits entreprennent d'en nourrir les Parisiens. A ceux qui souffrent, ils essayent de montrer ce qu'il y a de grand et ce qu'il peut y avoir de salutaire dans leur souffrance. Quelques-uns promettent le triomphe, heureux sont-ils s'ils y croient! J'aimerais mieux qu'on se bornât à glorifier l'effort qui sauve l'honneur et qu'on en profitât pour enseigner à notre génération ce qu'est l'honneur et quelle est sa beauté. Le nom en semble si vieilli à notre langage moderne qu'on en pourrait inférer, ainsi que de bien d'autres signes, que la chose elle-même n'est guère mieux connue. Ce serait le cas, quand on n'a plus que cela à sauver, de repopulariser parmi nous cette grande idée de l'honneur français et de lui faire tenir la place accaparée naguère par les mots de triomphe et de prospérité.

Quoi qu'il en soit, et malgré la difficulté réelle de soutenir l'intérêt des foules avec un nombre de sujets très-restreint, les conférences populaires réussissent. Quelques-uns de nos pasteurs ont été des premiers sur la brèche avec M. Legouvé, l'abbé Duquesnay et bien d'autres; à leur aide est arrivé M. Vitet avec un admirable article qu'il faudrait répandre à profusion. La *Revue des Deux Mondes* est un cadre trop étroit pour cette grave et ferme parole dont toutes les couches de la population parisienne ont un besoin égal. Voilà qui est bienfaisant, mais non pas les lectures publiques des *Châtiments* qui se font au Théâtre-Français. On comprend que la tentation ait été forte pour le poëte, mais son œuvre perd sa dignité à s'étaler en ce moment :

« La haine d'un grand peuple est une haine grande
Qui veut que le pardon au sépulcre descende,
Et n'a pour ennemis que ceux qui sont debout... »

avait dit Victor Hugo lui-même, il semble l'oublier maintenant.

MONSIEUR DE VINEUIL A ROBERT DE VINEUIL.

Paris, 24 novembre.

Même assiégés, les papas n'oublient pas les jours de naissance de leurs enfants, mon cher garçon, et je pense bien à toi. Ce sera une date dans ta vie, date assombrie et douloureuse, que celle de cette arrivée de tes dix ans, à l'heure où l'ennemi vainqueur couvre la moitié peut-être de ton pays, où ton père est assiégé, tes frères sous les armes, et où ta mère, malgré son grand courage, ne peut vous cacher ce qu'elle souffre. Eh bien, il faut t'en souvenir toujours, de cette date et de ce qui la rend si triste. Il faut t'en souvenir non pas pour haïr les Prussiens, ce qui ne serait pas bien, ne servirait à rien, et d'ailleurs serait trop facile, mais il faut t'en souvenir pour aimer ton pauvre pays affligé et prendre devant Dieu la ferme résolution d'être l'un de ceux qui le consoleront et le relèveront; car il y aura place pour toi à ce grand travail, et il te faut dès à présent vivre sur cette pensée : que Robert de Vineuil doit se rendre digne de travailler un jour pour son pays.

Tu apprenais l'histoire de France quand je t'ai quitté, et tu trouvais du Guesclin et Dunois heureux d'avoir fait de si grandes choses. Savaient-ils le jour de leurs dix ans ce qu'il en adviendrait d'eux-mêmes? A côté de ceux-là qui n'étaient que des chevaliers, tu as vu un grand nombre d'hommes qui parce qu'ils étaient des savants, des navigateurs, des écrivains, ont fait la patrie plus prospère ou plus grande, ou bien ont instruit ou charmé leur génération qui est devenue meilleure et plus heureuse. Eh bien, il faut que tu sois, dans un genre ou dans l'autre, un serviteur de ton peuple et de ta patrie.

Si l'un de tes frères était tué dans cette horrible guerre, ne te sentirais-tu pas un immense désir de nous consoler ta mère et moi, et de nous remplacer en quelque façon ce fils perdu? Songe, mon cher petit, que la France est une pauvre mère bien triste à l'heure qu'il est. Beaucoup de ses fils sont morts, encore plus prisonniers; l'héritage des autres est aux mains de l'ennemi; privée de ceux qui la pouvaient défendre, il lui faut subir tous les outrages... Pense à elle, aime-la dès à présent, travaille pour elle, prépare-lui un fils qui la console. Ne va pas t'imaginer que ton papa cherche à te donner de l'orgueil en te montrant un si grand avenir. Oh! mais non! Ton papa, qui ne croit pas que les hommes sachent faire le vrai bien sans l'aide de Dieu, ne croit pas davantage que les petits garçons soient capables de bonnes et grandes choses à eux tout seuls; mais il recommande son cher troisième garçon à Celui de qui viennent les bonnes pensées, la force, la persévérance, et ce garçon ne sait-il pas lui-même de qui demander l'aide et le secours?

Je ne voudrais pourtant pas te faire une lettre trop grave, mon cher bonhomme; voici une petite histoire que tu raconteras à ton tour à Marguerite et à Berthe.

J'étais ce matin à l'ambulance. Nous avons cloué contre un mur pour distraire ceux des convalescents qui commencent à se lever, une énorme carte de France et, à côté, un plan de Paris avec sa ceinture de forts. Cela intéresse beaucoup les soldats qui lisent ou qui entendent lire le peu de nouvelles qui parviennent de la France. Quant à Paris, il est très-facile de savoir ce qui se fait chaque jour, et on place des épingles à têtes de couleur là où se trouvent les différents corps de troupes. Les malades regardent nos épingles, mais ils aiment bien plus encore retrouver avec mille peines, et souvent l'aide de l'un de nous, leur village ou leur ville sur la grande carte de France. C'est le premier exploit de tout convalescent. « Je suis de là », dit-il, et son doigt tout maigre et tout tremblant indique tant bien que mal le point qui est sa petite patrie dans la grande. Si c'est vers l'est que s'achemine ce doigt, la figure du pauvre garçon est sombre et presque colère. « Ils y sont, les Prussiens y sont, les Prussiens sont chez nous! » Et l'on voit qu'il pense très-tristement à tout ce qui a pu arriver aux vieux parents quand le fils n'était plus là pour les défendre.

Ce matin, deux lignards, l'un Comtois, l'autre de je ne sais plus quel département du Centre, s'appuyaient l'un sur l'autre en regardant la grande carte. A trois pas derrière eux, on lisait à haute voix le journal qui expliquait combien la reprise d'Orléans par nos troupes devait bien faire augurer de la résistance, il n'y avait pas à hésiter : il fallait, disait l'écrivain, pousser la guerre à outrance.

C'était très-bien, mais que faisaient mes lignards? Où c'est ça, *Outrance?* avait dit l'un, et ils s'étaient mis à la recherche de ce pays à eux inconnu, de cet *Outrance* où cela serait si habile de porter la guerre. Tu juges qu'ils auraient cherché longtemps si je ne fusse venu à leur secours, et tu vois, mon cher bonhomme, que même à être professeur de langue française ou de géographie on aurait de belles occasions de se rendre utile.

MADAME DE THIEULIN A MADAME DE VINEUIL.

Château de Thieulin (Eure-et-Loir), 23 novembre.

Chère sœur,

Où allons-nous? Qu'allons-nous devenir? Qui sait si cette lettre te parviendra jamais? Et pourtant j'ai besoin de t'écrire. Il me faut te raconter mes douloureuses impressions; pour moi-même, il me faut réagir contre cet affreux sentiment d'isolement, d'éloignement, d'abandon dont je me sens oppressée depuis que l'ennemi est là; car le fléau prussien nous atteint aussi, ma pauvre sœur, et même il semble vouloir frapper plus fort sur nous qu'il ne l'a fait dans vos cantons. Je veux écrire tout ce qui nous arrive. Tu sais, du reste, que je n'ai point l'âme si bien trempée que toi, mais peu m'importe ce qu'on pensera de mes faiblesses! Je voudrais bien vous y voir, critiques, mes amis! Que nous sortions seulement tous vivants de là, et je me résigne de grand cœur à ce que mes terreurs remettent en gaieté la famille des Platanes.

Nous savions que le 20, au soir, l'ennemi était entré à la Loupe. Mercredi, Adolphe, qui avait plusieurs affaires à régler, s'en alla à Brou, et, plutôt que de le voir s'y aventurer seul, je fis contre fortune bon cœur et l'y accompagnai. La première personne de connaissance que nous rencontrâmes fut le notaire, il nous apprit que l'on s'était battu l'avant-veille à Condé, que Nogent même était occupé par l'ennemi et que les avant-gardes prussiennes pouvaient paraître d'un instant à l'autre. Je supplie Adolphe de faire retourner la voiture ; avant que le cocher en ait eu le temps, une compagnie de nos mobiles arrive en pleine déroute, mais avec armes, bagages, charrettes, etc.... Force nous fut de rester où nous étions et d'assister à ce triste défilé. Les visages des mobiles n'exprimaient guère que la fatigue et la préoccupation de marcher vite; ceux des gens de la ville, un ébahissement colossal.

Au milieu de la foule nous apercevons M. B... Il fend la presse et nous rejoint : « Les Prussiens seront ici dans une heure, nous dit-il, voulez-vous m'emmener ? Donnez-moi seulement une minute pour prendre chez moi un peu d'argent. »

Nous suivons la queue des mobiles jusqu'à sa porte, il jette pêle-mêle quelques effets dans mon manteau sans prendre le temps d'en faire un paquet, et nous partons au galop. Nous n'arrêtons qu'au pont de l'Ozanne, afin de donner des nouvelles au poste qui le gardait. C'étaient des mobilisés. Le capitaine, un ancien zouave, ne voulait pas croire que les troupes eussent ordre de se retirer; il jura qu'il ne reculerait pas. Le lendemain matin, il était seul à son poste.

Nous arrivâmes ici sans encombre, et le soir les domestiques apprirent par des fuyards de Brou que les Prussiens n'y étaient pas encore entrés à huit heures.

On jetait à l'eau les munitions qu'on n'avait pu enlever faute de moyens de transport.

Le lendemain, notre route était couverte de mobiles fuyant du côté de Bonneval, exténués de fatigue et de faim. Nous avons commencé par porter jusqu'à la grille du parc un seau de cidre et un panier à deux anses rempli de morceaux de pain; cela a été bien vite enlevé; nous avons renouvelé le cidre, mais non le pain de peur d'en manquer nous-mêmes; de sorte que, n'y pouvant plus rien, nous sommes tristement rentrés chez nous.

Il était quatre heures; j'étais près de la fenêtre, tandis qu'Adolphe allait et venait dehors malgré le temps affreux, quand je vis arriver deux éclaireurs prussiens, habit bleu clair, pistolet au poing, regardant de tous côtés. M. B... voulut bien descendre avec moi; nous trouvons devant nous, en arrivant sur le perron, un officier et vingt à vingt-quatre hommes. Il fallait faire bonne contenance. L'officier salua et nous demanda le nom du château, le nom du propriétaire et son titre; tout cela par écrit. Je le lui griffonnai bien vite sur le premier morceau de papier venu. Pendant ce temps, il demandait s'il y avait des mobiles dans le château ou dans les bois. Adolphe, qui revenait du parc, fut alors accosté par lui et dut répondre à la même question sur les mobiles, appuyée de : « Donnez renseignements vrais ». Après nous avoir salués, l'officier se dirigea vers la basse-cour, mit pied à terre, visita les écuries et l'étable, et demanda du pain chez Pierre. Pierre ouvrit sa huche, et les soldats prirent les trois pains qu'elle contenait. Le pauvre homme réclama, disant que ses six enfants n'en auraient pas. L'officier lança un juron et en fit rendre deux; mais dès qu'il eut les talons tournés, les hommes les reprirent; puis tout le peloton s'en fut; nous le vîmes longtemps de la fenêtre. C'étaient nos vainqueurs!

Une heure après, un officier et un autre peloton se présentèrent à la basse-cour, mais sans venir jusqu'ici. L'officier fit à Pierre les mêmes questions qu'avait faites le premier.

Nous avons passé une triste soirée. A l'horizon nous apercevions des feux sur plusieurs points et nous croyions voir autant d'incendies; nous avons su depuis que, Dieu merci, ce n'étaient que des feux de bivouac.

Ce matin, dès sept heures, nous voyons déboucher du bois seize Prussiens avec un officier; ils étaient venus à travers champs et étaient couverts de boue, grâce à la pluie torrentielle que nous avons depuis deux jours. L'officier a demandé à déjeuner dans la salle à manger, ses hommes en bas. On leur a fait rôtir des canards; l'un d'eux en a pris un et l'a fourré tout entier dans sa poche; puis ils ont demandé du vin, une bouteille par homme. Marie avait maladroitement laissé la porte de ma réserve ouverte; ils ont pris toutes les bouteilles de sirop qui s'y trouvaient. Pendant ce temps, je causais avec l'officier: « Triste, triste guerre, disait-il; je suis de Cassel; j'ai une femme et quatre enfants. » Un de ses soldats, qui parlait très-bien français, disait à Adolphe: « Nous serons bientôt à Paris et tout cela sera fini. » Vous n'y êtes pas encore. « Bien près, nous y serons à Noël. »

Peu après, on a averti l'officier que ses hommes étaient partis, emportant une nouvelle provision de bouteilles. Il a couru pour les rejoindre. Cependant huit nouveaux cavaliers arrivaient. Il leur a fallu du pain, du sirop et du vin, une bouteille par homme. Je leur ai offert du cidre: « Non, non, ont-ils dit, médecin défend. Mauvais pour l'estomac. » Un jeune soldat tout seul a paru ensuite. Il est entré, a fureté partout et s'est contenté de sirop. Tout le pain de la maison avait été enlevé. Thomas, que j'avais envoyé en chercher à Frizay, n'en avait pas trouvé; on en demanda à nos fermiers; ils avaient été traités comme nous-mêmes. Personne n'en avait. Enfin la fille de basse-cour a découvert un reste du pain bis que l'on fait pour les poulets : nous avons pu déjeuner passablement. A midi, deux volontaires sont arrivés; nous leur avons fait apporter au perron du lard et du vin, et nous essayerons, s'il nous en revient, de maintenir cette habitude. Ceux-là partis, deux hussards de Bismarck apparaissent. Ils ne parlaient pas du tout français, et Adolphe, comprenant qu'ils demandaient *l'hôtel de ville,* s'agitait fort de ne pouvoir les satisfaire ; enfin nous avons découvert que c'était leur manière de dire : *bouteille de vin.* Ils sont partis dans la direction du vieux pont et ont demandé du pain à la fille de basse-cour.

Heureusement que le nombre des Allemands diminue sur la route. Cadet, le garde, dont tu sais que la maison domine la plaine, nous dit que ce sont surtout des voitures chargées de réquisitions qui défilent maintenant. Sacs de farine, d'avoine, de blé, menu bétail, couvertures pillées à Nogent et à Brou, voilà ce qui remplit les grands chariots que les Prussiens emmènent du côté de Montharville.

A quatre heures et demie pourtant, cinq soldats nous arrivent réclamant un capitaine que nous n'avons point vu. Ils sont furieux. Nous apprenons que c'était le corps du prince Frédéric-Charles qui passait hier ici de une heure à cinq heures. On évalue à 20,000 hommes la colonne qui a suivi notre route, infanterie, cavalerie, artillerie. On dit qu'un même nombre d'hommes a passé par la route de Nogent au Mans. Ils avaient ordre de faire diligence. Le duc de Mecklembourg est aujourd'hui à Nogent.

Voilà les conséquences de la reddition de Metz : une armée nouvelle se joint aux Bavarois pour accabler les nôtres. Je crois que je pense à André autant que toi-même peux le faire, ma pauvre sœur. En attendant l'avenir, le présent est triste. Les réquisitions vont grand train. Presque toutes les maisons qui peuvent être vues de la route sont pillées. Nos pauvres Cadet, effrayés de passer la nuit dans leur petite maison, près de la grille, avaient demandé à coucher au château ; ce matin, ils ont trouvé tout *nettoyé* chez eux, suivant leur expression ; couvertures, provisions, vaisselle, meubles, tout était parti. Au moment où la femme Cadet me racontait cela en pleurant, le fermier du Gros-Chêne arrivait demander conseil sur ce qu'il pourrait faire : son troupeau de moutons, deux vaches, une voiture d'avoine, une autre de paille avaient été enlevés. A qui réclamer ? disait le pauvre homme. En passant devant la ferme du Ravin, il avait aperçu les uhlans dépeçant trois vaches dans la cour. Voilà où nous en sommes, nous attendant à pis, hélas!

24. — Toute la nuit, l'artillerie a roulé sur la route de Montharville; ce matin, le défilé des voitures de réquisition recommence. L'eau-de-vie ou la farine s'échappe des tonneaux ou des sacs, et marque son

passage sur la route; les chevaux requis s'abattent, à bout de forces; on les dételle et on les laisse mourir au bord du fossé.

Des hussards de Bismarck nous arrivent après trois pelotons de uhlans, qui n'ont pas paru contents de nos vivres. Nous essayons de satisfaire ceux-ci en leur donnant du vin *cacheté*, outre le pain et le lard. Ils repartent, mais aussitôt Louis accourt de l'écurie nous dire qu'ils emmènent les deux chevaux de voiture. Adolphe et M. B... se précipitent vers la basse-cour et voient, en effet, partir nos deux belles bêtes, plus un jeune et fort cheval du fermier. Pendant que ces messieurs étaient à la basse-cour, je descendais au perron, recevoir trois officiers qui arrivaient au galop. Mais ils se sont contentés de bien examiner le château et sont repartis après avoir salué.

Ce n'est pas vivre, je t'assure, et mon pauvre Adolphe est encore plus abattu que moi. C'est la ruine, et la ruine complète. Les fermiers ne se relèveront jamais de là; encore Dieu sait si nous aurons la vie sauve!

La présence de M. B... est un soulagement; on travaille à se donner du courage les uns pour les autres. Cette lettre, à laquelle je viens ajouter un mot de temps en temps, me fait aussi quelque bien. Pauvre lettre! elle me semble le dernier lien avec la famille et le monde tels qu'ils étaient avant cet horrible cauchemar, tels qu'ils sont encore peut-

8

être au delà de la muraille de fer qui nous enveloppe.

Même jour, soir. — Le malheureux Cadet était rentré chez lui aujourd'hui pour remettre un peu d'ordre dans les débris de son ménage. Il était là depuis un instant, quand cinq hussards sont entrés, ont fermé la porte qui peut être vue de la route, se sont jetés sur lui, l'ont étendu par terre, et trois d'entre eux le tenant couché sur le dos, les autres lui ont ôté les bottes qu'il avait aux pieds. Ils lui ont pris aussi sa veste et sont partis. Cadet était encore là tout consterné de son aventure, quand un officier entre et lui ordonne de tirer de l'eau pour son cheval. Or on avait volé ses seaux et jeté sa corde au fond du puits. Il voulut s'expliquer, l'officier répétait : « Ah ! vous nous refusez de l'eau ! » et levait son sabre. Je crois que l'émotion a été forte pour le pauvre homme, il se déclare malade.

A T..., on avait dévalisé l'institutrice; mais le curé qui avait logé des officiers supérieurs a réclamé près d'eux, et on a rendu ce qui a pu se retrouver. Dans les autres maisons du village on a emporté jusqu'aux bouteilles vides; mais le maire s'est très-bien montré et a évité de plus grands malheurs.

25. — M. B... vient de recevoir des nouvelles de sa maison. On lui a pris deux chevaux, trois voitures, toute sa cave et les objets qui, à l'intérieur de l'habitation, ont convenu aux vainqueurs. Pendant que

les soldats forçaient les caves et les armoires, les officiers jouaient du piano dans le salon. Au point de vue de sa maison, il est fâcheux qu'il n'y soit pas resté. Un officier qu'il nous a fallu faire déjeuner ce matin nous disait :

« Beau château, très-beau, bien eu raison d'y rester; pillons tout là où les maîtres ne sont pas. »

On prétend qu'une colonne prussienne a été attaquée au nord de Nogent par des francs-tireurs appuyés par des marins; on lui a fait beaucoup de mal. Quatre chariots couverts ont été ramenés très-lentement à Nogent; c'étaient des blessés. Nous avons envoyé Louis aux nouvelles jusqu'à Brou; il y a ses enfants, ce qui lui fournira un prétexte s'il est arrêté...

Louis revient. Le fait est vrai, les Prussiens ont beaucoup souffert; il y avait à Belesme, où a eu lieu l'engagement, un bataillon de mobiles avec les marins. En ce moment, les Prussiens sont huit ou dix mille à Belesme ; c'est trop pour nos pauvres troupes. Rien du côté d'Orléans. Je n'aurais jamais cru qu'on pût tant souffrir sans avoir perdu son mari.

BERTHE A ANDRÉ DE VINEUIL.

Les Platanes, 22 novembre.

Cher André, tes lettres du 10 et du 12 sont arrivées ce matin. C'est bien la victoire pour nous, la vraie et complète victoire, que de te savoir sain et sauf, et dans la pleine joie de ce premier succès de tes premières armes.

Si tu savais ce que le bonheur a fait de nous! Maman pleure en souriant; les petits chantent, d'un air tant soit peu provoquant, la *Marseillaise* aux Prussiens; François, après avoir entendu deux fois lire tes lettres, n'est pas encore satisfait et revient toutes les dix minutes demander qu'on lui montre sur la carte où est Coulmiers ou bien Orléans, et quelle route madame pense qu'on va suivre jusqu'à Paris; pour moi, je pleure avec maman, je chante avec les petits, je raisonne avec François, et mon bonheur serait complet s'il existait un moyen, un seul! de faire savoir de tes nouvelles à mon père. Pauvre père! quand je pense qu'il en est encore, ainsi que Maurice, à se demander si tu vis! Quelle affreuse, horrible chose que la guerre, même avec la victoire!

Je n'ai pu encore te finir l'histoire de notre Lorrain échappé. Maman a décidé que le lendemain on irait à sa recherche pour lui compléter ses vivres et achever de lui donner des directions sur sa route. Elle a pensé qu'en faisant de cette course une promenade pour les enfants, nous dérouterions encore plus sûrement les soupçons qu'en envoyant François tout seul. Nous sommes donc partis à une heure, par un pâle rayon de soleil; maman était avec nous, et François portait un panier intitulé *goûter*, mais qui contenait bien d'autres choses. Le sergent nous vit passer et salua.

« Nous allons goûter dans la forêt ! » lui cria Robert, qui, l'instant d'après, devint tout rouge de l'intention qu'il sentait à sa phrase.

François nous conduisit par la butte Blanche; le canon de Paris s'entendait si distinctement du sommet que j'en eus le frisson. Les coups retentissaient, séparés les uns des autres, et on s'imaginait voir tomber les hommes.

La butte dépassée, nous trouvâmes quelques-uns des grands trous que les gens du pays avaient creusés pour y enfouir les vivres: ils étaient vides. Les Prussiens les ont-ils devinés, ou bien les pauvres gens eux-mêmes sont-ils venus, pressés par la faim, chercher ces dernières ressources? Nous n'en savons rien. Il y a longtemps que tous les bestiaux cachés dans les bois ont été découverts et enlevés; nous avons trouvé les toits de genet dressés pour eux, abattus par terre. On voit çà et là les traces des feux des campements des réfugiés ; mais eux-mêmes, las de leur vie misérable, sont retournés peu à peu dans leurs maisons; ils n'avaient plus de raison pour prolonger cet exil qui n'a pas même sauvé leurs troupeaux. C'est triste de trouver ainsi, à chaque pas, ces débris qui parlent de misères et d'angoisses.

Nos chers bois, avec leurs vallons tapissés de muguet au printemps, leurs collines couvertes de bruyères lilas en automne ; nos chers bois, si pleins de nos plus gais souvenirs d'enfants, les voilà souillés, profanés, condamnés à nous rappeler toujours maintenant des douleurs et des ruines!

Et ce n'est pas tout, il a fallu y subir encore la présence de l'ennemi.

Comme nous nous rapprochions du poteau d'Anleu, nous avons aperçu une ligne de soldats à casquettes plates battant le bois du Biat, pour la plus grande satisfaction d'une dizaine d'officiers qui attendaient le gibier au passage. Cela nous a inquiétés pour notre pauvre Lorrain. Nous n'étions plus bien loin de sa retraite, François s'est glissé sous bois de ce côté-là, tandis que nous nous asseyions pour goûter. Un quart d'heure après, François revenait, notre protégé avait disparu ; sans doute l'invasion des chasseurs lui avait fait prendre la fuite. François espère qu'il n'a pas été découvert, car les buissons qui entouraient sa cachette n'avaient pas été froissés.

MADAME DE THIEULIN A MADAME DE VINEUIL.

Château de Thieulin, 28 novembre.

Seraient-ils vraiment tous passés? Aurions-nous vu la fin de ces longues files de voitures chargées de nos biens à tous? Je n'ose l'espérer; mais enfin nous respirons un moment, tandis que tes maux, ma pauvre sœur, ne te laissent pas de relâche. Ce supplice, qui a cessé pour nous, de compter du regard tous ces hommes en se disant avec désespoir qu'ils sont trop nombreux, que résister n'est plus possible, il dure et durera encore longtemps pour toi. Au moins as-tu de bonnes nouvelles de tes guerriers. Barbier m'écrit, dans son langage impossible, que M. André est quasiment un héros, — héros soit, du moins reste-t-il le plus gai des héros.

Si l'invasion t'a laissé un de tes beaux canards, jadis honneur de ta rivière, contemple-le par une de ces larges pluies dont le ciel devrait nous faire grâce au moment où trois cent mille Européens d'un siècle de perfectionnement couchent à la belle étoile, par suite de l'imperfectionnement de deux royales cervelles, contemple, dis-je, ton canard par la pluie, et tu auras une image affaiblie de l'épanouissement que nous ne savons comment témoigner. Ne plus voir de Prussiens nous cause une telle joie, qu'on battrait volontiers des ailes si on en avait; la respiration est devenue libre, on ose sortir de chez soi, même on se découvre une lueur d'espérance au fond du cœur. Car on peut bien avouer que cette marche en avant des Prussiens à l'entrée de l'hiver est une imprudence. Le premier Napoléon se croyait bien sûr aussi du succès en marchant vers Moscou, et pourtant...

Nous ne sommes pas seuls à nous réjouir, chacun de nos voisins en est au même point, et en ce moment n'a rien de plus pressé que de communiquer aux autres de quelle manière il s'est tiré d'affaire. C'est quelquefois lamentable, quelquefois très-drôle. Veux-tu l'histoire du général L...? Elle pourra te fournir une bonne idée pour un cas semblable au sien.

Tu sais que le vieux général habite ***; il eut à loger, du 22 au 25, quatre officiers, leurs ordonnances et leurs chevaux. Les choses, d'abord, ne se passèrent pas trop mal. Le vétéran évitait ses hôtes imposés, mais les faisait servir convenablement. Au moment de partir, le 25, les officiers prussiens firent enlever de toutes les chambres de la maison les couvertures qui purent s'y trouver, ainsi que quelques menus objets à leur convenance; mais la chambre du général fut respectée.

Ils avaient disparu, et le général, sur sa porte,

s'essayait à dompter sa mauvaise humeur, quand un parti d'une vingtaine de chevaux environ paraît sur la route, les officiers descendent à dix pas de lui. Le général prévoit le sort qui attend sa maison ; aussi vite que le permettent ses vieilles jambes, il monte à sa chambre, arrache ses tiroirs de commode, les jette sens dessus dessous, il saisit de vieux journaux, les froisse et en jonche le plancher, il défait son lit, casse une bouteille vide et s'assoit tranquillement dans l'ombre de son alcôve. Une halte dans la salle à manger, devenue salle à boire, avait retenu quelque peu ces messieurs; mais les grosses bottes ne tardent guère à se faire entendre dans l'escalier. On entre à droite, on entre à gauche, on choisit, on laisse, on emporte; personne ne pénètre dans sa seule chambre. Chacun avait bien poussé la porte, mais voyant ce beau désordre : « Il n'y a plus rien à faire, les camarades ont passé par là, » avaient-ils dit tout haut, et ils s'étaient hâtés de chercher une meilleure place à fouiller.

Les de M... sont encore plus malheureux. Leurs quatre chevaux sont enlevés, ainsi que leurs voitures et toutes leurs provisions de bouche. Le mobilier est sali, brisé; on a cassé les glaces à coups de crosse et les marbres des cheminées à l'aide des chenets, et l'occupation n'a duré que quarante-huit heures. Pour comble d'insolence, les misérables ont disposé en cercle les fauteuils de ce beau salon tendu de cretonne à fond chamois dont tu peux te souvenir, et les ont laissés ainsi après les avoir tous souillés de leurs infâmes ordures. Il est bien entendu que les caves sont vides partout; mais cela, en somme, n'est qu'un détail, et il faut pourtant leur rendre la justice de dire qu'ils ont, de nos côtés, épargné les personnes. Certains cantons ont été moins favorisés. Tu sais qu'un ami d'Adolphe, M. Barral, habite près de M..., il est commandant de la garde nationale. A M..., comme ailleurs, on remit les fusils à la mairie à l'approche des Prussiens, mais, par malheur, ceux-ci trouvèrent avec les fusils le registre d'inscription des gardes nationaux et imaginèrent de les rechercher pour les envoyer dans l'Est comme prisonniers de guerre. M. Barral fut des premiers arrêtés, il parle allemand, et essaya de réclamer contre une telle violation du droit des gens. Aucun fait ne pouvait classer un seul de ces prudents gardes nationaux parmi les belligérants. On lui répondit en l'avertissant qu'on ne s'inquiéterait pas du droit des gens, qu'ainsi il dût être prêt à partir avec les autres le lendemain matin pour la frontière. Tu peux imaginer la terreur de Mme Barral et la désolation qui régnait dans tout le village.

Enfin le commandant prussien parut s'attendrir, et prévint Mme Barral qu'il laisserait son mari libre moyennant 25,000 francs espèces. M. Barral consulté répond qu'il ne les a pas, mais qu'il pourrait peut-être réunir 20,000 francs si on laissait libres avec lui dix-neuf de ses gardes nationaux qu'il comptait choisir parmi les soutiens de famille. Le commandant finit par accepter les 20,000 francs, mais pour M. Barral seul, disant que les autres, sans exception, seraient envoyés en Allemagne.

Malgré les supplications de sa femme qui est héroïque tout juste à ma façon, M. Barral a tenu bon et est parti avec tous ses hommes, ne voulant pas, puisqu'il n'en pouvait sauver aucun, séparer son sort du leur. On ne sait pas encore où ils sont. Ils marchaient d'étape en étape avec une escorte, et la pauvre Mme Barral est restée à moitié folle, car elle craint quelque coup de pistolet qui fasse en route payer à son mari sa résistance.

Imaginait-on perversité pareille? Ce qui me vexe, c'est d'avoir été jadis, au nombre de ceux qui, de confiance et bêtement (il faut bien dire le mot), admiraient les Allemands et leur prêtaient toutes les vertus parce qu'ils savaient lire. Lire est beau, et lire nous a manqué, mais lire n'est pas tout. Puis haïr est laid, le fiel de la haine prussienne a suffi pour faire tourner en barbarie une civilisation dont l'envie avait surexcité les progrès. Ce que nous apportent comme une nouveauté les Prussiens du XIXe siècle, c'est le rétablissement de l'usage de la mise à rançon. Les brigands de Marathon n'ont pas fait mieux, et l'Europe entière qui s'est émue l'an dernier de leur crime et a manqué supprimer la Grèce pour n'avoir pas su l'empêcher, l'Europe se tait maintenant parce que le brigandage se fait cette fois sur une échelle qui lui impose. Que c'est triste et misérable! Et les Prussiens font, de la terreur qu'ils inspirent, une spéculation. Voilà le pauvre petit village de *** qui vient de leur donner 1,000 francs pour se racheter du pillage. On se croirait revenu aux guerres du moyen âge.

Ne t'étonne pas, ma chère sœur, si tu restes quelques jours sans recevoir de nos nouvelles. Adolphe était instamment appelé à Chevilly déjà la semaine dernière par son neveu Roland. Le pauvre garçon, après avoir mis en sûreté en Bretagne mère, femme et enfants, est resté depuis un mois tout seul dans son grand vieux château.

Avant Coulmiers, Chevilly s'est trouvé le centre des opérations des Prussiens, et Roland a passé par tant d'émotions qu'il en est tombé malade. Cela nous inquiète, et son oncle veut profiter de ce moment de calme relatif pour répondre à son appel. Je veux y aller aussi; car mon idée fixe est de ne pas quitter Adolphe. Je suis vraiment passée à l'état de chien caniche et je le suis comme son ombre. Tant pis si je suis ridicule. Il me semble que je puis être pour lui un préservatif.

Si nous partons, ce sera dès demain matin. Penses-tu qu'il a fallu se précautionner d'un laisser-passer du commandant de Brou ? N'est-ce pas affreux ? Leur demander quelque chose et leur dire merci ! Heureusement qu'à Chevilly nous retrouverons la terre française. J'espère parvenir à voir André et tu peux compter aussitôt sur une lettre qui ne parlera que de lui.

ANDRÉ A MADAME DE VINEUIL.

Lignes de la Conie, 29 novembre.

Ah ! chère maman, qu'il est donc temps qu'on nous fasse remuer ! Voici maintenant vingt jours écoulés depuis notre affaire de Coulmiers, et vingt jours auxquels le charme a manqué, croyez-moi. Nous n'avons fait que recevoir la pluie, jeûner et user nos semelles (ce qui est plus sérieux que vous ne pensez) à faire quelques corvées ici et là. On tombe malade en masse, et ce n'est point étonnant. Cela fait trop d'eau sur les épaules et point assez de vivres dans l'estomac pour des soldats si nouveaux. Dites à Robert que nous menaçons de faire comme ses armées de sucre qui fondaient à la pluie. C'est affreusement triste de voir tout ce pauvre monde toussant, fiévreux, agonisant faute des choses les plus simples. Les morts du champ de bataille m'ont fait moitié moins de peine. La raison de ce long arrêt était la nécessité d'attendre des renforts, puis l'artillerie qui se complétait. On dit tout cela en bonne voie et je pense que d'ici à peu l'on va nous remettre en branle. On prétend qu'il y aura un signal de Paris et que l'armée du Nord, attaquant de son côté, fera aussi sa partie dans le concert général.

DU MÊME A LA MÊME.

Villepion, 1er décembre, soir.

Victoire encore, chère maman ; je suis bien heureux !

Nous nous sommes battus presque toute la journée et je suis si fatigué que je puis à peine tenir ce mauvais crayon. Je veux vous dire seulement aujourd'hui où s'est trouvé mon bataillon, afin qu'à l'aide des rapports que vous trouverez dans les journaux anglais ou ailleurs, vous puissiez à peu près me suivre.

Ce matin, par un beau temps de gelée, nous quittons Lignerolles; rien jusqu'à Patay, mais à peine

1. Cette lettre parvint à Mme de Vineuil enfermée dans la suivante.

hors de Patay, sur la route de Guillonville, tapage infernal sur toute la ligne, et l'on s'aperçoit que nous recevons en plein les obus des batteries allemandes de Gommiers. A droite, les batteries de Terminiers faisaient le même dégât parmi notre cavalerie qu'on dirigeait sur Muzelles. L'amiral[1] ne perd pas de temps et nous lance, nous d'abord, sur une certaine ferme dont je ne sais pas le nom[2], d'où partait un feu assourdissant. Elle a été ce qui s'appelle enlevée. Je vous raconterai une fois cela, chère maman, s'il plaît à Dieu.

Peut-être parce que j'avais eu une émotion désagréable en recevant l'ordre de marcher contre ces murs crénelés derrière lesquels on ne savait pas trop ce qui se trouverait, j'ai eu un meilleur moment une fois que l'affaire a été faite, que la ferme a été à nous, et que je me suis trouvé gardant des prisonniers. Tout de suite après nous avons marché sur Gommiers, d'où l'ennemi retirait en hâte ses batteries ; mais la plus dure besogne de la journée a été l'attaque du parc de Villepion, d'où je vous écris.

L'amiral s'est mis en personne à notre tête, et c'est en courant que nous avons abordé le mur par-dessus lequel messieurs les ennemis nous visaient tout à l'aise. Je ne sais plus comment nous nous sommes

1. L'amiral Jauréguiberry.

2. La ferme de Guillard.

trouvés de l'autre côté. D'abord nous n'étions que quatre, et trop entourés d'Allemands pour pouvoir tirer; nous avons *crossé*, littéralement. Les camarades sont arrivés juste à temps, les Bavarois revenaient sur nous. L'amiral m'a parlé et veut que je sois médaillé ou lieutenant. Je sais que vous en serez contente, chère maman, je voudrais tant que mon père le sût aussi !

Les mobiles de Loir-et-Cher ont dû avoir comme nous du tirage, ils ont pris Faverolles à la baïonnette. Il me tarde de savoir le fils Barbier intact aussi bien que moi. Heureusement pour nos blessés que le château de Villepion avait été installé en ambulance par l'ennemi, rien n'y manque. Nos pertes ne sont pas très-considérables, dit-on, mais les blessures par éclats d'obus sont affreuses.

Adieu, ma bien chère maman, je dors tout en vous écrivant. Je pense à notre tranquille maison, à ces prés verts, à ces grands peupliers que jamais canon n'a émus; les petits sont couchés à cette heure, vous êtes près du feu, Berthe vous lit tout haut et vous lui dites qu'elle bredouille... Ah! chère maman, quel bonheur que vous ne sachiez pas que nous allons recommencer demain!

BARBIER A MADAME DE VINEUIL.

Rouvray-Sainte-Croix, 3 décembre.

Madame,

J'ai l'honneur de prévenir madame que M. André est ici dans ma carriole avec autant de paille que j'en ai pu trouver et deux couvertures tout laine, moyennant quoi il est en aussi bon état que ça se peut avec l'accident qu'il a attrapé. Faut pas que madame s'imagine que c'est grave, ni qu'il sera boiteux. Pas le moins du monde, c'est deux chirurgiens qui ont promis la même chosè. C'est seulement parce qu'une balle a tapé dans le genou qu'il est tombé, mais elle a glissé de haut en bas et on a pu voir en la sortant que ce qui marche dans le genou n'avait rien. Faut pas tout de même qu'il attrape la fièvre, et c'est à quoi nous tâchons de notre mieux et aussi à nous sortir de la bagarre où nous sommes présentement, avec toute l'armée. Le premier jour on a eu le dessus, le second ce n'était plus ça et on s'en va maintenant s'abriter à Orléans. C'est pourquoi M. André est dans ma carriole pendant que la jument mange son picotin, je n'ai pas osé le décharger crainte de retard, mais je commence à informer madame, comme j'en ai reçu l'ordre, de ce qui se passe, et tout de suite nous reprendrons la file pour nous retirer dans un pays plus pacifique.

Faut que madame sache que M. André est un brin trop bouillant; c'est un défaut de jeunesse qu'y a pas trop à reprocher, mais pas vrai, il n'aurait pas eu ce qu'il a si seulement il s'était tenu plus tranquille. Déjà avant-hier, il avait joué un jeu à se faire casser les os, m'a-t-on dit, toujours de l'avant comme si c'était sa besogne de faire marcher les autres, tant il y a que l'amiral, qui est un officier qui n'est pas pour le moment dans les vaisseaux, mais qui est comme général ici, lui a fait des compliments et l'a nommé lieutenant. Faut croire que ça l'aura animé davantage, car ses camarades m'ont dit qu'il était hier matin encore pis que la veille. Malgré les fusils des Bavarois, qui tiraient tous à la fois, il est entré le premier dans le jardin où je l'ai trouvé.

Madame saura aussi qu'hier soir, à la nuit noire, ayant vu rentrer mon gars bien moulu mais point touché, et apprenant qu'il se fallait retirer de Loigny où ces gueux d'Allemands avaient mis le feu, je me suis faufilé où on croyait que devait être le 39e de M. André. Je trouve sa compagnie à Faverolles, un peu partout, mais lui, point. On me dit que l'on s'était vu battu déjà depuis deux heures de l'après-midi, qu'il y a des masses de tués et que bien sûr il en est. J'en trouve des autres qui l'ont encore vu à midi dans le parc de Goury et ne m'en peuvent rien dire depuis. Mais madame m'excusera de tourner court ici, vu que ma jument a fini son picotin et qu'il me faut en profiter pour éloigner M. André pendant que je le puis.

Je reprends ce soir de Coinces. Nous avons marché quatre heures pour six kilomètres, tant il y a de presse sur la route. M. André ne se trouve pas plus mal; cette fois il est déchargé, un major l'a pansé, il a un matelas pour lui tout seul dans la salle où j'écris et me charge de dire ses amitiés. Même il a eu du bouillon chaud et va tâcher de dormir pour ne plus penser qu'on est battu.

J'ai laissé l'histoire que je fais à madame à ce que les camarades de M. André ne l'avaient pas vu depuis cette affaire du château de Goury. Faut essayer quelque chose que je me dis, et je m'en retourne atteler ma jument afin d'être en position dans le cas où je trouverais son corps de le rapporter à madame. Je prends ma lanterne pas allumée et tout ce qu'il fallait.

Par bonheur que la gelée permettait d'aller à travers champs; sans cela, il n'y aurait jamais eu moyen d'arriver. Je coupe au droit sur Goury faisant crochet là seulement où on ne pouvait passer, et bien me tombait d'avoir été tout jeune berger à Lumeau et de savoir le pays par cœur.

Si noir qu'il faisait, c'était déjà pas beau de faire rouler une carriole hier, dans cette contrée-là. On rencontrait des gens par terre et des chevaux morts plus souvent qu'on ne voulait; il y avait des fusils, des roues et des obus, surtout des morts, restés entre Loigny qui achevait de brûler et Goury où j'allais. C'est en approchant de là que j'ai eu le plus d'ennui à cause des Allemands. J'avais été hélé en plein champ par une de leurs patrouilles, mais il n'y avait pas moyen que je comprisse leur maudit jargon, et ils m'avaient laissé aller après avoir fouillé la carriole et rien trouvé à leur goût, vu que j'avais caché les couvertures sous l'équipage et mis mon bidon entre ma blouse et mon tricot. En abordant le bois du château, voilà bien une autre affaire! il y avait une sentinelle qui me couche avec son fusil. Je laisse ma bête en plan et je vas à l'Allemand. Je lui explique (faut que madame m'excuse, mais on se tire de là comme on peut et je n'avais aucune volonté de manquer de respect à la famille de madame), je lui explique que je cherche mon garçon qu'est peut-être bien tué, que je voudrais r'avoir son corps qui doit être en dedans du parc, et que je lui donnerai un napoléon d'or s'il me laisse passer. Madame sait sans doute que M. de Thieulin m'avait donné une forte somme pour les cas où son neveu serait à court d'espèces, c'est comme ça que je me suis trouvé en position de tenter cet Allemand qui était dans le fond, à ce que je crois, un brave homme. Il m'a laissé passer, et ma voiture, au petit bonheur. Ainsi j'ai atteint le mur de clôture où le carnage était quelque chose d'horrible. On glissait dans le sang que c'était une pitié.

Je livre ma bête à sa sagesse, vu qu'il n'y avait pas moyen de la mener plus loin, et j'escalade.

Madame me croira si elle veut, mais j'ai passé deux heures et le quart à chercher M. André sous les massifs, partout. Par bonheur encore qu'ils étaient las, les Allemands du château, et qu'ils s'en fiaient à leurs patrouilles et à leurs lignes de sentinelles pour les garder, car il me fallait bien avoir un peu de lumière et ma lanterne qui marchait à droite et à gauche aurait bien pu les intriguer. Ce qui a sauvé M. André d'être gelé est justement ce qui m'a fait tant peiner à le trouver : il était sous deux autres, à une place où il y avait sept corps en tout. Je crois que les batteries avaient porté là; ça avait pourtant dû être un beau rond sablé avec des bancs à l'entour pour prendre le frais dans l'été. Quand j'ai trouvé M. André, il remuait bien tout seul, et travaillait à se dégager. Je pense qu'il avait été longtemps évanoui à cause qu'il avait eu, avant l'affaire de son genou, une forte entaille de baïonnette (toujours parce qu'il y allait de trop près, à mon avis), qui l'avait fait beaucoup saigner. Cela aussi va bien, et faut pas que madame s'inquiète;

d'ailleurs je n'ai plus aucun autre mal à annoncer à madame.

Madame pensera que M. André a été content de me voir, seulement il était très contrarié de ce qu'on était battu, et puis apprenant que j'avais la carriole, il voulait que je prenne aussi son officier qui était là près, pas tout à fait mort. Je voulais bien obliger M. André en tout ce qui était possible, mais cette chose-là ne se pouvait pas. Je m'inquiétais déjà de charger M. André sur mon dos et de passer le mur, et c'est le plus que j'ai pu faire comme la suite l'a prouvé. Je n'aurais jamais pu enlever cet officier qu'était un homme très-corpulent, un père de famille disait M. André. Enfin nous avons gagné la carriole et j'avais une fière peur de ne plus retrouver ma jument, puis M. André souffrait beaucoup porté comme cela, et je sentais, en lui tâtant le pantalon, qu'il recommençait à saigner. Faut tout de même que je dise à madame que là et après il a eu un fameux courage, car madame peut croire que par les chemins qu'il m'a fallu suivre pour échapper il y avait des cahots à tout briser.

Il pouvait se faire quatre heures du matin et nous devions nous trouver tout près de la route de Chartres quand j'ai pris confiance vu que nous étions un peu dehors des Allemands. Je tape à une métairie pour avoir de la paille à mettre sous M. André. Je tape et je parlemente longtemps, enfin un grand flandrin jette du grenier dans sa cour deux bottes de mauvaise paille, mais il ne me les veut passer que si je lui donne quarante sous. Je lui crie que c'est pour un blessé et qu'il est un juif fini, il ne veut pas entendre raison. Madame sent bien qu'on ne peut pas, quand on connait le prix des choses, se laisser faire la loi comme ça. Voyant qu'il n'en voulait pas démordre, et le temps me pressant, j'ai passé par-dessus sa porte avec les pistolets tournants de M. André et je lui ai commandé d'abouler sa paille ou qu'il allait voir... A ce coup-ci il a marché, madame peut croire, et j'ai eu bien de la bonté de lui donner vingt sous. Des gens comme ça, c'est honteux. Madame trouvera avec la mienne une lettre que M. André lui a écrite le premier jour de la bataille et qu'il avait gardée sur lui. Il donnera lui-même bientôt des nouvelles à madame, car quand il aura du repos, j'ai bon espoir qu'il va vite se reprendre et c'est pour moi une besogne bien dure, par le manque d'habitude, que de me faire l'honneur d'écrire à madame.

Pour l'instant, le plus pressé est de nous sortir de la bagarre, car on n'aura rien de bon à manger, ni de lit un peu propre, avant d'être en arrière de l'armée. Madame peut croire que je continuerai à faire de mon mieux pour M. André vu mon devoir pour sa famille et mon attachement pour lui. Mon gars ne me soucie pas trop pour l'instant parce que sa compagnie est des plus avant dans la retraite.

Je prie madame de m'excuser et de me croire son serviteur pour la servir.

JOSEPH BARBIER.

DU MÊME A LA MÊME.

Oucques, 6 décembre.

Madame,

Nous voilà encore échappés, et comme qui dirait en paradis. M. André ne va pas plus mal, malgré les grandes fatigues et le froid, et quand j'aurai expliqué à madame le bonheur qui nous arrive, elle verra qu'elle peut maintenant être tranquille sur son compte. Mais il me paraît légitime, ayant du temps, de reprendre de plus haut.

D'abord notre nuit n'a pas bien fini, à Coinces, où j'avais pu fairé coucher M. André. Sur les cinq heures du matin, voilà une panique partout parce qu'on crie : L'ennemi ! l'ennemi ! Vivement j'attelle, je charge, et me voilà roulant à travers champs, car la route était si encombrée qu'on n'avançait autant dire pas. M. André souffrait plus que la veille, disait-il, et cela me faisait grand'pitié de cahoter tant que cela ce pauvre jeune monsieur; souventes fois, je lui ai proposé de rester où nous étions, n'importe ce qui arriverait, lui assurant que pour moi, cela m'était parfaitement indifférent de me trouver prisonnier. Mais M. André avait grand courage, il me disait: « Roulez, Barbier, roulez, nous arriverons une fois, et je ne penserai plus au mal, au lieu que si vous me laissez prendre, ils m'emmèneront en Allemagne, et il n'y aura plus moyen de servir. » Madame comprend que je n'avais guère la tête à revoir M. André soldat, mais comme c'était son idée et que cela seul le maintenait, j'avançais tant vite que possible.

Il faut dire à madame que j'étais au courant qu'une ambulance était établie à Ouzouer-le-Marché et que j'avais hâte que les pansements fussent refaits. Mais la question était qui y arriverait le plus tôt, de nous ou des autres, car le canon ne cessait pas une minute et personne ne résistait pour l'instant. Tout le monde se poussait sur la route et roulait comme un fleuve d'eau, une vraie débâcle, quoi! Bien peu ont pu faire comme nous dans une pareille journée et attraper Ouzouer avant le soir, mais quand nous l'avons atteint j'aurais voulu le canon pour ne pas entendre comme M. André plaignait. C'était pourtant là que la chance allait nous revenir.

J'arrête où je vois un grand drapeau qui n'est pas tricolore, madame doit savoir, et j'explique mon cas à un jeune homme qui se trouvait là. « De Vineuil! qu'il me dit, lequel donc?» et le voilà qui s'en vient regarder mon pauvre jeune maître qui faisait peine. M. André le reconnaît, il paraît que c'était un camarade, mais je ne peux pas écrire le nom à madame faute de savoir comment.

Toujours est-il qu'il appelle du monde, qu'on me descend M. André avec bien de la douceur, qu'on le couche, le change et le restaure que c'était un plaisir et qu'il me semblait déjà le voir se reprendre un peu.

Mais tout de suite, il nous est survenu de l'embrouille, parce que les jeunes messieurs voulaient garder M. André, et que lui se fâchait et criait : « Je veux m'en aller, je recommencerai d'ici huit jours, ainsi c'est pas le cas de me faire prendre. Vous voyez bien que l'ennemi sera ici dès demain, je ne veux pas qu'il m'y trouve. S'il le fallait, je repartirais bien maintenant. » Enfin M. André a fini de dire ses raisons, et les autres ont consenti.

Le même soir, par la forte nuit, nous avons repris notre collier de misères, ce n'est que juste de le dire, et avec bien du regret de ma part, nous avons souhaité le bonsoir à ces braves messieurs. M. André n'osait plus se plaindre de la route, puisqu'il l'avait voulu faire. Tout de même, nous avons arrêté au bout d'une heure et demie à une ferme nommée l'Épronnière, où je n'ai pu avoir qu'une laide paillasse avec grand'-peine et beaucoup d'argent. Au grand matin, nous sommes repartis, et il s'est trouvé que M. André avait pourtant eu raison, car les Allemands entraient à Ouzouer-le-Marché juste quand nous atteignions, avec deux lieues seulement d'avance sur eux, la forêt de Marchenoir.

Je dirai à madame que nous avions une bonne petite espérance par devers nous. Les braves messieurs de l'ambulance étaient, nous avaient-ils dit, détachés du gros de leur troupe que nous devions rencontrer à Oucques, bien installés dans de belles salles et soignant le monde.

Oucques est bien 10 kilomètres en arrière de la forêt de Marchenoir qu'on allait défendre, et si malheur arrivait encore là, il y avait toujours Vendôme plus loin derrière. A Oucques, M. André disait qu'il allait voir son grand ami M. Durand et bien d'autres. Ainsi s'est fait que cette route-là ne nous a pas tant coûté, et que, dès midi, nous étions rendus, ma jument avait son picotin, et M. André était dans le plus propre lit qu'il ait vu depuis Blois, me disait-il.

Ce serait impossible d'imaginer un plus gentil monde que celui de cette ambulance-là. M. André aurait été leur proche parent que ça n'aurait pas été mieux et les autres malades disent que c'est tout pareil pour eux. Aussi je préviens madame, d'accord avec M. André, que je vas le laisser-là quelques jours pour m'en aller voir ce qui arrive à mon garçon, après quoi je m'en reviendrai. Je donne la journée à ma bête, qu'est quasi fourbue, et je m'en repartirai demain.

On dit qu'on se bat tous les jours, et encore à plus d'une place chaque jour pour retarder l'ennemi. Cela m'a l'air que nous sommes bien malades, mais M. André n'est pas soumis à cette idée-là. Le chirurgien va bientôt lui permettre d'écrire de sa main à madame, et quand même, il y a ici assez de monde lettré pour dire à madame les nouvelles.

Je demeure donc son très-dévoué serviteur,

JOSEPH BARBIER.

ANDRÉ A MADAME DE VINEUIL.

Oucques, 9 décembre.

Chère maman,

Ce devrait être une complète joie de me retrouver ainsi, grand garçon et capable de vous écrire, mais j'ai beau m'en vouloir d'être si ingrat, je ne puis être joyeux. Ma guérison n'est plus qu'une affaire de temps (vous savez que je vous dis exactement la vérité), mais je ne puis prendre mon parti de notre désastre, non, je ne puis pas m'en consoler !

Vous dire les détresses d'une telle guerre ne se peut pas plus que les oublier. On est partagé entre la douleur et la rage. Chaque jour l'armée se bat, hier toute notre ligne a été attaquée à la fois, et notre centre a failli être percé à Villorceau. Sur tous les points nous avons tenu, et il paraît qu'on s'est admirablement conduit. Cela est une consolation, mais qu'il est dur, en un tel péril, de n'être bon à rien! C'est un affreux loisir que celui que vous fait une blessure en de telles circonstances. Sous les armes, en marche, devant l'ennemi, l'action tue la pensée, on ne prévoit pas, on agit de son mieux, et voilà! Penser et ne rien faire est odieux quand tout est si noir. Chère maman, pardonnez-moi, je devrais songer seulement que votre fils ressuscite et vous en complimenter; d'ailleurs j'ai tant à vous dire de tous ces dévouements qui m'entourent! Barbier qui m'a dix fois en six jours sauvé la vie, le personnel de l'ambulance, Mlle M..., sœur S..., Durand qui me comblent à qui mieux mieux, et enfin cette bonté de Dieu qui fait trouver tous ces secours sur ma route, voilà de quoi je devrais vous parler!

Durand arrive et me gronde de tant écrire, et je ne vous ai presque rien dit! Adieu, puisqu'il le faut, chère maman, sœurs et frère, au revoir!

DU MÊME A LA MÊME.

Oucques, 11 décembre.

Les nôtres se sont bien battus, comme je vous le disais, à Cravant et à Villorceau, et pourtant notre ligne a reculé. Le prince Charles nous accable à force de troupes fraîches; combien de jours encore les munitions et les hommes suffiront-ils? On se le demande avec une anxiété poignante.

Voici Beaugency occupé par les Allemands. Je ne le savais pas en vous écrivant avant-hier. Il y a eu confusion dans les ordres donnés, l'officier porteur des instructions du quartier général a été enlevé avant d'arriver au général Camô, qui, malade lui-même, très-découragé et se croyant aventuré dans Beaugency, a laissé ses jeunes troupes se débander.

Cela est grave et triste. S'il nous fallait perdre ce sentiment que du moins nous faisons tout ce qui peut se demander à des hommes, c'est alors que nous serions bien bas, et que nous manquerait la seule consolation à nos désastres qui puisse être efficace. Quelques fuyards de Beaugency ont passé ici. On comprend en les entendant l'empoisonnement moral que de pareils misérables peuvent communiquer à un pays. Pour s'excuser de fuir, ils se croient obligés de représenter les maux plus grands encore qu'ils ne sont, et ainsi la terreur s'établit et gagne de proche en proche.

Mieux vaudrait vous parler de ma jambe, chère maman; c'est du moins quelque chose qui va bien. Je n'ai plus de fièvre et je suis maintenant à *quatre quarts,* ce qui signifie en langue vulgaire que j'ai permission de manger une portion entière. Le coup de baïonnette ne sera bientôt plus qu'un souvenir, et la plaie du genou, qui s'était mal trouvée du froid, reprend bonne façon depuis qu'on la panse au jus de citron. C'est, à ce qui paraît, le traitement qui réussit le mieux quand on craint la pourriture d'hôpital; vous voyez que je me hâte de vous faire profiter de mes expériences. Qui sait, pauvre maman, si vous n'avez pas aussi vos blessés à l'heure qu'il est, et si l'avis de votre fils indigne ne vous sera pas bon à quelque chose?

Ce que j'apprends à connaître encore ici est le singulier attrait que peuvent exercer les malades. Cela m'explique des vocations que je n'avais jamais comprises. Quelle patience chez ces hommes! qu'il est aisé de leur faire plaisir! Si je n'étais soldat, je voudrais être infirmier. Nous avons ici beaucoup de fièvres typhoïdes, je sais l'histoire de l'une d'entre elles, je vais vous la dire, quoiqu'elle soit triste.

Dès son établissement à Oucques, à la fin d'octobre, l'ambulance avait été envahie par des fiévreux. Le 7 novembre, un dragon nommé Pierredon y entra, et peu après un autre soldat du même régiment et presque du même pays. Pierredon avait une fièvre typhoïde bien caractérisée; son camarade en fut quitte pour la peur, et aussitôt mieux, fut employé comme infirmier. Pendant ce temps-là, Pierredon allait de mal en pis, la poitrine se prenait, il demanda qu'on écrivît à ses parents, petits fermiers dans ce charmant pays de Villedieu dont vous vous souvenez sans doute, chère maman, nous l'avons traversé en allant à Saint-Lô et au mont Saint-Michel. D'après la lettre, ses parents devaient partir immédiatement pour le revoir. Le pauvre garçon avait mis tout son cœur à ce revoir. Son frère cadet avait été tué à Gravelotte; s'il lui fallait mourir aussi, il ne resterait plus qu'un fils tout enfant à la maison. Comme aîné, il avait eu part à la direction de la ferme, et il s'en inquiétait beaucoup. Outre le désir de voir père ou mère, il avait la préoccupation constante des mille choses qu'il voulait dire et conseiller.

On avait écrit le 30 novembre, et deux jours après le camarade infirmier fut renvoyé au pays, je ne sais plus pour quelle cause. En traversant Villedieu pour se rendre à son village, il entra chez les parents de Pierredon. Il trouva tout en l'air, la mère allait partir· on se hâtait, et avec quelle douleur, vous le pouvez comprendre. L'ex-infirmier fut ému de la vue de ce chagrin; et par bon cœur, et par bêtise aussi, il imagina de les consoler en leur disant que leur fils allait beaucoup mieux quand il l'avait quitté, que rien ne pressait de l'aller voir, et que mieux vaudrait attendre quelques jours pour partir; qui sait? on pourrait peut-être le ramener. Le mari crut cela et contraignit sa femme à rester.

Le 8 décembre, le jeune Pierredon mourut.

Pauvre garçon! Vous vous rappelez que j'étais arrivé le 6 avec Barbier, on m'avait mis dans la même salle, et toute la journée du 7 je remarquais ce pauvre être qui n'avait plus que le souffle et qui tenait obstinément ses yeux fixés sur la porte. Chaque fois qu'elle s'ouvrait, l'intensité de son attente ramenait un peu de vie dans ses yeux, chaque fois que l'indifférent était entré, la lueur s'éteignait, et l'on voyait que la mort avait fait encore un pas. Je ne connaissais alors rien de son histoire, mais je devinais son angoisse, et j'avais fini comme lui et pour lui, par attendre quelqu'un par cette porte.

Il est donc mort il y a trois jours, le 8. Ce matin, j'entends plus de bruit qu'à l'ordinaire dans la pièce à côté, ce nom de Pierredon plusieurs fois répété, la porte finit par s'ouvrir, et Mlle M... entre, soutenant sous le bras une grosse paysanne enveloppée dans sa grande mante noire et pleurant, pleurant à flots.

« C'est là qu'il était, » lui dit doucement Mlle M... en lui montrant le lit.

Elle la fit asseoir auprès, sur une chaise, et la quitta, car trois voitures chargées de blessés du combat nocturne d'Origny arrivaient, et il fallait caser tout ce monde. La pauvre femme s'affaissa sur sa chaise et, cachant son visage, pleura et gémit longtemps tout haut. Peu à peu elle nous dit ce que je viens de vous abréger, et qu'enfin elle avait tant supplié le père qu'il l'avait laissée partir — trop tard — le 7 seulement. Avec la désorganisation actuelle de tous les moyens de transports, il lui avait fallu quatre jours pour arriver. Elle nous conta le premier deuil du fils tué à Gravelotte, et comment le père et elle étaient convenus de ne pas se plaindre du bon Dieu tant qu'il leur laisserait cet aîné. Pour cet aîné, trois mois avant la guerre, ils avaient loué une nouvelle ferme; au moment où il allait se marier et s'y établir, il avait été rappelé comme ancien soldat. Elle nous dit le chagrin qu'il s'en était fait, toutes les misères qu'il avait endurées sans seulement voir l'ennemi, et comment c'était bien sûr l'*usement,* disait-elle, du souci et des privations qui avait miné son garçon, un si fort ouvrier pourtant! Et les sanglots de recommencer.

Nous avons essayé de consoler la pauvre femme, et quand on a apporté sur le lit de son fils un malheureux petit mobile bon à amputer, elle est partie pour recommencer son voyage solitaire et dire elle-même à l'arrivée, au vieux père, qu'il est mort aussi son aîné !

Allons, chère maman, si ma lettre n'est pas gaie, du moins verrez-vous à sa longueur que les *quatre quarts* me réussissent et que mes lignes ne sont plus rationnées. Il y a trop longtemps que je n'ai eu de vos nouvelles ; je ne sais rien non plus de Maurice ; il a dû se trouver de cette sortie sur Champigny.

DU MÊME A LA MÊME.

Ambulance d'Oucques, 13 décembre, 5 h. matin.

Chère maman,

Un mot pour que vous ne me cherchiez plus ici ; l'ordre arrive d'évacuer immédiatement l'ambulance, l'armée se retire sur Vendôme.

Des cacolets et des charrettes sont envoyés pour nous transporter, ceci me fait espérer qu'il ne s'agit pas d'une vraie déroute.

On s'est battu tous les jours, rien d'étonnant qu'on soit à bout. Chaque lieue de terrain cédé reste couverte de morts ; être vaincu malgré cela, c'est bien dur.

Nous partons dans une heure, peut-être plus tôt, car la fusillade éclate à l'instant derrière la maison de l'école, et cela va activer l'empaquetage des malades. Il fait un froid aigre et noir que l'on redoute pour plusieurs d'entre eux ; mais je ne suis pas de ceux-là et je ne risque rien dans mes couvertures.

Chère mère, adieu... Sachez que je vous aime de toute mon âme. Souhaitez-moi de guérir à temps pour recommencer...

Barbier n'a pas reparu. Un mobile de Loir-et-Cher arrivé hier soir croit son fils prisonnier.

Adieu, adieu à tous !...

MADAME DE THIEULIN A MADAME DE VINEUIL.

Le Bocage, près Chevilly, 30 novembre, soir.

Nous arrivons seulement, ma chère sœur. Quelle entreprise qu'un voyage en temps de guerre et par ce froid! Je me reconnais de moins en moins.

On nous avait conseillé, à Bonneval, de ne nous aventurer que le plus tard possible dans la zone laissée libre entre les deux armées. Dans l'impossibilité de savoir exactement sur quel point, avant celui de Chevilly dont nous avions des nouvelles directes, nous trouverions les cantonnements français, mieux valait se tenir en dedans des lignes allemandes. Nous navons donc pris le plus long, un chemi qui remonte de Bonneval à Neuvy-en-Dumois, puis à Allaines, où l'on rejoint la grande route de Chartres à Orléans. Le départ s'est bien effectué, quoiqu'au moment de quitter Thieulin l'attendrissement des domestiques qui s'effrayaient d'être ainsi laissés seuls m'ait gagné plus que je ne l'aurais voulu. Qui sait, lorsqu'on se quitte en une année pareille, si l'on se reverra? et comment?

Enfin j'ai laissé les clefs aux caves et recommandé de ne point irriter les occupants s'il en survenait. Mieux vaut la cave vide que notre vieux Thieulin brûlé.

De Bonneval à Neuvy, la route nous a semblé déserte ; on aurait dit que personne n'était pressé de se montrer, et l'unique bruit de nos seules roues sur le macadam gelé avait fini par me paraître lamentable. J'ai presque regretté mon grand courage en voyant comme il avait peu d'imitateurs.

Les rosses louées à grand'peine à Bonneval ne remplaçaient pas nos deux belles bêtes emmenées l'autre semaine ; tout ce qu'elles ont pu faire le 29 a été d'atteindre à la nuit un tout petit village qui n'est même pas sur la route Viabon, où nous avons couché. Heureusement que les postes prussiens semblaient s'inquiéter fort peu de nous ; on n'a demandé nos papiers qu'une fois dans toute la journée, en entrant à Neuvy. Je crois que nous sommes jugés à première vue et bien vite qualifiés : gens inoffensifs.

Ce matin, dès sept heures, il a fallu quitter notre gîte ; à peine voyait-on pour se conduire, tant le brouillard était épais. Et nos pauvres soldats qui couchent par des temps pareils sur la terre nue ! Nos ennemis ne semblent pas en souffrir, et leur air bien portant et reposé me donne sur les nerfs. Comment fait-on ? ou comment font-ils ? Est-ce la gloire des chefs ou celle des soldats ? Question qu'il faudrait étudier et résoudre pour notre propre enseignement.

Je ne puis pas me reprocher d'avoir souhaité la réalité d'un rhumatisme ou d'une bronchite à aucun des soldats que j'ai aperçus aujourd'hui ; mais leur bon état en général irrite, et en général aussi on souhaite une diffusion de grippes et une pluie d'entorses sur cette armée. C'est méchant, mais patriotique ; ce serait pour la nôtre une chance de salut.

On ne rencontre point de villages jusqu'à la grande route, de sorte que nous n'avons pu avoir d'aucun Français l'explication des mouvements de troupes que nous remarquions. Personne n'a semblé se soucier de nous jusqu'à Allaines, où il a fallu subir un interrogatoire en règle de la part d'un sous-officier. Là nous nous sommes aperçus qu'on approchait des lignes d'avant-postes. Si le laisser-passer n'avait été parfaitement explicite, on nous retenait même à l'auberge, car notre demande d'aller de l'avant contrariait évidemment ces grossiers personnages. On nous a gardés deux heures en suspens.

Ne pouvant résister au tabac allemand, j'avais gagné une borne de la rue et m'y étais assise un instant. Le cocher est parvenu à me rejoindre et m'a chuchoté qu'un combat avait eu lieu l'avant-veille près de Beaune-la-Rolande et un autre hier près de Châteaudun; dans une maison voisine se trouvaient même des blessés ramenés de la première affaire. Quoique ce pauvre Châteaudun ne fût pas dans notre direction, ce renseignement m'a effrayée beaucoup; j'ai eu une soudaine vision de fusils français à droite, de fusils prussiens à gauche et de nous-mêmes au beau milieu, qui m'a rendu les jambes un peu tremblantes. Je suis rentrée au poste pour supplier Adolphe de retourner, mais notre affaire venait justement de s'arranger. Pour concilier la prudence, disaient-ils, avec le respect dû à notre laisser-passer, les officiers décidaient que deux Prussiens monteraient sur le siége et nous conduiraient hors de la ligne des avant-postes. Notre cocher se mit dans l'intérieur avec nous, et il fallut promettre de laisser les volets de bois du coupé hermétiquement fermés dès que l'ordre nous en serait donné. Ainsi fut fait. Deux grands gaillards blonds, et souriants de leur mission, ont escaladé le siége, et nous sommes partis.

La pensée qu'on allait peut-être bientôt nous condamner aux ténèbres nous excitait à regarder de tous côtés avec un intérêt d'autant plus grand. Jamais je n'ai vu tant d'hommes blonds de ma vie.

Nos conducteurs refusèrent de nous dire à quel corps ils appartenaient, mais j'avais lu, à Allaines, un ordre en allemand affiché dans la salle d'auberge, et nous savions qu'ils étaient Hessois du 22e corps, général von Wittich.

Nous n'avions certainement pas fait deux kilomètres sur la route d'Orléans que la voiture s'arrêta. Nos volets furent levés, les trèfles à jour même bouchés avec quelques chiffons sales, et l'obscurité parut complète. Nos Hessois avaient cependant eu soin, pour prévenir l'asphyxie, de baisser à demi la glace de devant du coupé. Le siége, et leurs personnes dessus, devaient empêcher que nous pussions rien apercevoir par là, mais ils n'avaient pas encore tout calculé; car avec un mince filet d'air frais nous arrivaient aussi les sons extérieurs, et il nous fut bientôt aisé de deviner que nous traversions une foule rassemblée. Les pas réguliers, les chocs d'armes, un murmure sourd, nous le disaient. Au bout d'un quart d'heure, nous sentîmes que la voiture quittait la route; j'eus un redoublement de frayeur, mais Adolphe me fit remarquer que, quoique dans les champs, nous suivions probablement encore la même direction, car nos roues faisant moins de bruit, nous entendions distinctement une quantité de chevaux au pas régulier. Ce devait être un défilé de cavalerie dont notre voiture eût troublé l'ordre.

« Nous arriverons peut-être pour une bataille, » m'a

dit Adolphe avec son air calme. Depuis cette malheureuse parole, je n'ai pu penser à autre chose.

Enfin, après une heure et demie de ténèbres, quand nous avions déjà regagné la chaussée depuis quelque temps, nos Allemands ouvrirent la portière, rendirent le fouet au cocher, et, après avoir reçu leur pourboire, nous laissèrent libres. Dès le second tour de roue, nos deux têtes se penchaient au dehors, espérant percer le mystère, mais les coquins avaient eu soin de nous arrêter après un pli de terrain : impossible de rien découvrir, si ce n'est eux-mêmes se hâtant de rejoindre leurs camarades. La première borne kilométrique que nous rencontrâmes portait le chiffre 23; nous étions à près de six lieues d'Orléans, trois lieues de Chevilly.

Nous oubliâmes bientôt nos Hessois à la vue des cadavres de chevaux et des débris de toutes sortes qui jonchaient cette partie de la route. Je ne connais rien de lamentable comme un cheval mort; ce cou roidi, étendu par terre et qui semble démesurément allongé; ces gros yeux vitreux, et je ne sais quoi de résigné, de réellement *victime* dans toute l'attitude, me cause une pitié toute particulière. Plus loin, ces cadavres de chevaux s'apercevaient jusqu'au milieu des champs, à droite et à gauche; il devait y avoir eu là quelque engagement. Des blessures toutes fraîches visibles sur l'un d'eux tombé sur la route même, me firent penser que l'engagement avait été récent. Il n'était plus temps de reculer : le danger, si danger il y avait pour nous, était plus grand en arrière qu'en avant; Adolphe ordonna de fouetter nos pauvres bêtes fatiguées, mais nous restâmes longtemps silencieux.

Ce fut près d'Artenay que les premières grand'-gardes françaises vinrent nous reconnaître. Je regrette de n'avoir pas demandé son nom à l'officier qui nous questionna. Il me semble que j'aurais toute ma vie du plaisir à le retrouver et à lui rendre service en souvenir de la joie que son pur accent gascon m'a causée. Il rit beaucoup de la malice allemande qui nous avait condamnés aux ténèbres et ne parut pas fort ému de nos assertions qu'une très-nombreuse troupe était en marche derrière nous. « Je sais, je sais, » dit-il; mais évidemment il ne savait pas, car il me nomma comme devant se trouver entre Chartres et Orléans un corps de Bavarois quelconque, tandis que nous lui répétâmes à qui mieux mieux que les troupes que nous avions dépassées étaient hessoises et sous les ordres du général von Wittich.

D'Artenay à Chevilly, passage triomphal. Français à droite, Français à gauche, canons français, chevaux français, drapeaux français, et, il faut bien le dire, débraillé français, mais qu'importe ? et d'ailleurs je crois que la mauvaise tenue de nos mobiles n'est pas sans excuse. C'est le 15e corps, général Martin des Pallières, qui occupe Chevilly; on le dit homme de valeur; espérons qu'il saura se bien garder.

Le jour tombait quand nous avons traversé le village; l'aspect en était assez triste; les haillons des soldats se voyaient à la lueur des feux; on abattait des vaches en pleine rue; je me demande si ce sont ces vaches-là qui auront fait le souper de ce soir.

Le Bocage est à un kilomètre du village; on traverse des bois pour l'atteindre. Nous vîmes un grand nombre de jeunes arbres sciés à ras du sol; des débris de bestiaux, du foin, mille vilaines choses jonchaient la route. Impossible de t'exprimer le sinistre de ce grand château dans sa solitude absolue.

Pas une lumière ne brillait aux fenêtres; la grille était ouverte; le bruit de nos roues n'amena personne, pas même un chien. Adolphe frappa à la porte du vestibule, puis à celle de la cuisine qui fut ouverte par Roland lui-même.

La foudre serait tombée à ses pieds, en notre lieu et place, que le pauvre garçon n'eût pas paru plus surpris ni plus atterré.

« Tu ne nous attendais donc pas? lui a dit Adolphe, ne m'as-tu pas demandé il y a quinze jours?

— Dans ce temps-là, je ne vous faisais courir aucun danger!

— En vois-tu maintenant? »

— Vous ne savez donc pas que les ordres de marche sont donnés? il y aura bataille dès demain, et le quartier général est à Chevilly même!

C'est affreux! Et ma tante avec vous!... Quand j'ai eu la faiblesse de vous parler de ma détresse morale et matérielle, je n'avais jamais pensé que ma tante voulût... osât... C'est affreux !... »

Le pauvre garçon me parut si malheureux qu'un grand courage (celui du désespoir peut-être) me vint au cœur :

« S'il y a bataille, Roland, eh bien, nous serons ensemble. Laissez-nous entrer et ne vous faites pas trop de chagrin. »

C'était héroïque, n'est-ce pas? Cela a remonté un peu mes deux pauvres hommes; mais pour moi, je ne suis pas, au fond, remontée du tout. Qu'allions-nous faire dans cette galère!

Je me sens trop effrayée pour dormir et je vais t'écrire encore, en l'abrégeant beaucoup, le récit que Roland nous a fait au dîner.

Sa situation, à l'isolement près, avait été passable jusqu'au 9 novembre, jour de la bataille de Coulmiers. Il avait logé des soldats disciplinés, des officiers instruits; on avait, il est vrai, bu son vin, pris son foin, porté ses habits, mais tout cela s'était fait avec ordre et même avec certains égards. Si pillé qu'il fût, Roland trouvait moyen d'être content et d'excuser l'armée prussienne [1]. Cela changea avec

1. Les réquisitions avaient cependant été lourdes. Chevilly, village de 1,200 habitants, a fourni 600,000 francs en argent ou en denrées.

la fortune, dès le soir même de Coulmiers. Cinq mille Bavarois, en se retirant, lui arrivèrent à la fois; ils se logèrent au château, dans les fermes et les étables. Ne trouvant plus de bois à brûler, ils arrachèrent les volets, scièrent les arbres du parc et brisèrent les chaises pour avoir de quoi faire flamber ce bois vert. Il fallut trois cents moutons pour un seul repas, et tout ce troupeau fut égorgé et dépouillé devant le château, sur la neige, qui resta rouge pendant bien des jours.

Le lendemain, les Allemands partirent, mais avec tous les chevaux, toutes les vaches, toute la volaille, toute la farine des deux fermes; cela était-il un des droits de la guerre? je ne le sais. Ce qui ne l'était certainement pas, c'était l'enlèvement de meubles et d'objets qui ne pouvaient leur servir en campagne. La rafle la plus complète avait été faite en un tour de main. Quand, à dix heures du matin, le dernier Allemand eut disparu du côté du village, Roland et ses deux fermiers se regardèrent consternés; puis, sans mot dire, chacun s'en alla faire la visite de son logis espérant au fond du cœur que ceci ou cela aurait échappé; mais non, il n'y avait plus rien chez aucun d'eux. Pas une pièce de linge, pas un couvert, même de fer battu, pas un morceau de pain, pas une bouteille de vin, pas un vêtement de rechange. Les meubles avaient été enlevés; les portes et les armoires étaient en pièces ou brûlées; même des matelas avaient alimenté le feu. La femme d'un des fermiers proposa d'attraper pour s'en nourrir une poule qui, picorant aux champs avec quelques autres, avait échappé; personne n'eut le courage de dire oui. Seulement, le soir, ils s'assirent ensemble, pauvres épaves du désastre, pour manger des haricots sans sel avec du pain apporté du village.

Les jours suivants, chacun travailla à se reconstituer un petit intérieur. Je puis juger de celui de Roland et je n'ai pas de peine à comprendre qu'il soit tombé malade de dénûment et de chagrin. Quoique trois semaines se soient écoulées depuis la soirée de Coulmiers et qu'Orléans lui ait été ouvert, il ne possède que deux couverts de Ruolz et mange à la cuisine pour n'allumer qu'un feu. La crainte de voir reparaître l'ennemi et d'être pillé de nouveau a ôté à chacun l'envie de regarnir son logis, même des choses généralement appelées indispensables. On se contente de vivre, et l'on attend. La farine est cachée par petites quantités en plusieurs endroits différents ainsi que quelques morceaux de lard, et, ce qui peint pourtant l'homme civilisé, Roland a mis dans la cachette supposée la meilleure, une bouteille d'encre. Il est vêtu d'un grand caban qui lui donne l'air d'un chartreux, et a vieilli de dix ans. C'est pour se libérer plus tôt envers les marchands d'argent auxquels force avait été de s'adresser pour acquitter les contributions de guerre du village, qu'il avait appelé son oncle à son aide. Il avait répondu pour les uns et pour les autres ; dans l'impossibilité de dégager sa signature aussitôt qu'il l'avait espéré, sa tête excitée par tant d'émotions s'était montée, et il avait demandé à Adolphe des conseils et des fonds pour arranger ses affaires.

Chère sœur, j'écris, j'écris toujours pour ne pas penser à ce qui nous attend peut-être demain, car l'illusion n'est plus permise; si les nôtres cèdent, nous serons des premiers à recevoir le flot de l'ennemi encore combattant! Ce château se prête merveilleusement à la défense... Chère sœur, te reverrons-nous jamais?... du moins que tu revoies ton fils!... Mon Dieu, prends-nous en pitié, protége-nous, aide-nous! Quoi qu'il arrive, mets nos cœurs à la hauteur de l'épreuve!

DE LA MÊME A LA MÊME.

Le Bocage, 1er décembre.

Roland disait vrai! réelle bataille ou combat, le canon s'est fait entendre dès dix heures de matin sur notre gauche, — là où doit se trouver ton fils, pauvre femme! — et il n'a pas encore cessé.

Des combles, on aperçoit, toujours à gauche, des

lueurs rouges et de la fumée; on pense que ce sont des fermes qui brûlent. Eh bien, je n'ai plus peur, seulement une grande angoisse, comme une étreinte qui me tient le dos et la gorge.

Ce canon, qui semble parfois se rapprocher tout à coup, ne cessera-t-il pas?

Nous détachons les rideaux de coutil du rez-de-chaussée pour faire des bandes, ces messieurs montent eux-mêmes de l'eau au grenier pour remplir tout ce qu'on possède de tonneaux afin d'être prêts en cas d'incendie. Je supplie les fermières de pétrir toutes deux, m'engageant à payer *la cuite* en cas de prise. Il faudra bien avoir du pain si l'on amène des blessés.

Adolphe me trouve très-brave et m'embrasse en passant. Il me demandait pardon tout à l'heure de m'avoir laissée venir, mais je l'ai vite fait taire. Je ne me sens pas assez ferme pour que la pensée de ce cher Thieulin, où nous pourrions être à cette heure si tranquilles, ne soit pas un danger pour moi : nous nous attendrirons plus tard. Heureusement que j'ai fort à faire, puis ce pauvre Roland semble si soulagé de nous avoir!

Quatre heures du soir.

Nous ne pouvions plus supporter notre ignorance du sort du combat. A gauche la canonnade s'était éloignée, ce qui semblait bon signe, mais on entendait quelques coups dans la direction de Chartres. Nous sommes allés tous trois aux nouvelles jusqu'au village. D'ailleurs il fallait absolument nous approvisionner si cela était encore possible, et nous mettre en mesure d'être bons à quelque chose.

Avant de partir, nous avons jonché les chambres de matelas, et étendu en guise de draps absents les rideaux d'été dont, par bonheur, la provision est restée intacte ; mais nous n'avions pas de couvertures, pas de linges à pansement, aucun cordial, pas de viande, à peine du bois, et le froid est intense. Nous nous serions reproché ce dénûment si des blessés nous étaient arrivés. Nous avons trouvé Chevilly encombré, beaucoup de voitures, encore plus de soldats semblant flâner. On disait que nous avions l'avantage, mais je soupçonne fort les donneurs de nouvelles de n'en pas savoir grand'chose.

Quoi qu'il en soit, cela modifie toutes les idées qu'on s'était fait de la guerre, de voir comment elle se pratique. On compte, dit-on, balayer demain la route de Chartres ; n'y a-t-il rien à faire pour cela dès aujourd'hui? Et puis ce canon qui tonne encore par moments, n'est-ce pas le cas d'y courir? Point du tout. Ce monde militaire a l'air de vivre de ses rentes. On fume, on se chauffe, on boit. Adolphe assure que cela ne peut se passer autrement, que chacun attend son tour. Je le veux bien, mais au moins chacun devrait-il avoir un peu plus l'air de songer à ce qui se passe.

Enfin avec mille peines et beaucoup d'argent nous avons collectionné à peu près le nécessaire. Je dis *collectionné,* car il nous a fallu aller de maison en maison découvrir ce qui nous pouvait servir, puis décider les propriétaires à s'en séparer. Au fond la confiance en la victoire de nos troupes n'est pas complète, certaines gens préfèrent se sentir quelque argent en poche, à garder du linge ou des vivres faciles à piller par les Allemands ; mais on n'est pas Beauceron pour rien, et quand on fait le commerce c'est toujours du commerce. Enfin nous avons glané de quoi charger une charrette, et les grandes pièces vides du Bocage n'ont plus autant l'air désolé.

Même jour, dix heures du soir.

Voici le petit docteur à qui j'avais demandé de venir inspecter nos arrangements, qui arrive rayonnant. « Notre gauche a complétement enfoncé l'ennemi. Et il y a mieux encore : grande victoire sous Paris, le général Ducrot a percé les lignes ennemies, il marche vers l'armée de la Loire ! La nouvelle arrive à l'instant, de Tours, au général même, elle est positive. »

Que Dieu soit mille fois béni ! Que ce serait beau, la France sauvée et nous aussi !

2 décembre.

Le canon tonne, tonne sans relâche. Ce ne sont plus des coups isolés comme hier, c'est le roulement continu et immense d'un tonnerre tout proche de nous. Il le faut sans doute, puisque Ducrot, puis Paris nous attendent... Pourquoi ce canon de la délivrance ne sait-il pas prendre un son moins lugubre? On a beau faire; malgré l'espérance, son grondement est sinistre.

Il est midi. Combien de coups ont déjà porté? Français ou Allemands, combien fauchés par les boulets ou déchirés par les obus?

On tire à gauche et aussi au nord, c'est sans doute l'attaque sur la route de Chartres. Vit-il encore l'officier gascon qui riait avant-hier des malices allemandes? Pauvre femme à qui j'écris, je veillerai du moins à ce que ma lettre ne te porte pas l'angoisse du sort de ton fils avant que je n'en aie reçu de nouvelles.

On me dit que nos préparatifs ne serviront de rien; tant mieux. Et pourtant j'y travaille toujours, il me semble découvrir à chaque instant un petit progrès possible, quelque arrangement meilleur. Et puis, comment tenir en place?

Même jour, six heures du soir.

Oh! ce canon, cet affreux canon ne cessera-t-il donc jamais?

Tout à l'heure un bruit nouveau, strident, rauque, nous arrivait du nord. On croit que c'était le son des mitrailleuses. Du même côté, nous apercevons depuis les combles deux incendies peu considérables.

Plus à gauche et plus loin, un feu immense rougit le ciel. On ne peut savoir quel village brûle, mais ce doit être un village entier[1].

Il faudrait ne plus penser à cela, franchir ces horreurs, pour atteindre à la joie de la victoire. La sortie de Ducrot est confirmée. Quel élan cela ne va-t-il pas donner à tous! Sedan et Metz seront oubliés, l'Est se retrouvera le pays guerrier des anciens jours et se chargera de troubler quelque peu le retour de messieurs les Allemands. En attendant, la canonnade a cessé; on croyait distinguer tout à l'heure un bruit de fusillade, mais cela doit être une erreur.

1. C'était Loigny même.

Nuit du 2 au 3 décembre.

Impossible de dormir, je reviens à ma lettre, qui prend les proportions d'un journal.

J'ai su que le général en chef, qui est à Chevilly depuis ce matin, est très-content. Seulement il ne communique aucune nouvelle. Il en faudrait bien, pourtant, pour contrebalancer l'effet des méchants bruits que l'on fait courir (probablement l'ennemi lui-même) pour amener une panique. Le piéton de la poste a passé ce soir; il affirme qu'il n'a pu entrer à Artenay, que les Prussiens entouraient le village, les nôtres tenaient bon, retranchés dans les maisons.

« Faites attention à vos paroles, lui ai-je dit, vous pourriez faire croire que nous sommes battus, et personne n'a vu un fuyard. — Excusez, madame, m'a-t-il répondu, il y en a tout plein déjà à Chevilly. » Et comme je répétais : « Ce n'est pas possible, » l'homme est parti grommelant et disant : — Vous le croirez peut-être quand vous y serez. »

J'ai recommandé à Roland de se souvenir plus tard du rôle joué par cet homme.

Et pourtant, s'il a dit vrai? Il est affreux de passer encore une nuit dans une pareille incertitude.

3 décembre,

Il ne faisait pas encore jour ce matin, quand un coup de pistolet a retenti sous ma fenêtre. Je me suis hâtée, mais quand j'entrai dans la cuisine, Adolphe et Roland y étaient déjà, guidant vers la chambre la plus proche deux hommes à grosses bottes qui en portaient un troisième. J'ai lu sur les visages ce que tu sais déjà, ma pauvre chère sœur, la défaite, la déroute, le dernier coup enfin! Le blessé était un officier; ses deux hommes avaient eu mille peines à le maintenir sur son cheval, passant dans leur fuite devant une grande maison, ils s'étaient servis de leurs pistolets pour appeler, leur officier n'en reviendrait pas; maintenant qu'il était soigné, ils pouvaient prendre le large.

« Son nom? » a dit Adolphe, et il l'a écrit. Je n'aurais pas songé à cela.

Je lavais avec de l'eau tiède la pauvre figure mourante de notre hôte, qui ne parlait pas, ne gémissait même pas, et tandis que ma main allait de la cuvette au visage blême, un mot, tout seul, tintait constamment à mes oreilles, et tout ce que j'avais de pensée était tendu à l'écouter : Vaincus! vaincus! vaincus encore!

Je crois qu'Adolphe disait qu'une balle à la tête

avait amené un épanchement dans le cerveau et que l'officier ne devait déjà plus souffrir, quand la pièce s'est trouvée soudainement remplie de lignards et de mobiles, en même temps qu'une vive fusillade éclatait dans le lointain, probablement sur la gauche d'Artenay.

Inspection faite des nouveaux venus, il s'en est trouvé peu de blessés, trois seulement, les autres n'avaient d'autre mal que l'épuisement du jeûne et l'excès de la fatigue. J'ai eu un moment de bonheur en coupant à ceux-là mes pains, en leur versant le café préparé pour nous. « Vous aurez même de la viande tout à l'heure, » ai-je dit avec un peu de fierté : « on va vous l'apprêter. »

« Merci beaucoup, madame, a dit en excellent français un tout jeune petit soldat, nous n'avons pas le loisir d'attendre, je pense que l'ennemi sera ici avant peu. Allons, camarades ! encore un effort !

« Oui-dà ! j'en ai assez, moi, des efforts ! répondit l'un, l'auberge est bonne, j'y reste. »

« Je n'ai pas d'opposition à ce que tu t'en ailles, hé ! le petit ! » dit un autre. « T'a pas eu les pieds gelés, toi ! »

Mais trois des affamés se levèrent, et quoique lorgnant mes grosses miches, s'allèrent placer près du petit mobile.

« Où allez-vous ? » dis-je.

« A Orléans, madame. Nous retrouverons sans

doute des camarades; on va au moins défendre la ville. »

« Vous êtes engagé volontaire? demandai-je.

Il rougit jusqu'aux tempes, peut-être de ce que je le jugeais trop jeune pour avoir été appelé au service.

« Oui, madame, répondit-il doucement, et naturellement je veux me battre. »

Il reprit son fusil, un vieil instrument aussi lourd que lui, et comprenant mon regard de surprise :

« La moitié seulement de ma compagnie avait des chassepots, » ajouta-t-il.

J'ai donné à chacun des partants un morceau de pain et très-peu de saucisson, car il faut être économe. Les deux hommes qui voulaient rester se sont enfin décidés à les suivre.

« Vous voyez ce que fait l'exemple, » ai-je dit tout bas à mon petit engagé; il a encore rougi et s'est esquivé. Que Dieu le garde!

Même jour, après midi.

Tout notre monde a eu sa pitance, on peut donc respirer.

Nous comptons vingt-huit hommes au lit en ce moment et une dizaine qui peuvent aller et venir. Je ne sais combien d'autres ont passé s'échappant; ils ont eu du vin et un peu de pain.

L'officier est mort, mort aussi un mobile qui avait une artère coupée, l'hémorrhagie n'a pu être arrêtée à temps. Quels vides se feront encore avant la nuit? Tu le sais, ô Dieu! et tu sais aussi de quel cœur je te bénis pour nous avoir amenés ici. Moi qui murmurais, moi qui craignais, quand le vieux ménage allait justement trouver sa tâche et la seule consolation à son deuil!

La fusillade ne cesse pas, elle nous entoure, mais nous n'avons plus de pensées pour elle, le canon a recommencé, et près que deux carreaux viennent de voler en éclats. Je ne sais comment nous ferons, si tous y passent, pour empêcher nos pauvres gens de geler. Les volets ont été brûlés et les rideaux servent de draps ou de couvertures.

J'ai été interrompue par un pauvre garçon qui délirait. Il se croyait chez lui et balbutiait mille tendresses aux siens. Il dit qu'il est si bien, si heureux, si bien couché. Au reste, c'est l'extase de chacun que ce seul matelas que nous lui accordons. L'opération de la mise au lit amène chez tous, pour un instant plus ou moins long, la même béatitude d'expression. Il y a un moment fugitif de ravissement que la souffrance chasse trop tôt, mais qu'il est infiniment doux de saisir sur ces visages. Il nous faudrait un médecin, un chirurgien, quelqu'un enfin qui osât. Nous ne pouvons qu'adoucir les maux. J'ai voulu faire chercher le petit docteur, mais la traversée d'ici à Chevilly n'est plus possible; on tire tout autour de nous, et des balles perdues ont déjà frappé des ardoises du toit. D'ailleurs il doit être encore plus nécessaire au village.

Même jour, dix heures du soir.

J'étais à la cuisine contemplant le fourneau en pleine activité et toute fière d'avoir de quoi faire souper mon nombre de blessés, porté à trente-trois par un nouvel arrivage, je me demandais seulement comment nous ferions pour demain, quand un petit cri d'effroi d'une de mes aides me fit retourner brusquement.

C'étaient les Prussiens, ou plutôt les Hessois, l'ennemi enfin.

Eh bien, cela ne m'a fait aucune émotion, explique cela comme tu pourras. Je pense que j'étais trop absorbée par la question de l'approvisionnement.

Un grand officier roux, descendu de cheval, demandait : « Le maître du château? nous voulons manger vite. » Il appela ses hommes qui remplissaient la cour, cinq ou six entrèrent.

« *Nehmet!* » prenez! dit-il sans plus de façon en montrant la marmite.

Mais j'étais là. J'ai protégé ma marmite d'un geste énergique de ma cuillère à pot et prenant, moi aussi, sans plus de façons que lui-même n'en faisait, la manche de l'officier, je l'ai mené bon gré mal gré dans mes chambres du rez-de-chaussée : « Autant encore en haut, lui ai-je dit avec un signe, ils sont tous blessés, je n'ai pas autre chose pour eux que ce repas, je ne peux pas le laisser prendre. »

Adolphe m'avait rejoint, il a offert un baril de vin. L'officier hésitait, et ses gaillards n'avaient pas perdu de vue ma marmite. J'ai eu une inspiration, j'ai coupé un très-joli morceau de pain et l'ai offert à l'officier sur une assiette : il avait certainement faim, car il n'a pas fait l'ombre d'une cérémonie et mordant dans ce pain : Donnez votre vin, a-t-il dit, *schnell, schnell.*

Le chef ayant mangé, plus ne fut question de l'appétit des subordonnés, et je dois avouer qu'ils se soumirent admirablement. Par exemple, la pièce de vin y passa presque entière. Le commandant appela un officier plus jeune qui parlait couramment le français pour nous demander où se pourraient trouver des vivres? — Nous n'en savons rien. — Des blessés allemands seraient-ils en sûreté chez vous jusqu'à ce qu'Orléans soit pris? — Oui, certes! — Et c'était de bon cœur, mais que cette assurance de victoire faisait mal! « Seulement, il nous faudrait un chirurgien, ajouta Adolphe, depuis ce matin nous avons fait nous-mêmes tous les pansements. »

L'officier est remonté à cheval et a salué, — très-peu; — peut-être pensait-il à ma marmite; la troupe est partie du côté du nord, probablement vers ses vivres.

La grande question, une fois notre souper sauvé, était de se garantir du vent froid qui entrait par les fenêtres qui avaient presque toutes des vitres cassées. Les idées ne manquaient pas, mais pour tous les systèmes de fermeture, il aurait fallu quelque chose qui nous faisait défaut. Point de planches, point de toiles, point d'autres couvertures que celles des lits. Nous essayâmes des châssis à melons qui, chose singulière, et probablement parce qu'ils étaient empilés les uns sur les autres dans une cave, n'étaient point brisés. Les premiers que l'on dressa aux fenêtres volèrent en éclats au bout d'un quart d'heure. Les canons prussiens avaient été avancés pour battre Chevilly même et leurs obus passaient sur nous; tu juges de la commotion. En allant remettre en place les châssis sans carreaux, Roland vit les stores de bois verts de la serre. Ce fut une inspiration. En les maintenant en haut et en bas de la fenêtre, cela garantissait au moins du vent. Nous prîmes aussi le tapis de l'escalier, auquel personne n'avait jusque-là songé, il fournit à lui seul la fermeture de quatre fenêtres. Avec tout cela, et des feux énormes partout, nous n'arrivons pas encore à tiédir l'air.

Nos arrangements viennent de finir, ma chère sœur; si nous pouvons dormir, nous dormirons près du fourneau de la cuisine. Le canon tonne toujours, les obus sifflent par-dessus nos têtes et éclatent plus loin, les coups de fusils sont devenus rares. Il paraît que l'horizon du côté de l'attaque étincelle de feux de bivouacs, que des fermes brûlent... Je n'y vais pas voir, j'ai assez, j'ai trop d'horreurs pour un jour.

Adolphe soutient près de moi un pauvre mourant qui souffre cruellement; je veux te dire bonsoir, puis le remplacer.

Ma sœur! pauvre mère! trois jours de bataille et ne rien savoir d'André!

Quelquefois une pensée surgit en moi : je rêve qu'il est peut-être tout près, dans ces ténèbres, perclus de froid et appelant au secours... Oh! que Dieu ait pitié de toi, de lui, de nous!

4 décembre.

De ce matin, nous commençons à comprendre ce qui a pu se passer. Nos blessés ont repris un peu de voix pour dire ce qu'ils ont vu; les vainqueurs viennent au-devant d'une curiosité que nous essayons de leur cacher, car apprendre notre désastre de leur bouche c'est en souffrir deux fois.

La grande canonnade d'avant-hier, 2, était une vraie bataille qui a été presque une victoire. Jusqu'au soir nous avons eu l'avantage, acheté par de grandes pertes. Le général de Sonnis est tué[1]. Nos soldats ont été admirables presque partout, au dire même des Allemands. Cela est une consolation, la seule.

On croit que le 15me corps (notre centre) n'ayant pu avancer du même pas que le 16me et le 17me (notre gauche) qui sont tous deux sous les ordres d'un jeune général qu'on appelle Chanzy, ce dernier s'est trouvé seul en avant et exposé à être coupé de sa ligne de retraite. Il s'est replié. Son mouvement de recul a permis aux troupes allemandes, qu'il avait contenues et même repoussées, de venir renforcer celles qui attaquaient le 15me corps. On dit qu'il y a en ce moment cent mille Allemands entre Artenay et Chevilly, j'ai peine à le croire, mais enfin une irrésistible masse a pesé sur ce seul point de Chevilly qui barre le passage sur Orléans et forme en même temps le centre de notre armée. On s'est encore bien battu hier, au moulin d'Anvillers, tout près de la grande route; trois de nos blessés y étaient; cela a été un effort aussi vain que les autres. Chevilly était pris déjà hier au soir sans que nous le sussions, maintenant la marée prussienne nous a dépassés, l'effroyable canonnade menace Orléans, qui malgré la panique conserve au moins 45,000 habitants! Les officiers allemands osent dire que le bombardement de cette ville sera l'une des justes vengeances de cette guerre, elle

1. Le général de Sonnis a survécu à l'amputation de la cuisse.

doit être punie pour avoir, après leur départ, fêté l'entrée des Français! Quand donc les hommes vaudront-ils mieux que les loups? Hélas! pauvre XIXme siècle! il peut bien pleurer sa chimère perdue, l'humanité ne s'est pas perfectionnée comme le reste de son œuvre. Pauvre XIXme siècle! ses lumières n'auront éclairé que les choses! Il fallait sur les cœurs une lueur de l'Évangile d'amour. Là où elle manque, que tout est noir!

Cependant tout n'est pas dit encore. Le général Martin des Pallières, qui commande Orléans tandis que le général d'Aurelles rallie son armée derrière la ville, veut utiliser, dit-on, les retranchements de terre armés récemment de quelques canons. Les gens du métier croient distinguer, même d'ici, à travers le vacarme de l'artillerie ennemie, le son de nos grosses pièces de marine, en position sur les hauteurs. Tant qu'on les entendra, cela voudra dire que nous tenons. Aussi l'un des nôtres a-t-il toujours l'oreille au guet pour saluer cette voix lointaine, qui, seule contre tant d'autres, parle encore d'espérance; pour moi, je n'y sais rien reconnaître et je m'emploie à autre chose. La besogne ne manque pas.

Au petit jour, ce matin, quatre voitures allemandes d'ambulances nous amenaient dix-huit blessés et un chirurgien, sans doute sur l'avis du commandant d'hier au soir. En outre, on nous a laissé un sous-officier et quelques soldats qui m'ont bien l'air d'être une garde placée en défiance de nous. J'ai vu que le chirurgien surveillait jusqu'à ma limonade quand elle devait être bue par ses hommes. Je ne lui en veux pas, à lui, si telle est sa consigne, mais quelle misérable moralité faut-il avoir pour supposer possibles des crimes tels que ceux-là ! De pareilles choses ne peuvent être imaginées que par des gens capables de les accomplir. Grâces en soient rendues au ciel ! nous ne savons pas haïr comme eux.

Je n'impute point à notre chirurgien le soupçon qu'il laisse voir, il a une trop bonne figure pour cela ; aussi j'ai agi avec lui à la française et j'ai été lui demander s'il voudrait bien porter secours à l'un de nos hommes. Il s'agissait d'une balle, qui, ayant frappé la boite osseuse du crâne, sans doute après avoir perdu de sa force première, n'avait pas pénétré très-loin, mais avait contourné la tête et s'était arrêtée près de l'oreille où elle causait au patient des douleurs insupportables. Je la sentais depuis hier sous le doigt, mais aucun de nous n'osait se risquer à en tenter l'extraction.

Le chirurgien, que je regardais bien en face en lui parlant, n'a pu cacher un peu de surprise, mais il m'a suivie et a fait très-bien, et avec douceur, son opération. Avant de la commencer : « Rassurez ce soldat, m'a-t-il dit en allemand, c'est amicalement que je ferai cela.

— Vous voyez qu'il n'est pas inquiet, lui ai-je dit,

et j'en ai profité pour ajouter : « Il y a des choses qu'on ne suppose même point chez nous. »

Il n'a rien répondu, mais nous a traités avec plus de confiance de ce moment, et nous venons à l'instant de lui remettre encore deux opérations à faire. Malheureusement le froid aggrave la situation de nos blessés; nous en avons perdu trois cette nuit. On plaint à peine ceux qui meurent, tant on se sent soi-même lassé de la vie.

Tout à l'heure j'essayais de calmer l'agitation nerveuse d'un grand dragon tout jeune qui souffrait affreusement, et je lui chantais à demi-voix ce cantique que j'ai appris de tes enfants :

Mon cœur te réclame
Pays du repos...

et c'était si bien tout mon être qui aspirait à ce repos de la meilleure terre « où la justice habite, » que mes lèvres n'auraient pu prononcer d'autres paroles que celles-là. Le chirurgien est venu me dire avec des phrases de respect trop allemandes que, si je voulais bien, si je daignais, etc... venir chanter la même chose à l'un de ses grièvement blessés qui se mourait, ce serait une grande consolation, car cet air était l'un de ceux qu'il avait appris à l'école en Bavière. Et après avoir assoupi mon dragon, j'ai répété longtemps mon cantique à son pauvre ennemi.

La question des subsistances est toujours grosse de difficultés. L'argent est une belle chose, je n'en dirai plus de mal, car notre réputation de payer cher s'étant faite, le peu de vivres que contenaient les cachettes du pays nous arrivent. C'est le salut de notre ambulance improvisée, qui compte en ce moment près de quatre-vingts bouches à nourrir. On se consolera facilement des économies qu'il faudra faire pour réparer cette brèche-là avec les autres.

Toujours point de nouvelles de notre cher soldat ni de Barbier, toujours la canonnade dont la violence semble s'accroître. Hélas! on ne me dit plus qu'on entend encore nos pièces de marine et je n'ose questionner. Nous saurons assez tôt si tout est fini.

5 décembre.

La cité de Jeanne d'Arc est tombée. Encore une ville prise, encore un désastre, encore un échelon plus bas vers le fond de l'abîme!

L'armée n'a pas été cernée, mais elle est coupée en deux tronçons l'un a passé ou passe la Loire dans la direction de Jargeau, l'autre se retire par la rive droite; on ne sait rien de plus, sinon des pertes énormes en prisonniers et en matériel, peu de dégât du reste, assure-t-on, dans la ville même.

Le malheur des uns cause quelquefois la joie des autres. Voilà ce pauvre Roland transfiguré par de bonnes nouvelles. Il vient de voir entrer l'abbé M..., précepteur de ses fils; tout va bien pour sa famille. Sa femme était tellement inquiète de ne rien recevoir de lui qu'elle a fini par laisser partir son abbé, qui est homme de tête et de cœur, et offrait de lui rapporter des nouvelles de Roland ou de rester avec lui. Retenu à Orléans par le bombardement, l'occupation de la ville l'a délivré et il a franchi sans trop de peine, grâce à sa soutane et aussi à sa connaissance du pays, les trois lieues qui nous séparent d'Orléans. Roland est ravi d'entendre parler des siens, l'abbé est tout heureux de pouvoir dire à Marthe que nous sommes là, aussi repartira-t-il dès demain; mais je supplie Roland de lui permettre de revenir si une nouvelle traversée des lignes lui est possible. Il nous remplacera lorsqu'il nous faudra regagner Thieulin.

Pauvre Thieulin! je l'ai presque oublié ces jours-ci. Ce grand drapeau à croix rouge que j'avais acheté sans me soucier assez de blessés ou d'ambulances, mais seulement pour l'amour de notre logis, ce drapeau est maintenant comme un remords pour moi. C'était, dans ce temps-là, une petite hypocrisie que nous commettions; tu peux m'en croire, ma chère et toujours sage sœur, je ne le ferai plus! Je suis convertie aux ambulances, même sans drapeau.

Je charge l'abbé M... de découvrir André ou Barbier. Ils écrivent probablement à Thieulin, et j'aime à penser que, n'étant pas vagabonde comme moi, tu auras pu recevoir les lettres de ton fils. — L'abbé nous dit que les Orléanais sont dans la terreur; plusieurs maisons ont été déjà pillées; l'évêque plaide sans succès la cause de son troupeau.

DE LA MÊME A LA MÊME.

Le Bocage (Loiret), 8 décembre.

Nous sommes vaincus, n'est-ce pas? C'est convenu, nous l'admettons, nous en souffrons, mais nous ne voulons point haïr, nous voulons nous résigner et pour cela nous demandons à Dieu son secours. Eh bien! il arrive tout-à-coup des choses qui ont le don fatal de mettre à néant nos meilleurs désirs! Ce n'est peut-être qu'une goutte d'eau, pas plus amère que les flots dont nous avons déjà été abreuvés, mais elle est la dernière goutte et elle fait déborder l'indignation!

J'avais quitté hier, un instant, mes blessés. Le chirurgien demandait des œufs pour un malade; j'allai avec Roland jusqu'à la ferme, dans le vain espoir qu'une poule phénomène se serait trompée de saison. La chance eût été d'autant plus merveilleuse que, depuis Coulmiers, la basse-cour était réduite à trois volatiles. Je ne fus donc pas surprise du sourire de la fermière, il me suffisait d'avoir fait preuve de bonne volonté; je quittais sa cuisine quand une scène, trop semblable à toutes celles des jours passés, me cloua pourtant sur le seuil.

Un parti allemand qui venait de Saint-Lyé avait jugé bon, passant auprès de la ferme, de s'y restaurer. Les hommes descendaient de leurs chevaux, les débridaient, et ouvrant les étables comme chez eux, faisaient entrer leurs bêtes en les tirant par la crinière. L'officier commandant cherchait où pouvaient se trouver l'avoine, le lard et le vin cacheté.

C'était l'invasion, le droit du vainqueur, rien de plus qu'à l'ordinaire.

« Louis, dit la fermière à l'un de ses gens, allez donc vite détacher le poulain et l'amenez ici. Faudrait pas qu'ils s'en trouvent gênés. »

Louis partit en courant.

Il avait été le charretier quand la ferme avait possédé chevaux et charrettes, ce poulain était son élève, le seul quadrupède que l'invasion eût laissé, simplement parce qu'il était trop jeune pour faire aucun service.

Parmi les Prussiens entrés dans l'écurie, il y en avait un, peut-être déjà ivre. Voyant la pauvre petite bête, au lieu de la détacher il tira son sabre et se mit à frapper à tours de bras au milieu de la corde lâche qui la retenait à la mangeoire. Le pauvre poulain affolé, crispait ses longues jambes menues et raidissait sa tête; il n'en était pas moins, quand le lourd sabre retombait, entraîné par la force du coup et s'en allait frapper chaque fois ses naseaux contre le bois de la mangeoire.

Louis arrivait. Poussé par cette pitié des animaux, si touchante chez certains hommes des champs, il passa entre le petit cheval et le Prussien et, repoussant celui-ci de l'épaule, essaya de détacher le licou. Le Prussien se mit alors à frapper sur l'homme, et nous vîmes le malheureux charretier s'échapper avec de grands cris et tout sanglant, de l'écurie, où personne ne lui avait porté secours. Le Prussien le suivait, sabre haut, écumant de rage. Roland et le fermier s'élancèrent au devant du furieux; ils l'arrêtèrent, non sans risques, et sa victime put arriver en trébuchant jusqu'à nous.

Une demi-heure après, un sous-officier et trois soldats armés entraient demander que le coupable leur fût livré. J'eus beaucoup de peine à leur faire comprendre que Dieu lui-même se chargeait de sauver l'infortuné de leurs mains. Il se mourait; probablement d'un coup sur la nuque qui avait dû léser l'épine dorsale.

Le sous-officier, qui n'avait pas d'ordres pour ce cas imprévu, se retira, mais pour revenir au bout d'un instant. Les officiers attendaient; il fallait absolument que l'homme français qui avait poussé avec violence un soldat allemand comparût devant eux. Le sous-officier semblait résolu à forcer la porte ; j'eus la tentation folle de résister, de me faire tuer là, moi aussi, pour que quelque chose au moins leur fît honte; il eût été doux de défendre les derniers instants du malheureux que j'entendais râler — je ne l'ai pas fait.

J'ai précédé les soldats. Mais la mort avait été plus fidèle que moi et plus puissante aussi ; elle était là et accomplissait son œuvre de délivrance.

Les Prussiens ont pourtant su partir, et je suis restée avec la femme de Louis, maintenant sa veuve, qu'on avait été chercher. L'ai-je pu consoler, la malheureuse, quand il me semblait à moi-même que le fardeau était plus lourd qu'on ne le pouvait porter! Ai-je pu apaiser sa haine quand mon propre cœur haïssait et maudissait ? Je me souviens de lui avoir parlé du monde meilleur où le Seigneur essuiera toute larme de nos yeux; mais en attendant, j'ai pleuré plus que parlé, et peut-être que mieux valait.

Et ce n'était pas fini.

Pendant que j'étais près de la pauvre femme, ces messieurs recevaient un ordre de payer vingt mille francs d'amende, pour coups donnés par un Français à un soldat allemand sous les armes.

Les officiers parlaient français; Adolphe et Roland

leur expliquèrent les faits et comment c'était *leur* soldat qui avait assassiné un Français sans défense. Les camarades du Prussien, interrogés, donnèrent leur témoignage selon la vérité : tout fut inutile. Les officiers furent polis, mais dirent que la sûreté de leur armée ne pouvait être obtenue que si chacun était intéressé à la maintenir ; qu'il fallait un peu de terreur, et que si le charretier eût survécu, force aurait été de le faire fusiller.

Adolphe en a appelé au général commandant le corps d'armée et est parti sous escorte pour Orléans. Il est rentré le soir fort tard ; l'aide de camp de service avait promis que l'affaire serait examinée. Tout à l'heure une note en allemand vient de nous apprendre la conclusion de cet examen :

Son Excellence maintient l'amende de 20,000 fr.; toutefois, eu égard à la pénurie d'argent mentionnée par M. le comte de Thieulin, quittance du tout sera donnée contre le paiement immédiat d'une somme de 14,000 fr. (dont moitié au moins en espèces), que le porteur du présent ordre a charge de recevoir.

Et voilà ce qui décourage de s'exercer au pardon ! On a voulu penser beaucoup à ses propres fautes et ne voir qu'un châtiment juste dans l'épreuve de la nation ; on a essayé d'appeler chaque insolence, chaque douleur nouvelles : les maux inévitables de la guerre ! Même on a supposé que nos Français vainqueurs n'auraient souvent pas mieux agi que les Allemands ; eh bien ! cela est un blasphème, et j'en demande pardon à mon pays ! Oui, nous sommes un pauvre peuple amolli et démoralisé ; oui, il y a des égoïstes parmi nous et j'en ai été ; des écervelés et même des violents ; il y a tout cela et encore tout ce qu'on voudra, mais il n'y a pas en France une telle perversion de la conscience, un tel cynisme dans le mal, qu'il soit légalement et administrativement possible de prendre occasion du meurtre qu'on a commis soi-même, pour extorquer dans une légalité injuste les dernières ressources des survivants !

Et remarque que ce n'est pas un vulgaire escroc qui imagine cela, ce n'est pas le crime d'un homme seul, c'est le crime d'une nation. Ce sont ses chefs les plus élevés qui, avec liberté et réflexion, l'ordonnent, ce sont ses lois qui le permettent... Que maudites soient ses apparences menteuses d'ordre et de civilisation ! Elles parviendraient à dégoûter l'humanité des choses les plus saintes. — L'ordre, c'est le bien ; le mal n'est pas l'ordre. L'ordre dans la cruauté, dans le vol, l'ordre dans la haine, sont les plus effroyables désordres qu'œil humain ait jamais contemplés !

En attendant, Adolphe a payé. Bien lui prend d'être venu ici fourni d'argent pour les affaires de Roland. « Vous savez que c'est une infamie ? » a-t-il dit à l'officier qui préparait sa quittance ; celui-ci a eu un demi-sourire sous sa moustache en répondant : « Je

12

connais votre proverbe français : Marchand qui perd ne peut rire. »

Adieu, chère sœur, j'ai le cœur navré, presque révolté, et c'est mal.

Avons-nous vraiment mérité tant d'outrages et de désastres ! Qu'elle est dure notre peine ! Qu'il est noir notre avenir ! Et pourtant : « l'Eternel règne ! » Il règne ! — Comme aux jours de brouillard épais, on sait que le soleil n'en brille pas moins plus haut, dans sa gloire entière et dans son entière beauté, de même nous savons que par-delà ce sang, ces deuils et ces angoisses, l'infinie bonté de Dieu est demeurée la même. Là où nos actions de grâce l'allaient jadis trouver, elle plane, sereine et toute-puissante ; elle attend son heure, l'heure où de nouveau nos louanges l'iront encore chercher. Non, je ne veux pas désespérer, — mais cependant, que c'est long ! et que c'est dur !

MONSIEUR A MADAME DE VINEUIL.

Paris, 28 novembre.

Nous venons de passer par des journées et des nuits de travail incessant. Le moment du *grand effort,* si désiré surtout par ceux qui n'y connaissent rien, approchait, et il fallait le préparer.

Cette nuit, sera imprimée une proclamation de Trochu à la population, et une autre du général Ducrot aux soldats, annonçant que l'heure est venue de briser le cercle foudroyant qui nous étreint, ou de périr. Je crois que les deux proclamations sont bonnes. Elles sortent de cœurs honnêtes, et l'appel au secours de Dieu, par lequel l'une et l'autre se terminent, m'a plu. Il faut plus de courage que jamais pour se réclamer de Dieu depuis que Guillaume a si misérablement profané ce nom ; et pourtant, pas plus là qu'ailleurs, l'abus ne devrait faire condamner l'usage.

Puisque cette lettre ne partira pas avant que je ne sache l'action terminée et Maurice rentré sain et sauf, je puis t'avouer que Ducrot l'a choisi et qu'il est parmi les officiers commandés pour la sortie. Que veux-tu? Cela devait arriver une fois ou l'autre, et si tu avais pu voir la physionomie joyeuse avec laquelle il a pris congé de moi déjà hier, tu aurais jugé, pauvre femme, que le retenir n'était pas possible. D'ailleurs, c'est son devoir, et nous ne voulons pas, n'est-ce pas? lui en barrer le chemin,

Dès que j'ai pu prévoir que l'ère des sorties allait s'ouvrir, j'ai tenu à lui faire emmener chez lui et monter habituellement mon brave Stanley. Tu te souviens comme j'ai pris soin d'accoutumer mes chevaux à tous les bruits et à toutes les surprises? Que de coups de fusil n'avons-nous pas tirés dans l'écurie même!

Cette éducation-là sera inappréciable en campagne, et peu m'importe pour mes quelques chevauchées d'inspection d'user de telle ou telle monture. Voici déjà trois jours que Maurice campe au bord de la Marne, sous Nogent. Le temps est froid, mais beau. On ne dormira guère cette nuit. Ordre est donné de montrer à l'ennemi que nous ne craignons pas de manquer de munitions; le nombre des coups par pièce sera plus que doublé.

Mardi, 29 novembre.

Ce matin, l'apparition des voitures à croix rouge dans les rues qui conduisent au Champ de Mars à excité dans le public une grande émotion. Paris partage maintenant notre secret et il éprouve à son tour la solennelle attente d'un inconnu qui pourrait être la délivrance, qui sera peut-être l'accablement.

La plan est ceci :

Trois attaques simultanées;

Une sur Saint-Denis;

Une sur l'Hay;

Une troisième, et la seule sérieuse, exige le passage de la Marne.

Par malheur, le premier pont jeté ce matin s'est trouvé trop court. Cela fait remettre à demain l'opération principale et nous renvoyons les ambulanciers chez eux.

On prétendait à Saint-Denis entendre le canon vers Pontoise, et l'espoir du secours s'est fait jour pour un instant. Dans l'ignorance complète des mouvements de la province, on tend l'oreille à tous les points de l'horizon. En ce moment, notre canonnade est telle qu'aucun autre bruit ne serait perceptible, mais si nous n'entendons pas, disent les optimistes, peut-être une armée de secours entend-elle l'appel de notre artillerie. Ce serait trop beau.

Vinoy a déjà engagé ses troupes sur l'Hay. Succès dit-on. A demain le passage de la Marne et Maurice au feu. Que tu es heureuse malgré tout, pauvre femme, de ne pas le savoir!

3 décembre, soir.

J'ai vu Maurice; *rien,* pas une égratignure, j'oserai donc donner ma lettre au premier ballon. Dieu est bon pour nous, chère femme, chers enfants, mais il a refusé le succès à notre effort.

Voici ce qui s'est passé.

Le 30, Ducrot traversa la Marne sur plusieurs ponts de bateaux jetés proches les uns des autres au pied de la redoute de Gravelle. Un corps fut lancé sur

Bonneuil, le reste des troupes sur Bry, Nogent, enfin Champigny et Villiers.

A onze heures, les villages étaient emportés et les nôtres gravissaient plus loin les hauteurs boisées qui ferment l'horizon.

Il y avait depuis les précédentes affaires grand progrès dans la tenue des troupes. Le vieux B. qui, avec son culte de la manœuvre correcte, était parmi les plus enclins à dénigrer nos armées nouvelles, n'en revient pas. Je l'ai vu le soir même, on l'a ramené blessé, mais non dangereusement, à l'ambulance du Grand-Hôtel.

Par malheur, à droite, à Montmesly, Susbielle avait été délogé par des forces supérieures, et le 42e et les mobiles vendéens ramenés avec de grandes pertes jusqu'à Créteil. Là on s'est rallié, et la nuit s'est passée aussi paisiblement que le permettait une canonnade incessante.

Comme à gauche, Champigny et Bry nous étaient restés, l'on s'attendait sur ces points, à continuer jeudi 1er, une vigoureuse offensive. Au lieu de cela, la journée s'est écoulée dans une espèce de calme qui est déjà reproché au général en chef.

Le 2, les Prussiens avaient eu le temps de concentrer des renforts, et, attaquant vivement le plateau qui s'étend de Bry à Champigny, ils nous ont contraints à nous replier.

J'étais alors sur une terrasse de Nogent où l'on

plaçait deux pièces en batterie, et je suivais, une lunette à la main, les ondulations de la ligne de fumée blanche qui indiquait les positions de l'ennemi. Elle fléchissait quelquefois, mais pour avancer bientôt d'autant plus vite vers nous. Je cherchais, avec une angoisse que tu peux comprendre, à reconnaître le poil sombre de Stanley, mais c'était en vain.

Vers dix heures, j'ai assisté ainsi à l'une de ces belles choses du métier de la guerre auxquelles le plus pacifique des hommes, s'il a été une fois soldat, ne peut rester insensible : nos troupes pliaient, la garde nationale, tenue jusqu'alors en réserve, s'attendait à marcher, quand les nouvelles pièces qu'on avait montées récemment aux embrasures des forts commençèrent à tirer. De mon poste, je voyais les vides se faire dans les files ennemies, leur marche se ralentit; pendant ce temps nos troupes remettaient en position l'artillerie de campagne et reprenaient l'offensive. Avec un élan, d'autant plus beau qu'il succédait à un mouvement de recul, nos régiments, mobiles et lignards, ont ramené à leur tour les Allemands, non seulement tant que le feu des forts les a soutenus, mais jusqu'aux villages précédemment abandonnés. Ils ne leur ont pas laissé le temps de s'établir dans les maisons et bientôt j'ai pu voir, au-delà, nos lignes se reformer au pied des collines, puis les gravir au pas de course. Le feu plongeant des Prussiens ne réussit pas à les arrêter et, à quatre heures, nos positions de la veille étaient bien et duement reconquises, reconquises de cette vraie bonne manière que l'on croyait perdue chez nous. Il y a eu un moment ou j'en ai presque oublié Maurice ! Tu ne l'aurais pas fait, toi, mais la joie de retrouver notre ancien entrain guerrier m'avait rendu ce bon orgueil patriotique qu'il est si doux d'éprouver, et que nous avons trop désappris.

Ce matin nos positions n'avaient pas été attaquées ; mais les conserver sans pouvoir avancer ne nous menait à rien. Le général en chef les a fait évacuer et a replacé les troupes derrière la Marne. J'en reviens maintenant à Maurice.

Et d'abord, figure-toi un garçon consterné de n'avoir pris, en trois jours de combat, ni drapeau, ni canon, ni redoute, ni même officier-général ! Il paraît que ton fils avait cru jusqu'à présent qu'il suffisait de vouloir, pour faire ce qu'on appelle un coup d'éclat. Se sentant toute la bonne volonté nécessaire, il n'avait pas douté que l'occasion ne se présentât d'elle-même :

« Mais, père, que voulez-vous ? le 30, le général m'envoie au général Susbielle, j'arrive justement quand il se repliait de Montmesly sur Créteil, c'était dur de commencer par se sauver. Hier, il semblait qu'on était tout près les uns des autres et que les occasions ne manqueraient pas ; voilà que le général m'expédie le matin à Avron commander le feu et quand je reviens je trouve tout enfoncé. »

A travers les gémissements de ton fils auxquels tu peux mettre le ton, j'ai fini par savoir son histoire et j'ai pu, en toute conscience, le consoler et lui dire qu'il avait fait utilement son devoir.

Le 30, après avoir remis sa dépêche au général Susbielle, il s'était trouvé libre de ses mouvements et s'attardant, toujours en quête de son coup d'éclat, il fut rejoint par une batterie montée qu'on ramenait à travers champs avec un peu de hâte, pour la mettre en position plus près de Créteil et protéger ainsi la retraite. Comme elle passait, un obus tomba entre le dernier canon et son caisson, et éclata. Maurice était si près qu'il fut couvert de terre et que Stanley, malgré sa bonne éducation, se déroba tout effaré. Maurice ramena facilement son cheval et vit que les deux chevaux de volée du caisson et un des artilleurs étaient tués ou grièvement blessés.

Il saute à terre et relève l'homme, qui respirait encore, mais sa surprise est grande de voir que les artilleurs dételient les chevaux restés intacts et se préparent à abandonner le caisson. Il cherche des yeux l'officier, mais celui-ci a continué avec les pièces de sa batterie, il ne reste que deux servants, un artilleur à cheval et le blessé.

« Vous n'allez pas laisser votre caisson?

— Faut bien, disent les servants, nous ne voulons pas nous faire prendre avec, et quant à le tirer de là, c'est pas possible avec deux seules bêtes éreintées comme cela, et une côte à grimper! Si encore on se trouvait sur une route! Mais ces sillons-là valent des fossés.

— Ne dételez pas, dit Maurice avec son air des grands jours, il faut emmener votre caisson. Débarrassez-nous de ces chevaux morts, prenez seulement leurs traits et leurs bricoles; j'attellerais plutôt mon cheval! »

Et il fait signe au cavalier de mettre pied à terre pour aider. Celui-ci obéit, mais les servants ne bougent qu'à peine, répondant que l'officier veut rire et que quand même il attellerait son cheval on sait bien qu'il ne voudrait pas tirer, ainsi que ça en ferait un de plus à prendre pour les Prussiens, sans compter qu'on a besoin de cheval à manger dans Paris, etc...

Mais Maurice tient bon, et les hommes finissent par obéir. Le cavalier charge le blessé sur sa monture et passe devant. Maurice, comptant sur la docilité de son brave Stanley, le garnit lui-même après avoir installé tant bien que mal un seul palonnier au bout du timon, les artilleurs se mettent aux roues, et Maurice à pied, bride en main à la tête de Stanley, enlève son cheval qui se dresse... et du premier bond brise les traits!

Les servants maugréèrent alors et lâchèrent tout. Le temps pressait. Maurice attelait une seconde fois avec les harnais du second cheval tué; un des servants se repentit et revint; Maurice le chargea de mener les deux chevaux du train et enlevés de nouveau bien ensemble, les trois chevaux firent démarrer le caisson. Maurice n'a d'admiration que pour les coups de jarret de Stanley et pour sa sagesse; je pense que tu en auras davantage pour la résolution et le sang-froid de ton fils, et que tu reconnaîtras aussi que ton mari avait raison quand il voulait que ses enfants ne connussent pas seulement le plaisir que peuvent donner les chevaux, mais encore les soins qu'il faut prendre pour en tirer parti.

DU MÊME A LA MÊME.

Paris, 5 décembre.

Ma journée d'hier a été pénible à passer. Les commentaires qui s'entre-croisent sur la retraite de nos troupes, ce blâme jeté sans pitié ni raison sur les chefs par des gens qui s'imaginent qu'on perce une ligne d'investissement comme on ouvrirait sa porte, irritent d'autant plus à entendre qu'il n'est pas possible de répondre par la vérité sans décourager complétement la défense. Puis j'avais appris le matin une mort qui m'a navré. Un jeune homme plein d'avenir, un camarade de Maurice, E. de B..., grièvement blessé le 30, avait succombé dans la nuit. Il avait trouvé l'occasion du coup d'éclat que souhaitait Maurice, et il a payé sa jeune gloire de sa vie. Que Dieu aide ses pauvres parents[1] !

C'était hier dimanche, et je me suis acheminé plus que triste, presque accablé, vers l'église. M. Dhombres prêchait. Il avait pris pour texte l'histoire de cette femme qui répandit sur les pieds de Jésus un vase de parfum, ou plutôt dans cette histoire il avait choisi le mot qui résume le reproche d'un apôtre : « A quoi bon cette perte? » Il avait traversé mon cœur plus d'une fois depuis le matin, ce regret amer. A quoi bon ce sang répandu, ces larmes versées? A quoi bon des efforts condamnés d'avance? Aussi j'ai pris ce sermon comme adressé à moi seul. Je me suis laissé tancer, puis ranimer par cette parole enthousiaste et sereine, j'ai eu honte de moi, j'ai rappelé nos résolutions, chère femme, nos pures ambitions; j'ai revu la beauté du sacrifice, même du sacrifice cru inutile, et j'espère ne plus défaillir.

On voudrait que ce qui vous a fait du bien pût franchir les murailles et s'en aller consoler les blessés de la semaine; on voudrait redire aux familles en deuil qu'il n'est pas mort en vain, ce fils ou ce frère,

1. On ignorait encore à Paris qu'un frère aîné du lieutenant E. de B..., capitaine de la garde mobile, avait été tué le 24 au combat de Ladon.

et que le relèvement moral de la patrie aura peut-être commencé par son dévouement.

M. Dhombres a servi son pays hier. Cela fait du bien de suivre l'élan d'une âme quand il vous entraîne en haut. Et l'on aime à sentir combien ce qui est beau et bon le devient davantage en compagnie d'une foi vivante.

DU MÊME A LA MÊME.

Paris, 7 décembre.

Coup de tonnerre.

M. de Moltke a annoncé la défaite de l'armée de la Loire et offert de laisser passer un officier français qui la constate.

On dit la population parfaitement calme et ne témoignant nul abattement de cette nouvelle. Pour moi, je n'ai pas eu le courage de sortir depuis que je l'ai reçue. Maurice a pu venir me trouver, si ému, le pauvre enfant, que j'ai dû faire effort et lui cacher l'étendue de mes craintes.

Mes dernières nouvelles d'André sont du 16 septembre, du Mans; une dépêche par pigeon, de Tours, nommait son régiment parmi ceux qui se trouvaient à Coulmiers. C'est tout ce que j'ai su. L'espoir m'a soutenu alors, j'ai compté qu'il vivait, maintenant je ne sais quoi m'empêche d'espérer. Selon toutes probabilités, il était de cette dernière affaire; je me figure trop bien ce qu'elle a pu être; je devine comment André aura usé de lui-même; d'ailleurs il se trouvait un vieux soldat par comparaison, et il devait payer de sa personne. C'est une agonie que les pensées qui surgissent. Il faut espérer que toi, du moins, tu sais tout ce que j'ignore.

Maurice me montre toujours mieux quel tendre et fidèle cœur il a. Nous étions trop heureux par nos enfants!

DU MÊME A LA MÊME.

Paris, 9 décembre.

Rien de nouveau, sinon qu'il neige depuis deux jours.

C'est grand'pitié de voir par ce temps les longues files de femmes qui attendent dès quatre heures du matin aux boucheries ou bien aux cantines. Elles s'abritent de leur mieux sous de vieux parapluies ou des lambeaux d'étoffes, et malgré cela le froid fait claquer leurs dents. Qu'ils sont décolorés, les visages qu'on aperçoit sous leurs capuchons! Et tous les jours elles reprennent cette longue attente si mal récompensée par une portion qui n'est souvent, à vrai dire, qu'une illusion de nourriture. Cela est affreux à voir et touchant aussi, car de ces foules misérables il ne s'est pas encore échappé un murmure. Au contraire, — moi qui ne reprends pas courage, il me faut te l'avouer, ma pauvre amie, — j'ai recueilli tout à l'heure de l'une de ces femmes un mot que je me répéterai souvent, car il vaut un exemple.

Je passais rue Tronchet, auprès de la boucherie Duval. La queue des ménagères s'étendait plus loin que le nº 29, le jour paraissait à peine, la neige fondait en tombant, aucun bruit de voiture ne se mêlait au son lointain du canon ; j'entendis qu'on parlait dans cette foule (depuis combien de temps était-elle là ? je n'ose y penser) de la perte d'Orléans et de la défaite de l'armée, mais c'était avec un grand calme qui me surprit.

« Ça ne nous avance pas, tout de même, pour la délivrance, disait une voix. Qu'est-ce qui nous reste à c't'heure? Le compte en sera vite fait.

— Il nous reste la patience, » répondit une voisine.

Je ne pus m'empêcher de m'arrêter un instant pour savoir qui avait dit cela. C'était une femme que j'avais frôlée en passant, petite, voûtée avant l'âge et qui tenait serré contre elle un enfant encore vigoureux qu'elle tâchait de garantir de la neige que le vent chassait sur lui. Elle était violette de froid, et son jupon flasque semblait mouillé jusqu'à hauteur des genoux. « Il nous reste la patience! » Que Dieu la bénisse pour avoir dit cela ! Elle m'a fait du bien. Sa voix était si nette et si calme, que je voudrais l'entendre encore.

ANDRÉ A MADAME DE VINEUIL.

Vendôme, 20 décembre.

Chère maman,

J'ai peur que vous ne soyez inquiète de moi. Il n'y a pourtant pas eu de ma faute si vous êtes restée sans nouvelles. Avez-vous reçu mon petit mot daté d'Oucques, 13 décembre ? Je l'écrivais au moment même où le combat s'engageait autour de nous et nous obligeait à nous hâter.

Ce départ-là peut s'appeler le triomphe de Mlle M..., la directrice de l'ambulance. En deux heures, évacuer cent soixante-douze malades ou blessés sans confusion, sans que rien d'essentiel ait manqué à aucun d'eux ! Je vous raconterai cela une fois ; il y a eu de drôles de scènes.

Mais ce qui n'était pas drôle du tout était de se séparer des infirmiers, des médecins, des directeurs, de tous ceux que ce pauvre Barbier appelait si bien un gentil monde. Nous les rechercherons, n'est-ce pas, chère maman, pour leur dire encore merci? Et puis, les plus malades, les blessés récents ont dû souffrir horriblement, souffrir et périr. C'était un froid noir, âpre, avec du vent; je grelotte encore en y songeant.

Couché dans la paille, au fond d'une charrette, je n'ai pas bien vu ce que chacun devenait; on dit qu'une escouade de blessés a remonté sur Fréteval, la nôtre a suivi la route de Vendôme.

Dans les villages, on sortait au-devant de nous, effaré; nos conducteurs donnaient les mauvaises nouvelles, on s'écriait :

« Ça serait-il possible qu'ils viennent jusqu'ici! »

Nous laissions la stupeur derrière nous, et nous passions plus loin.

Je crois que nous sommes arrivés à Vendôme vers midi ou une heure; nous avons pu voir que la population était bonne : on nous a fait tous ranger sur une grande place, les habitants sont venus, et chacun d'eux a choisi ceux des malades qu'il voulait ou pouvait prendre à loger. L'un demandait cinq hommes, un autre dix hommes, quelques-uns vingt-cinq. Notre convoi était le second et n'a pas suffi à occuper toutes les places préparées, mais assez d'autres pauvres diables ont passé depuis, et rien n'aura été perdu.

Je me suis évanoui bêtement avant de m'être vu casé, si bien que je n'ai aucun souvenir entre celui de ces offres de soupe, de lits, de feu, et le moment où je me suis trouvé sur un lit inconnu, dans une petite salle à manger sombre, où pourtant quelque chose de blanc brillait en face de moi dans une espèce de cadre accroché au mur. Le travail d'esprit auquel je me suis livré pour deviner ce que ce pouvait être a manqué me faire évanouir une seconde fois; aussi pour vous épargner pareil sort, chère maman, je vous apprendrai tout de suite que j'étais chez un dentiste, et que c'étaient les produits de son art, cinq rateliers ou parties de rateliers, qui me regardaient fixement du milieu de leur velours fané. Heureusement qu'aucun d'eux ne faisait semblant de mâcher, je crois que j'en serais devenu fou.

Mon hôte est venu à moi, un brave petit homme tout rond. Il était autrefois médecin; mais, trouvant déplorable l'habitude des clients de payer le plus tard et même le plus rarement possible, il s'est fait dentiste pour toucher son argent de suite et sans difficultés. Il a huit enfants qu'il a fait partir avec sa femme pour la Bretagne: il est resté seulement pour être utile et n'a eu de cesse que quand ses lits ont été occupés. Ses études premières lui servent, et son talent n'est pas à dédaigner, surtout en un moment où les chirurgiens sont si rares.

Ne soyez donc pas en peine de moi, chère maman, ma bonne chance continue. Sans le chagrin de rester là sans rien faire, je serais trop bien.

J'ai commencé par donner beaucoup de peine à

mon brave M. Richard. Ce trajet d'Oucques jusqu'ici m'avait ramené la fièvre, et ma cervelle a battu la campagne pendant les deux premiers jours. C'est pourquoi il m'a gardé avec deux autres, tandis que la plupart des camarades étaient acheminés, après quelques heures de repos seulement, sur Épuisay, Saint-Calais, puis le Mans.

Je me suis retrouvé moi-même le 15, à temps pour entendre commencer une canonnade digne d'un jour de bataille. Suivant mon hôte, le général Chanzy voulait garder aussi longtemps que possible la ligne du Loir; les troupes étaient fermes, quoique abîmées de fatigue; les choses se passaient avec ordre.

Mon cher régiment, où était-il? que faisait-il? Cela était terrible à penser.

Toute cette journée du 15, j'entendis, avec le canon, le bruit des charrois de notre armée qui traversaient la ville et faisaient trembler notre petite maison. A chaque nouveau fourgon qui passait, une de ces affreuses mâchoires, trop facile à la détente, s'entr'ouvrait avec un petit bruit. Il me fallait fermer les yeux pour ne plus la voir. A la nuit, on sut que la ville serait abandonnée et nous avec elle. Mon pauvre dentiste m'a consolé de son mieux; il m'a parlé raison de votre part, et m'a dit que je serais encore longtemps un embarras pour l'armée. Cela est peut-être vrai; mais quelle triste nuit! Je n'étais pas résigné au fond, et je le tourmentais pour avoir, de quart d'heure en quart d'heure, des nouvelles. Et chaque nouvelle était un chagrin de plus.

On jetait dans la rivière un canon trop lourd pour être emmené; ou bien quelques attardés, qui avaient bu, allaient rester comme prisonniers aux mains de l'ennemi qui s'en glorifierait; ou bien encore on venait d'apprendre que les Prussiens étaient déjà depuis la veille sur la rive droite du Loir, qu'ils l'avaient traversé à Fréteval après un combat meurtrier pour les nôtres. Les voitures roulaient toujours, les bataillons passaient aussi de temps à autre; mais on n'entendait ni chant ni cri. Le moment vint où les pas ne marquèrent plus aucune mesure, c'était bien des pas de débandés. Sur tout cela, il neigeait, à ce que disait M. Richard.

Enfin le jour a paru, un demi-silence s'est fait dans le quartier; mon camarade de chambre, un moblot qui semble avoir la petite vérole, délirait; il croyait battre le blé dans sa grange.

C'est alors qu'une détonation très-rapprochée, puis une autre, ont fait vibrer les carreaux, un vase de la cheminée est tombé; il me sembla entendre un sifflement d'obus. M. Richard rentra en hâte et me fit comprendre ce qui se passait.

Vendôme est bâti sur le Loir, entre deux collines; l'ennemi occupait les crêtes de la rive gauche et tirait par-dessus la ville contre la colline de droite que gravissait encore notre arrière-garde. Les canons prussiens étaient si proches de la maison que nous sentions l'ébranlement de chaque décharge [1]. Bientôt nos canons répondirent depuis ces hauteurs de droite, mais la retraite n'en continuait pas moins, et il fallait s'attendre à recevoir l'ennemi. On se souvenait à Vendôme du sort de Châteaudun, l'appréhension y était grande. Pour moi, chère maman, vous le comprenez bien, une fois les Prussiens là, j'étais un prisonnier...

Cela était dur, et j'ai envié, bien envié le varioleux que rien ne pouvait tirer de son assoupissement.

A midi, j'ai deviné, à l'agitation contenue de mon bon et cher médecin, ce qui devait se passer dans la rue. Avec un grand effort, je suis sorti de mon lit et me suis collé aux vitres pour un instant. Une vingtaine de cavaliers, pistolet au poing, l'air sûr d'eux-mêmes, arrogants et calmes, arrivaient le long du jardin du lycée. L'officier en tête prononça un commandement, le son des trompettes éclata, aigu, triomphant, odieux!... Je me rejetai dans mon lit en sanglotant; mais c'était trop aussi, et même mon père, j'en suis sûr, n'aurait pu s'empêcher de pleurer.

Le soir, on sut que le dernier train français, emmenant un solde d'approvisionnement et je ne sais plus quels personnages de la ville, avait pu s'échapper. L'ennemi avait tiré dessus sans parvenir

1. Vendôme est tout à fait au pied de la colline de gauche.

à l'arrêter. Faute de mieux, nous nous en fîmes une petite consolation.

Voilà quatre jours d'écoulés depuis cet affreux 16, j'ai été inscrit comme prisonnier, mais la figure du camarade à petite vérole n'engage pas ces messieurs à nous faire garder à vue. M. Richard nous soigne admirablement, ma chère, chère maman, et je ne serais pas plus sage, croyez-le bien, si vous étiez là.

DU MÊME A LA MÊME.

Vendôme, 4 janvier.

Si vous avez reçu mes lettres du 20 et du 30, vous avez dû voir, chère maman, que l'état de prisonnier n'ouvre pas l'esprit aux idées roses. Je m'indigne contre moi-même de guérir si facilement au son des commandements allemands, des jurons allemands et des clairons allemands, car tout cela s'entend trop bien de la bicoque que nous occupons. Sans mon dentiste, je ne sais pas ce que j'aurais fait, mais il n'y a pas moyen de lui refuser le plaisir de ressusciter par ses soins, et il a si bien le don de me parler de vous au bon moment qu'il me fait faire tout ce qu'il veut. Mes deux camarades vont bien aussi ; le varioleux, après avoir été en grand danger, mange comme quatre, et nous le supplions maintenant de rester aussi varioleux que possible, en apparence du moins, pour tenir à distance nos gardiens.

Car voilà maintenant le danger qui nous menace. Nous guérissons trop vite, et il est fort à craindre que si, par malheur, notre bon état était constaté, nous fussions de suite envoyés en Allemagne.

A six lieues d'ici, une brave dame avait rempli sa maison des blessés du pont de Saint-Hilaire, elle les soignait comme ses enfants. Les Prussiens lui avaient même laissé quelques-uns des leurs, elle les traitait comme les Français. Avant-hier, elle reçoit la visite d'un inspecteur. On lui trie ses hommes, on lui laisse bien ceux qui ne guériront pas, mais les blessés légèrement, ceux qui peuvent se tenir debout, sont mis à part, puis envoyés sous escorte à Orléans. On ne leur a pas caché qu'ils allaient faire connaissance avec la Deutschland. La pauvre dame a prié, supplié, invoqué les soins donnés par elle aux Allemands; elle a juré de représenter ses chers convalescents à première réquisition si seulement on voulait leur accorder une semaine encore pour achever de guérir; rien n'a fait. Depuis que cette histoire-là est connue, il y a un nuage de plus sur le front du bon M. Richard. Et comme s'il voulait voiler son nuage par d'autres nuages, sa pipe ne s'éteint plus; il fume du matin au soir d'un air rêveur; par moments les bouffées se précipitent : nous comprenons que c'est un accès de rage qui passe.

DU MÊME A LA MÊME.

Vendôme, 7 janvier.

Hier, journée d'espérance. On se battait à Azay (8 kilomètres d'ici à peu près). D'abord nous avons cru à une simple escarmouche de francs-tireurs, mais quand les heures se sont écoulées sans que l'action parût s'éloigner de nous, quand la garnison s'est rassemblée sous nos yeux, quand nous avons pu voir les figures soucieuses de quelques officiers, la pensée de la délivrance a surgi. Ah! quelle joie! De fait, cela pouvait bien être un retour offensif de Chanzy. Mais quoi! c'est toujours la même chose, il y a trop d'Allemands! il y en a trop partout!

On n'osait questionner, de peur d'attirer l'attention sur soi, de sorte que nous ne savions pas lequel de nos corps était en ligne [1]; mais cela faisait bouillir de sentir les nôtres si près et de ne rien pouvoir pour les aider. A cinq heures du soir, la canonnade a cessé,

1. C'était une seule demi-brigade commandée par le colonel Thiéry.

et avec elle notre espérance. Les blessés allemands sont arrivés en grand nombre, le télégramme envoyé à Guillaume porte : « Pertes sérieuses. »

Nous avons su ce matin que Frédéric-Charles avait commandé en personne.

DU MÊME A LA MÊME.

Château-Renault, 9 janvier. (Hors des griffes prussiennes!)

Oui, chère maman, l'affaire est faite. Il n'est plus question d'aller baraquer en Allemagne, mais bien d'une bonne revanche : nous nous sommes échappés tous trois avec notre brave dentiste et par son secours. Vous voulez l'histoire, vous l'aurez.

Décidément ses graves méditations avaient notre sort pour but, et le 7 au soir leur résultat nous fut communiqué soudainement. M. Richard fumait, il nous regarda l'un après l'autre avec un demi-sourire, puis, entre deux bouffées :

« Mes enfants, cela vous plaît-il que nous partions demain pour Tours? »

Vous voyez d'ici notre stupéfaction :

« Comment? Est-ce possible? Ne vous moquez pas de nous! »

M. Richard posa sa pipe pour la première fois,

je crois, depuis que l'enlèvement des malades de Mme de *** lui avait été conté :

« Cela ne peut plus durer comme cela, nous dit-il. Je crois à chaque minute qu'un de ces dénaturés-là va vous venir querir chez moi. Cela me paraîtrait comme si je vous livrais moi-même. En ce moment-ci, il est à croire que nos troupes ne sont pas loin ; hier on se battait à deux lieues. Il y a une chance à courir. Qui ne risque rien n'a rien.

« Je crois que j'ai le moyen de vous sortir de Vendôme. Une fois dans la campagne, je connais tous les buissons, de nuit comme de jour il m'est facile de vous piloter. Quand même il nous faudrait un peu pâtir avant de nous retrouver à l'abri, eh bien, ne croyez-vous pas que le jeu en vaille la chandelle ? »

C'est comme cela qu'il parle, notre dentiste, chère maman ; mais voyez comme il agit ! car, vous le pensez bien, il risquait sa vie pour nous. Surpris nous faisant évader, il était fusillé aussi rapidement que nous-mêmes.

Cette nuit-là, il nous fit sortir un à un de chez lui et nous conduisit à cinquante pas seulement, dans une petite cour, au bord du Loir, juste au pied du vieux château. Le varioleux avait une couverture par-dessus la tête, chacun de nous des cordiaux dans ses poches. Là, sous un hangar, nous attendîmes le jour, tandis que M. Richard rentrait à son logis et s'y montrait à tous, achetant un gros pain pour ses malades, disait-il, faisant grand feu et le disposant de façon à ce que la fumée se fît voir longtemps. A neuf heures, il quitta sa maison, mit la clef dans sa poche et s'en vint tout doucement nous rejoindre.

Il y avait près de nous, sous le hangar, une de ces longues voitures qui servent de boutique aux marchands ambulants. Celle-là contenait des tricots de laine de toutes sortes ; elle avait la prétention d'offrir au public deux étalages, c'est-à-dire que des planches formaient dos d'âne au milieu ; on rangeait les bas et les camisoles sur chacune des pentes, en dessous un double fond permettait de placer les paquets de réserve, au bord du toit pendaient de grosses pelotes de laine reliées ensemble par d'élégants festons formés de cache-nez. Un cheval tirait le tout, un gros bonhomme menait d'ordinaire le cheval et faisait l'article. Tels étaient les éléments de notre salut.

M. Richard, qui connaissait le marchand ambulant pour lui avoir enlevé ou posé des dents, je ne sais lequel, avait obtenu de lui qu'il lui vendît tout son attirail (j'ai remboursé la moitié et compléterai plus tard la somme), puis qu'il prît comme pour lui-même un permis de circulation de l'autorité militaire prussienne. A cela s'était bornée la bonne volonté du bonnetier. Il ne voulait pas nous accompagner, nous trouvant une société par trop compromettante. M. Richard devait jouer le rôle du marchand ; pour nous, nous allions remplacer les provisions de lainages dans le double fond de la voiture, sous l'étalage.

Le varioleux fut enfourné d'abord, et la tête la première, sous cette voûte sombre; je passai ensuite et me fis aussi mince que possible; cependant, quand le troisième voulut se glisser entre nous deux, la consternation nous saisit : il n'y avait pas de place! Nous eûmes une demi-heure d'angoisses; enfin, à force de combiner, de pousser, de tasser, et en admettant que l'un de nous porterait sur les deux autres, il fut convenu que cela allait à merveille. M. Richard ne croyait nécessaire de nous cacher aussi complétement que sur les grandes routes; au premier chemin de traverse, l'un des trois marcherait et donnerait ainsi de l'air aux camarades.

Tu ris, peut-être, mon petit Robert? Eh bien, si l'un de nous avait ri ou remué quand nous traversions le faubourg plein de Prussiens, cela leur aurait donné quatre hommes à fusiller. M. Richard m'a dit que, malgré le froid, la sueur lui coulait du visage tandis qu'il passait, la main à la tête de sa bête, entre ces groupes d'hommes fourbissant leurs armes ou pansant leurs chevaux. Il se sentait pâle et hagard, et n'osait se retourner pour voir si tout allait bien dans sa longue voiture. Par moments, il lui prenait comme une tentation de s'évanouir; et alors, qu'arriverait-il?

Il fut un peu soulagé quand son laisser-passer eut été demandé, examiné, puis rendu. Il avait donc l'air d'un vrai marchand! D'ailleurs, on quittait les dernières maisons; nous ne devions plus nous attendre à rencontrer que des patrouilles.

Tout alla bien une heure durant; mais la frayeur de M. Richard subsistait toujours et il ne nous permit pas de sortir de notre terrier. Nous suffoquions pourtant, et le voisinage d'un varioleux, si convalescent qu'il fût, me faisait bénir votre prévoyance, chère maman, de m'avoir fait revacciner au Mans. Je voulus une fois me révolter et sortir de là, mais des fers de chevaux résonnaient sur la terre durcie; c'était un peloton de uhlans qui passait.

Je ne comprends pas que l'on ne se soit pas douté de quelque chose, à la peine que devait avoir le pauvre petit cheval. Trois gaillards de ma taille sont autrement lourds que des tricots; les ressorts, peu habitués à un pareil poids, touchaient au moindre caillou.

A la hauteur d'un village qu'il a nommé Villérable, M. Richard nous prévint à demi-voix que nous allions quitter la grande route et que notre objectif apparent serait Lavardin. Continuer sur la route de Tours nous exposait à des rencontres et à des soupçons, puisque les troupes françaises devaient être quelque part sur le chemin entre Tours et nous.

Encore une demi-heure de patience, et il permit

à l'un de ses captifs de marcher à sa suite, comme un apprenti négociant le pourrait faire.

Je n'oublierai jamais les délices de cette première bouffée d'air pur, d'air libre, en pleine campagne; ni ces premiers pas sous le ciel de Dieu, dans *mon* pays. Je n'avais pas marché au grand air depuis l'attaque du parc de Goury, à la bataille de Loigny, le 2 décembre. Aussi j'ai rendu grâces de tout mon cœur et de toutes mes forces. Seulement, c'était si nouveau pour mes jambes qu'elles n'étaient qu'à moitié solides. Nous avons alterné avec l'un des camarades, le varioleux n'a pas eu la permission de se montrer.

Les tricots sont très-recherchés, sans doute à cause de ce froid. Les paysans nous voyaient passer et venaient à nous; nous ne pouvions nous débarrasser des chalands. Moins nous avions envie de vendre, plus ils montraient de désir de nous acheter. M. Richard se tirait très-bien d'affaire.

A Sasnières, on répondit à ses questions que Lavardin était occupé par les Prussiens, aussi Saint-Amand, mais que la route de Montoire à Château-Renault devait en être débarrassée. Cela nous convenait; nous prîmes à travers la forêt qui s'étend de Sasnières à Saint-Martin-des-Bois, expliquant au public que nous voulions préserver nos tricots de servir à l'envahisseur, et gagner aussi sûrement que possible la France française.

Il se trouva que mon tour de marcher revint quand nous suivions une large avenue bien droite et taillée des deux côtés, comme nos belles allées de Chantilly. Qu'il faisait bon vivre, malgré le froid et le souci! Qu'elle semblait loin, la guerre! Où étaient-ils, ses désastres? Le vent soufflait dans les branches sans feuilles avec des bruits de marée lointaine; tout nous transportait du monde de misères que nous venions de quitter, vers le monde tel qu'il devrait être, tel qu'il était fait...

Pour mieux penser, je marchais, aidé d'un bâton, en tête de la caravane; j'aperçus bientôt un grand poteau, peint en blanc, mais dont les planchettes indicatrices avaient disparu; cela nous annonçait un carrefour.

En effet, six ou huit allées se croisaient là; de grands hêtres devaient, en été, y former une magnifique salle de verdure; leurs branches nues se touchaient presque au-dessus du poteau, — mais je devinai cela plus que je ne le vis, — je n'avais d'yeux que pour une forme noire couchée sur la lisière du bois. Cette forme, je savais trop bien ce qu'elle signifiait : c'était un cheval mort... — tué, devrais-je dire — et tués aussi deux uhlans étendus près de lui, dans les broussailles, et la face vers le ciel.

Leurs visages calmes me firent une pitié profonde. C'étaient pourtant des ennemis, et j'en avais vu naguère des centaines sans horreur. Je pense que ceux-là je les avais combattus, je les avais sentis des ennemis, au lieu que ceux-ci n'étaient pour moi que des hommes.

« Ils seront tombés dans une embuscade, dit M. Richard; il y a probablement des francs-tireurs par ici. Voyez ce sang tout frais, — c'est de la besogne d'aujourd'hui même.

— Au moins, enterrons-les! demandai-je.

— Oui-da! pour nous mettre en retard! Il va neiger, et nous n'irons pas vite si nous allons du tout. D'ailleurs, ils ont assez de camarades pour y veiller et même pour les venger. »

Je m'étais approché des uhlans, et je vis que les broussailles étaient froissées encore au delà. J'avançai et trouvai une autre victime de cette lutte obscure : un Français, en blouse galonnée et képi, tombé en avant, lui, et les bras étendus. Sans doute, ses camarades l'avaient tiré à l'écart pour qu'il fût moins tôt dépouillé. Un lourd sabre allemand lui avait ouvert le crâne; son fusil Remington gisait, brisé, près de lui. Quant aux uhlans, ils avaient été tués proprement, par des coups de feu, et ne montraient d'horrible que leur pâleur.

« Je vous en prie, monsieur Richard, enterrons-les!

— La terre est gelée à deux pieds de profondeur.

— Essayons.

— Vous n'avez pas de raison; il fera nuit dans une heure. »

Pendant que nous discutions plus haut que nous n'aurions dû, un homme, un vivant du moins, avait surgi du taillis voisin.

Blouse, képi, sac au côté et fusil sur le dos, ce ne pouvait être qu'un Français, sans doute un franc-tireur.

« Vous en avez un rude toupet de passer par ici, dit-il presque gaiement en approchant. Bien vous prend d'avoir un air tout rond et point d'accent *deutsch !*

— C'était votre compagnon? lui dis-je.

— Oui. Même c'est moi qui lui ai mis en tête de partir... Pauvre garçon ! je lui redois quelque chose pour le coup qui l'a mis à bas ! Si dur qu'on soit, un camarade perdu, c'est du vrai chagrin.

— Enterrons-le.

— Pas moyen; la neige va s'en charger. Ce matin, les uhlans étaient trop, j'ai dû m'esquiver; maintenant ils sont rentrés chez eux, et je revenais le voir une fois. Et puis, je veux avoir les peaux de mouton des autres. C'est bon cela pour coucher dessus, on n'est pas mouillé. »

Et il fit deux pas vers les cadavres des uhlans.

« Oh ! laissez-les ! nous vous donnerons des tricots — les voilà tués, maintenant, laissez-les ! »

Il nous lança un singulier regard :

« Cela vous fait pitié à vous, hein? Eh bien, pas à moi. Je déteste les Allemands.

— Ceux-là sont morts, laissez-les ; vous en tuerez d'autres. Dites-nous le chemin pour rejoindre au plus vite un corps français. »

Il se décida à nous guider, peut-être par un vague besoin de s'épancher ; et, comme les flocons de neige commençaient à tomber, notre petite colonne s'ébranla, laissant les trois pauvres morts au silence et à la nuit qui envahissait rapidement ces grands bois.

« Savez-vous pourquoi je les déteste, les Allemands? commença notre guide. C'est pas pour la guerre, on avait tort des deux côtés ; c'est pas pour leur victoire, fallait bien que quelqu'un gagnât ; mais j'en ai connu, un Allemand, et après ce que j'ai vu de lui, je suis dans mon droit en disant : C'est de la canaille. De mon état, je suis souffleur pour la verrerie. J'ai travaillé dix ans à la verrerie de Rougemont, — on la voit du chemin de fer, c'est à droite, sur la hauteur, en sortant de Cloyes pour venir à Vendôme. En 68, il se trouva un ouvrier nouveau, un Allemand, habile assez à l'ouvrage, mais surtout dessinant, mais là, comme un faiseur d'images. Il a été malade, et le maître et tout le monde l'a soigné plus que personne autre ne l'aurait été, parce qu'il était étranger ; pourtant le maître pensait bien ne pas le garder longtemps, vu qu'il pouvait faire mieux. Il dessinait tout et se faisait expliquer chaque pays de l'environ, soi-disant pour s'instruire. Quand il est quitté, au dernier printemps, il a fait faire une caisse plate pour emporter tous ses plans et qu'ils ne soient pas froissés. A dire vrai, nous avons ri de cela.

— Eh bien ?

— Eh bien, il y a cinq semaines, au premier passage, c'est lui qui menait les Prussiens.

« Il m'a reconnu et m'a voulu donner la main, le gueux ! « Eh, Mathieu, qu'il m'a dit, c'était pas « tant du papier perdu, que mes dessins. Tu vois à « quoi ça sert. Nous y sommes les maîtres chez « vous autres, pas vrai ? »

Et il montrait aux officiers comme ils pouvaient arranger leur monde; où se trouvait le bois, où la poterie, qui est l'endroit où l'on garde les moules, ce qui est le plus précieux d'une verrerie; enfin, il faisait tout comme chez lui.

« Alors je me suis dit : Ça ne peut pas rester comme cela. Il n'y a plus de travail ici puisqu'il n'y a plus de bois, le patron est parti rapport à sa dame, je suis veuf, voilà ma fille quasiment élevée, j'ai servi dans le temps; en avant pour la guerre ! S'il y a une justice, c'est pas possible que des effrontés traîtres comme ceux-là aient toujours la chance pour eux. J'ai mis la même chose dans la tête de Goubaut, mon servant, et le voilà tué de ce matin, pauvre garçon ! C'est assez de chagrin pour moi tout de même, allez ! »

Encore cent pas, et notre éclaireur de la Sarthe,

car telle était sa qualité, nous montra une route à gauche.

« Avec cette neige, dit-il, vaudrait mieux vous arrêter jusqu'à demain, malgré les autres risques. Vous pouvez entrer dans la première ferme que vous trouverez sur votre droite. Ils nous ont fusillé là un camarade la semaine dernière, car c'est ça leurs habitudes avec nous; faites-vous dire l'histoire si vous voulez quelque chose de gentil de leur part. Adieu et bonne chance!

— Où allez-vous!

— Rejoindre les camarades ici près.

— Vous oubliez les tricots, dit M. Richard, voilà notre reste.

— Merci bien. Auriez-vous pas du pain? fit-il en hésitant.

— Oui, mais bien peu et bien sec.

— Ça ne fait rien, si seulement ça ne vous prive pas. »

Je lui donnai le pain, puis une poignée de main; et sa silhouette noire se perdit bientôt pour nous derrière la pluie de neige.

Quelle que fût notre excitation morale, nous nous sentions harassés. Il nous tardait de rencontrer la ferme promise; heureusement que nous ne la manquâmes pas malgré l'obscurité croissante. On nous y reçut comme un mal inévitable, mais nous ne demandions que de la paille et le droit de nous étendre.

M. Richard eut seul l'énergie de s'informer « si l'ennemi était encore dans les environs?

— Sans doute, on l'avait vu la veille.

— Savait-on où il était allé?

— Non, mais la route par Monthodon devait être libre jusqu'à Saint-Laurent, c'est par là que nous devrions aller, quitte à rabattre sur Château-Renault si nous apprenions à Saint-Laurent que cette partie du pays fût débarrassée. »

J'avoue que j'entendis cela comme dans un songe, je me fiais à notre brave dentiste, et dormais aux trois quarts.

Ce matin au petit jour, nous étions sur pied. Se trouver tout habillé en s'éveillant a encore pour moi, malgré l'habitude que j'en ai prise, un certain charme qui vous prouve quel paresseux votre fils est resté. Nous n'avions pas de temps à perdre; cependant les murs écroulés, les carreaux brisés, les traces de balles aux murs, me rappelèrent l'histoire du franc-tireur fusillé, et je la demandai à une femme triste et languissante qui nous avait reçus.

Hélas! les choses s'étaient passées là comme ailleurs. Un très-jeune homme, fils d'un notaire de la contrée, engagé dans les éclaireurs de la Sarthe, avait, un soir, cédé à la fatigue et s'était obstiné à passer la nuit dans cette ferme tandis que ses compagnons se retiraient plus loin. Dans la soirée, des coureurs allemands avaient paru, en hâte on avait réveillé le Français pour le cacher dans un grenier. Par malheur son sac avait été oublié, il fut aperçu; les Allemands cherchèrent si bien qu'ils découvrirent le malheureux.

Ils en voulurent faire un exemple, un exemple après tant d'autres! Le pauvre garçon s'indigna d'abord, il allégua sa qualité de belligérant; ses papiers étaient en règle, il les produisit; il parla de rançon, pria, supplia, le tout en vain.

Au matin, quand il se vit emmené dans la cour, il comprit que son heure était venue; et en un moment il sut prendre son parti et faire honorer son dernier soupir.

« Vous me regarderez jusqu'au bout, demanda-t-il au fermier et sa femme, d'abord pour mon père, et puis pour que les camarades aussi sachent que je ne leur ai pas fait honte. »

« Pauvre enfant! disait la fermière, il était tout pâle, mais on voyait son envie de bien faire! Il s'appuya au mur, regarda fixement les soldats allemands au visage, et fit un grand signe de croix — comme cela — puis il lança son képi en l'air en criant : Vive la République!... Mais les coups étaient déjà partis, il tomba, la face à terre. Voyez, monsieur, c'est là qu'ils l'avaient placé. »

Et elle me montrait une encoignure de muraille.— Je vis que le crépi avait sauté en plusieurs endroits; à la hauteur même de mes yeux, une balle restait enfoncée dans le mur, elle avait gardé avec elle quelques cheveux bruns que le vent du matin faisait frissonner.

Dans notre trajet de cette ferme à Monthodon, nous entendîmes des coups de canon sur la gauche. Un passant nous apprit qu'on tiraillait sur la route de Vendôme, mais que nous pourrions probablement entrer à Château-Renault par le côté ouest, car le général Curten tenait toujours. Nous hâtâmes la marche de notre petit cheval qui maintenant, du reste, ne traînait plus que le seul varioleux, car nous voulions nous habituer à la fatigue, et nous atteignîmes la ville dans un moment de calme. Il était dix heures. En traversant le pont de la Brenne, nous serrions les mains du brave homme à qui nous devions notre délivrance. Il fallait le quitter, et cela était triste, mais nous redevenions soldats.

Sur la place, nous trouvâmes une agglomération de débandés qui me rappela les passages de fuyards à Oucques. J'allai au quartier du général Curten et fus assez heureux pour être reconnu par *** qui m'a présenté. Je rentre avec mon grade de lieutenant.

*** m'a mis au courant de la situation. On compte évacuer la ville demain, car l'ennemi tend à couper la division Curten du reste du corps Jauréguiberry, qui occupe Château-du-Loir. Les Prussiens ont déjà poussé une avant-garde aux Ermites, tout près de ce Monthodon par lequel nous avons eu le bonheur de passer à temps. Il faut se hâter et tout mettre en ordre pour se replier en premier sur Beaumont-la-Ronde. Les plus grandes difficultés viennent des débandés et du désir de ne rien laisser en arrière des approvisionnements ; ce temps affreux, neige fondue et vent, complique singulièrement les choses.

Je suis revenu trouver M. Richard et lui ai conté ce qui était nécessaire pour le décider à pousser plus avant sa retraite dès aujourd'hui. Il est convenu qu'il évitera la direction de l'Ouest, où les embarras de notre marche le rejoindraient, et qu'il descendra plutôt vers Tours avec son varioleux.

C'est alors que je lui dis, non sans une émotion profonde, mon grand adieu. Le camarade reste avec moi, c'est donc déjà deux combattants que le dévouement de ce brave homme amène en ligne à l'heure du besoin. Si nous faisons quelque chose de bon, l'un ou l'autre, à lui en sera l'honneur.

Il est six heures du soir; je suis à l'hôtel de ville depuis midi attendant toujours qu'on m'assigne ma tâche. Je ne quitterai pas avant d'en avoir une. En attendant, je vous ai écrit un volume presque sans m'interrompre ; qui sait quand je retrouverai du loisir, une table, une chaise et un si délicieux poêle pour me chauffer le dos !

Dépêche de l'amiral : « L'ennemi est à Saint-Calais depuis hier matin et pousse vers le Mans. Hâter la retraite. »

Je vous embrasse, chère maman, et vous tous, frères, sœurs; priez Dieu pour que l'honneur, du moins, soit sauvé!

Je me porte aussi bien que jamais.

BERTHE A ANDRÉ DE VINEUIL.

Les Platanes, 3 janvier.

Je voudrais m'en empêcher, mais je sens que je vais t'écrire une lettre lamentable, mon pauvre André.

Il n'est pas bien étonnant que je sois au bout de mon petit courage, mais je crois que maman elle-même arrive au bout du sien, et c'est si triste de la voir, elle, notre force, abattue, prête à succomber sous un trop lourd fardeau d'anxiétés et de chagrins! Il faut que tu le saches, même si cela doit te faire de la peine, maman est très-inquiète de toi. Depuis tes blessures à Loigny, maman n'est plus la même. Et nous avons si rarement de tes nouvelles! tes lettres n'arrivent plus; ma tante de Thieulin, la plus fidèle et la plus ingénieuse des correspondantes, parvient seule à nous dire ce que tu deviens, et c'est ainsi que je puis t'adresser cette lettre à Vendôme.

Dans Paris, depuis l'échec de la sortie sur Champigny, tout est noir et menaçant. Mon père assure que lui et Maurice vont bien, mais il nous cache certainement ses privations, et ce qu'il avoue de son chagrin de ne pas recevoir de nouvelles, torture maman. C'est devenu une fièvre que son besoin d'écrire à mon père ; sans relâche, elle cherche des moyens de communiquer avec lui. Le *Times,* les ambassadeurs étrangers, les francs-tireurs, l'Angleterre, la Suisse, l'Amérique, même l'Allemagne dans la personne de notre vieille bonne hanovrienne, sont mis à contribution. Et vous, père et frères, causes de toutes ces angoisses, vous êtes encore les seuls par qui elle puisse être heureuse !

« Quel bonheur que mes frères soient braves ! lui disait hier Robert, n'en êtes-vous pas contente, maman ? »

Notre mère a eu un mouvement qui ressemblait à de la joie, son front s'est éclairé, et embrassant Robert :

« Tu as raison, a-t-elle dit, et ta maman a tort d'oublier ce bonheur, mais je voudrais tant que ton père sût comme André se conduit bien ! »

Où elle est toujours la même, notre pauvre mère, c'est auprès des malades. Deux des soldats prussiens ont été pris assez subitement de la petite vérole pour que leur major, homme très-dur au fond, et qui ne permet jamais que les Allemands soient soignés ailleurs qu'à leur ambulance, ait consenti, d'après les vives instances de maman, à les laisser chez nous. Les pauvres gens désiraient nous rester; je n'ai pu les voir, mais leurs camarades m'ont dit plus d'une fois quelle joie ils avaient eue qu'on ne les emmenât pas.

Ces camarades sont tout surpris du dévouement de maman, qui passe des demi-journées entières entre ces deux lits empestés et a, pour ces pauvres gens, les attentions et les prévenances qu'on n'a jamais, disent-ils, que pour ses propres enfants. Je crois d'ailleurs que la société de ses malades est la meilleure consolation de maman.

Une des grandes souffrances de cet hiver a été pour elle de vivre, sinon en hostilité, du moins en froid, avec ceux qui l'entouraient; elle a combattu constamment contre sa nature bienveillante, qui lui fait d'ordinaire une tâche personnelle du bonheur et du bien-être de chacun. Maintenant elle répare cet arriéré, elle se retrouve elle-même, elle comble ses malades prussiens. Mon père ne l'a-t-il pas dit? « L'homme prussien malade ou blessé est seulement un homme à secourir. » Aussi ceux-là sont-ils secourus et plus que secourus, ils sont aimés.

Maman feuilletait tout à l'heure ses albums de portraits, puis fouillait ses tiroirs sans paraître trouver ce qu'elle cherchait.

« N'as-tu pas le portrait de Maurice en uniforme? me demanda-t-elle. Je l'avais et allai le lui chercher

Elle le plaça à son rang d'âge parmi une dizaine de vos portraits à tous deux qu'elle enveloppait de papier.

— C'est pour montrer à mes malades, fit-elle par manière d'explication, ils ont tant envie de voir mes fils! A force d'en entendre parler, ils se sont attachés à eux.

— Vous leur parlez de Maurice et d'André, maman!

— Sans doute, c'est ce qui les intéresse le plus. Franz a une mère qu'il aime tendrement et qui ne peut se résigner à le voir soldat. J'ai lu de ses lettres qui sont déchirantes. Le chagrin de sa mère l'a préparé à me comprendre; il me dit qu'il se croit en famille quand il écoute mes peines et mes craintes. L'autre malade, Bürkel, n'a plus de mère, mais une grand'mère, trois petites sœurs, une fiancée. Il est d'un caractère mou, et depuis qu'il est malade il se laisse aller au découragement. Pour lui aussi, il est bon de penser à d'autres épreuves qu'aux siennes.

— Il me semble que je ne pourrais pas causer de mes frères avec leurs ennemis! lui ai-je dit assez sottement. »

Maman m'a répondu d'un air tout à fait fâché : « Un malade n'est plus un ennemi. Vraiment, Berthe, je ne te reconnais pas. »

La semonce était dure! mais je l'aime tant, ma pauvre maman, je la plains tant, que je l'ai embrassée sans répliquer.

L'état du pays est toujours le même dans la ville; bruyants soupers d'officiers et vexations de tous genres; dans la campagne, soumission nécessaire peut-être, mais soumission triste à voir. Personnellement, nous n'avons pas trop à nous plaindre. Si les ordres d'en haut sont impitoyables, la manière de les exécuter en adoucit souvent la rigueur.

C'est toi, André, c'est mon père, c'est Maurice qu'il nous faudrait, ce sont des nouvelles, des nouvelles! et notre pauvre maman se ranimerait et revivrait.

ANDRÉ A MADAME DE VINEUIL.

Halte en avant du Mans, nuit du 10 au 11 janvier.

Un mot seulement, un mot triste, mais non désespéré. Le moral des troupes est mauvais. Il y a de la lassitude déjà. Cela inquiète quand on songe à ce qui reste à faire...

Il est vrai que nous leur demandons beaucoup. Le temps a été affreux toute la journée et il a fallu, sans prendre le loisir de manger, soutenir par la pluie et à travers les amas de neige des derniers jours, une marche forcée de douze heures. Envoyée en avant-garde, ma compagnie a eu la chance de trouver en gare, à Château-du-Loir, un dernier train qui emmenait quelques traînards de l'amiral. C'est à cela que nous devons d'avoir pu passer. L'ennemi attaquait Écommoy; il doit en être maître maintenant, et la ligne est naturellement coupée. Je ne pense pas que le général Curten puisse rejoindre, et c'est dommage[1]. Ses hommes n'auront rien trouvé pour se refaire, à Château-du-Loir. Les troupes de débandés qui traversent la ville depuis deux jours ont gaspillé les approvisionnements. L'ordre de porter avec soi quatre jours de vivres est inexécutable en l'absence de ces vivres. Ici même, à la porte du Mans, nous n'avons rien; les heureux se sont couchés avec un verre de vin pour tout souper. Il faut espérer que l'intendance fera mieux demain, et je tâche de remonter le moral de mes hommes.

On dit que l'armée allemande attaque partout à la fois, mais nous avons des positions magnifiques.

Adieu, chère maman, cela me fait de la peine de n'en pas dire plus long; quand pourrai-je vous écrire de nouveau? Ce n'est pas tous les jours fête, ni halte à Château-Renault.

1. En effet, lorsque la 2e division du 16e corps atteignit Château-du-Loir, la voie était déjà coupée et le passage impossible. Après avoir, dans la journée du 11, tenté une attaque sur Écommoy, le général Curten put retirer heureusement ses troupes et son matériel sur la Flèche, où il arriva le 13, puis sur Laval, qu'il atteignit le 16.

La position destinée au général Curten était celle de la Tuilerie.

DU MÊME A LA MÊME.

Saint-Denis-d'Orques, route de Laval, 14 janvier.

Ah! chère maman, que je voudrais éviter de vous écrire ce que j'ai vu, ce que je vois! C'est déjà trop d'avoir à supporter le moment présent; revoir le passé, vous en affliger, c'est comme fouiller une plaie saignante! Et vous allez pourtant rendre grâce à Dieu que je sois en vie! J'en devrais faire autant, mais, pardonnez-le-moi, même pour l'amour de vous, mère chérie, je ne le puis pas.

Vous vous souvenez qu'après une marche forcée, de Château-Renault à Château-du-Loir, sous une pluie battante et dans des chemins encombrés de vieille neige qui fondait, ma compagnie avait pu encore le 10, et seule de la division Curten, gagner les avant-postes du Mans par la voie ferrée, que les coureurs ennemis avaient déjà plusieurs fois traversée.

L'action s'engagea le matin du 11 sur la ligne de l'Huisne, elle s'étendait, dit-on, sur un front de six lieues : de Grand-Lucé au sud, à Montfort et Lombron vers le nord-est. A gauche, nous étions déjà tournés par l'ennemi entre Écommoy et Arnage, où le général Barry avait grand'peine à remettre de l'ordre parmi ses troupes exaspérées de se battre depuis si longtemps sans nourriture et sans repos. Ma compagnie suivit une partie de la division Deplanque, du 16e corps, sur les hauteurs de Bel-Essort qu'on lui avait assignées comme position.

A droite et en face de nous, le fracas de l'artillerie annonçait une grosse affaire et une appréhension vague serrait la gorge, car on ne se sentait pas en train. Pour gagner notre poste de Bel-Essort, nous avions dû traverser un ramassis de misérables qui faisaient peine à voir. Les uns, épuisés de faim, ayant perdu leur compagnie, se couchaient dans la neige, les autres semblaient n'attendre l'ennemi que pour se livrer. On se demandait quels effectifs les régiments ainsi abandonnés pourraient mettre en ligne.

Dans l'après-midi, nous quittâmes la crête sur laquelle notre artillerie était postée, pour tirailler au bas du coteau, dans un excellent terrain tout coupé de bouquets d'arbres, de talus et de haies. Là nous échangeâmes nos coups de fusil un peu au hasard, mais notre capitaine fut tué par un éclat d'obus. Je n'avais pas eu le temps de le connaître; depuis ce moment je commande la compagnie.

L'ennemi s'étant replié, je ramenai mes hommes à nos batteries, qui tiraient toujours avec un succès visible. On disait l'amiral content, et je me mis à prêcher l'espérance à mes pauvres affamés transis.

On en avait besoin, d'espérance! Le soir était venu.

Pour des hommes épuisés par cinq semaines de misère incessante, commencer encore une longue nuit de veille dans ces conditions de jeûne et de froidure, c'était vraiment redoutable. Le petit nombre des précautions possibles furent prises, on coupá les arbres pour faire des feux qui ne voulaient pas brûler. Il nous semblait que, pour exciter notre envie, les bivouacs prussiens au loin dans la vallée brillaient joyeusement, et notre imagination supposait auprès de chaque feu quelque bonne soupe bien chaude. Je me souviens, cependant, d'avoir encore fait rire mes camarades, vers huit heures du soir, avec je ne sais plus quelle plaisanterie; ce dernier rire seul m'a frappé par son contraste avec ce qui l'a suivi.

« Nous sommes trahis! Les Prussiens sont au Mans! Les Bretons ont livré la route! » Voilà ce qu'on entendit à droite, à gauche, en un instant. Les officiers essayèrent d'imposer silence. On envoya chercher des informations, des ordres, quelque chose qui démentît la clameur générale.

Entre nous, nous nous rappelions pourtant les uns aux autres, mais tout bas, bien des murmures étouffés et quelques propos d'une lâcheté cynique saisis au vol les jours précédents; nous sentions que tout était devenu possible, et l'horreur nous faisait frissonner.

O ma chère maman! vous le savez ce qui était vrai! et vous savez aussi ce qui s'en est suivi! Vcs occupants ne vous auront rien laissé ignorer. — Les ordres vinrent, il s'agissait de reprendre la Tuilerie abandonnée sans combat par les mobilisés bretons; on poussait en avant les troupes qui garnissaient Pontlieue, tout ce qui n'était pas indispensable à la garde de nos positions devait se joindre à cet effort. J'y courus. Ma compagnie ne comptait pas trente hommes quand je me mis sous le commandement d'un brave, le général le Bouëdec, qui essayait de tout son cœur de former des colonnes d'attaque. En sa présence, les rangs se dessinaient, les têtes baissées se relevaient, les premiers pas se faisaient, mais la fatigue, le découragement, une vague terreur de ces ténèbres glacées et de ce qu'elles pouvaient cacher paralysaient l'élan ; au bout de cinquante pas le voisin de gauche avait disparu, puis c'était celui de droite... Ce fut une nuit terrible. Peu de compagnies parvinrent à portée de fusil des Prussiens, cependant ces pauvres efforts les maintenaient quelque peu.

Comme je revenais chercher des cartouches, vers cinq heures du matin, je rencontrai des fuyards du régiment que j'avais laissé sur les hauteurs de Bel-Essort. On était attaqué là aussi et l'on pliait. Je sus qu'à Pontlieue on envoyait les parcs et les fourgons de l'autre côté de la Sarthe. De ce moment j'eus la mort dans l'âme, et, rassemblant quelques désespérés, je retournai au feu. — Le jour parut. Par une pitié du ciel, les Allemands ne savaient pas combien il restait peu de troupes devant eux en état de leur tenir tête, de sorte qu'ils ne se hâtaient pas, et notre artillerie et son matériel avaient le temps de traverser le pont de l'Huisne. On m'a dit que le désordre dans les rues du Mans fut effroyable, je n'en ai rien vu. A Pontlieue même cela ne se passait pas trop mal.

Le 12, vers onze heures, nous étions décidément ramenés en arrière, mais notre tâche était achevée, car l'armée avait passé, et le pon sautait au nez des Allemands. Il sautait trop tôt pour moi et une vingtaine de camarades, qui avions résolu de tenir tant que faire se pourrait et qui restions abandonnés sur la rive gauche. On trouve à cet endroit, le long de la route, une usine dont j'ignore la destination; j'ordonnai à ma petite troupe de se réfugier entre les divers bâtiments qu'entoure un jardin, c'était du temps de gagné et quelques coups de fusil de plus à tirer.

Nous traversions à toutes jambes le parterre quand un jeune homme se jeta au-devant de nous et, nous appelant, nous conjura de le suivre; il pouvait peut-être nous sauver, disait-il. C'était le fils du manufacturier. Il nous guida, toujours en courant, au bord de la rivière; il y avait fort heureusement, cachée par les buissons de la rive, une longue planche étroite qui servait aux ouvriers de l'usine; nous ne pûmes y passer que deux par deux de peur de la briser, et j'avoue que cela nous semblait bien long. Rien ne trouble un parti pris de se faire tuer comme une chance de salut qui intervient tout à coup; on se retrouve souhaiter la vie, ou du moins on fait, pour profiter de l'occasion, comme si on la souhaitait. Mon inquiétude, c'est que le brave garçon qui nous a sauvés aura pu le payer cher. Je lui disais de venir avec nous, mais il devait garder l'usine de son père. Encore un à remercier, chère maman, dans des temps plus heureux.

Je savais que le corps de l'amiral se retirait par la route de Laval. Je voulus éviter de traverser la ville encombrée et fis suivre à mes hommes la route qui passe devant la gare. Je m'aperçus là que tout le matériel n'avait pu partir, mais les boulets pleuvaient déjà sur la gare, et quelques-uns même, sifflant par-dessus nos têtes, atteignaient la ville; il n'était plus temps de rien essayer pour ces locomotives abandonnées, et je ne pensai plus qu'à stimuler la marche de mes compagnons fourbus.

Nous suivions péniblement les berges de cette Sarthe que j'avais vues naguère si paisibles, et nous allions atteindre le premier pont après l'usine à gaz... (ouvrez vos grands yeux, chère maman, et dites si, malgré tout, je ne suis pas né coiffé!...) quand je fus frappé de l'aspect d'un homme qui, appuyé sur le parapet, nous regardait venir. Il me semblait avoir vu quelque part ce chapeau, ce menton rasé et cette blouse bleue sous laquelle j'imaginais instinctivement les pans d'une redingote. C'était, avec un parapluie de cotonnade, un ensemble confortable et net que mon cerveau fatigué se rappelait vaguement. Encore quelques pas...

« Barbier! m'écriai-je tout à coup.

— M. André! ce peut-il bien être vous?

— Mais, Barbier, votre fils ?

— Prisonnier, M. André! Prisonnier et bien portant, une fière chance, allez! Aussi je suis revenu voir après vous depuis déjà quinze jours, et c'est ça qui me fait guigner tout ce qui passe.

— Mon cher Barbier!... ne vous inquiétez plus de moi; voyez, je n'ai pas une blessure et il me faut vous quitter en hâte.

— Ça ne fait rien, on vous reverra. Où allez-vous?

— Route de Laval, c'est tout ce que je sais. »

Ce revoir a été un éclair de joie, mais que vous dire, ma pauvre chère maman, de ce qui a suivi! Ce n'est pas seulement contre l'ennemi qu'il faut se battre, c'est contre la maladie, la faim, le gel des membres, le découragement qui pousse au suicide. — Hier, un lieutenant s'est tué devant moi. — La lassitude est telle, qu'on se couche dans les fossés et qu'on y reste. La faim décide des centaines d'hommes à se perdre dans le brouillard pour chercher l'ennemi et se faire prendre et nourrir. Les chefs ne sont plus rien, on n'écoute que sa souffrance. Et pourtant il y a des âmes qui résistent à cette épouvantable débâcle morale. Si je vous revois, que de choses à vous conter!

J'ai dit : si je vous revois, chère maman, et je ne sais pourquoi ce mot-là s'est trouvé sous ma plume. Surtout, ne le prenez pas au tragique ; je vais très-bien, et les chances de rencontrer l'ennemi diminuent. *Quand je vous reverrai,* vous saurez me rendre soumis et enlever l'amertume à ma douleur de vaincu.

BARBIER A MADAME DE THIEULIN.

Soulgé-le-Bruant, 16 janvier.

Madame,

Celle-ci est pour avoir l'honneur de dire à madame que M. André est retrouvé. Ce n'est pas sans peine, et pourtant il a encore fallu que le ciel s'en soit mêlé.

C'est le 12, comme la grande déroute était dans son plein, qu'il a passé devant moi, un des tout derniers, couvert de boue, noir de poudre, enragé de s'en aller ; en cet équipage, et maigre comme il est devenu, s'il ne m'avait pas reconnu, jamais je n'aurais su mettre son nom sur sa figure. Il allait prendre la route de Laval. En deux temps, je m'en suis allé querir ma jument qu'était pas loin, à l'auberge, et me voilà à la poursuite de M. André.

Mais j'ai commencé dès lors à voir les inconvénients de ma démarche. Je n'étais pas à trois cents pas que deux traînards s'étaient relevés du fossé en entendant mes roues, et, sans me demander du tout ce que j'en pensais, ils avaient grimpé dans ma carriole. Pas loin après ce fut un autre qu'il fallut prendre ; après encore, nous tombons dans une bande et ceux-là veulent faire déguerpir les trois que j'avais pour se mettre en place, tout comme si j'étais venu là pour leur convenance. C'est comme cela qu'ils m'ont fait passer la journée, naturellement sans rattraper M. André et à la grande misère de ma jument pour qui la route, tout enneigée et pleine de monde, n'était point commode.

Aussi madame comprendra que je leur aie joué un tour de ma façon. A un village, ils descendent chercher de quoi boire et manger ; je leur laisse ma carriole pour leur donner confiance et m'en vas à la piste d'une traverse passable. Je reviens, ils étaient bien occupés à conter leurs affaires ; je détache ma bête et me sauve. Ils courent après leur équipage, mais je savais par où aller et eux n'en avaient pas idée, tant il y a que je leur ai échappé.

Quoique ce soit grand'pitié de se méfier du monde de son pays, j'ai résolu après cela de me tenir autant que ça se pourrait dans les solitudes et d'attendre que les chefs aient remis leurs gens à l'obéissance avant de rentrer dans le courant. Madame peut croire que j'ai eu une fière misère à endurer et ma bête aussi, car le froid est dans des numéros qu'on n'a jamais vus, avec un pied et demi de neige. On prétend que, dans les temps éloignés, on avait coutume d'arrêter les guerres tant que l'hiver durait; ça me semblerait mieux entendu et on devrait revenir à ça, car c'est seulement un métier à geler les gens tout vifs qu'on pratique pour l'instant.

C'est ce qui me ramène à mon objet, qui est de prévenir madame que ce n'est plus une guerre à laisser faire à un jeune homme de bonne famille, comme est M. André. Il arrive juste ici où je l'attendais depuis ce matin, ayant pu prendre de l'avance sur l'armée, et j'affirme à madame que si madame sa mère ou madame elle-même voyait où en est réduit un jeune monsieur si robuste et on peut bien dire si avenant, elles ne le laisseraient pas un jour de plus à un métier que je n'ai trouvé beau jamais, mais qui est maintenant tout-à-fait gâté.

Faudrait que ces dames se pussent imaginer ce que c'est qu'une marche du matin au soir, et tous les jours, dans un pied de neige, fondue ou pas fondue, souliers percés, jambes mouillées, dos mouillé, et rien dans le ventre. Pas trois hommes vont à leur rang, on se bouscule, on se presse; on s'arrête en tête, la queue pousse et crie; un malheureux tombe, tant pis pour lui, on passe dessus. Voilà un fourgon avec la roue cassée, vite au pillage! il faut manger du moins un morceau avant de crever! — Boum, boum,... c'est le canon derrière, le canon de l'ennemi. Par ici une batterie, par là une autre... et voilà les officiers qui, pour couvrir la route et laisser écouler cette foule, se démènent, retrouvent des artilleurs, ordonnent des épaulements, ramassent vingt cavaliers et les lancent à la découverte. Et puis ils appellent à eux ce qui reste encore de braves gens : Venez vous faire tuer, allons! un peu de bonne volonté! — Pour un demi-cent qui vient, il y en a un cent qui jette les fusils, de peur d'être obligé de rester pour s'en servir. Et comme cela, c'est toujours les mêmes qui se battent, et il n'y a plus de tués que les braves gens.

Or, j'en préviens madame pour ma conscience, M. André n'est point fait pour être laissé dans ces situations-là. Faut croire que c'est plus fort que lui, il s'arrange pour être toujours où on se fusille. Madame a su comme c'était dans la Beauce; maintenant que le voilà capitaine, ça a encore empiré. D'abord il n'a plus un moment pour souffler, il parle à ses hommes et les décide quasiment à faire comme lui, il est toujours en souci pour que chacun ait ses cartouches ou son eau-de-vie quand il y en a, ou son pain; ça lui a ôté les petits moments de relâche qu'il aurait pu avoir; et c'est tous les jours qu'il fait ce chien de métier et toutes les nuits, depuis le 9 du courant. Croit-on que c'est une vie à le remettre de la forte maladie qu'il a eue à Vendôme? Et le pire, c'est encore le chagrin qu'il se fait de ce qui se passe et sa rage; c'est pas possible que sa nourriture lui profite.

Aussi je me vois forcé de répéter à madame que sa famille le devrait faire revenir; plus tard, il ne serait peut-être plus bien temps. Il est maigre, il tousse, il boite que c'est une pitié. Les majors le renverraient si on leur demandait leur avis; il n'y aurait qu'à leur faire signer une feuille d'entrée à l'hôpital, et puis on le retirerait.

En attendant ce qu'en pensera madame, je ferai de mon mieux comme à l'ordinaire pour prendre soin de M. André; il serait vexé de ce que j'écris, mais je suis le serviteur de madame et je me souviens de ses ordres.

Bien le bonjour chez nous si madame a cette bonté. Faut-il que mon gars ait eu de la chance d'être attrapé avant tout ça! Serait-il pris à cette heure, faudrait qu'il pâtisse aussi, car l'ennemi n'est pas nourri bien plus richement que nous, et guère de bonne humeur si ce qu'on dit est vrai.

ANDRÉ A MADAME DE VINEUIL.

Sous Laval, 17 janvier.

Cela va moins mal, ma chère maman. Il y a deux jours, nous avons eu à Saint-Jean-sur-Erve un combat honorable. L'artillerie y a joué le principal rôle; heureux sommes-nous de l'avoir sauvée ! elle nous l'a bien rendu.

Notre 16me corps me semble avoir eu l'honneur des principales attentions de messieurs les Allemands, il a fallu se battre tous les jours jusqu'à hier. A peine pouvait-on leur opposer un rideau de troupes tenant ensemble pour masquer l'effroyable mêlée qui ondulait en arrière, et pourtant nous n'avons perdu un ni canon ni un caisson; je ne parle pas des hommes; certains bataillons sont comme fondus, qu'en retrouvera-t-on ? Personne ne le sait. La cavalerie allemande a dû ramasser des milliers de pauvres misérables aussi écloppés au moral qu'au physique, la majeure partie du reste forme la masse confuse que par politesse on appelle encore l'*armée*. Il y a peu de tués, davantage de blessés et de malades qui vont très-probablement mourir, parce qu'il n'y a plus rien d'organisé pour eux. Je suis toujours et complétement intact, chère maman ; vous savez que je vous dis la vérité vraie.

Un des progrès accomplis, c'est qu'on nous donne à manger. Il était temps. La souffrance de la faim, depuis le Mans, a été horrible et a fait quelquefois oublier les autres. Vous savez qu'une de mes petites prétentions était de supporter le jeûne à l'aide d'une forte préoccupation. Certes, les fortes préoccupations ne me manquaient pas; eh bien, il est venu un jour où je n'avais plus que celle-ci : manger et trouver à manger pour mes hommes. L'état de quelques-uns est affreux, il semble que la vie se soit retirée d'eux trop loin pour revenir; même depuis qu'ils mangent on ne les voit pas se ranimer.

J'ai eu tout à l'heure une petite querelle avec Barbier, et autant vaut vous la conter, car il me menace de vous écrire exprès. Grâce à sa qualité de civil, il a pu entrer ce matin dans Laval dont l'accès est interdit aux militaires. Il voulait nous procurer quelques vivres de supplément, et, avec beaucoup de peine, il est parvenu à acheter diverses excellentes choses, mais en très-petite quantité. Un pot de Liebig, échappé par miracle à la chasse que toutes les ambulances ont faite à ses pareils, était la perle de la collection, et parce que son contenu a passé d'un coup, à faire une soupe exquise à ma compagnie, mon Barbier est complétement en colère. Il n'a pas voulu en goûter et me poursuit des admonestations les plus dures et des prédictions les plus sinistres. Ce n'est pas vous qui me gronderiez si fort, ma chère maman, d'autant plus que je suis encore privilégié malgré tout : il m'a rapporté des chaussures taillées sur un modèle gigantesque, mais qui ne m'en permettent pas moins d'avoir quelquefois les pieds secs.

Pauvre brave Barbier! jamais je n'oublierai ce qu'il endure en ce moment pour moi. J'espère qu'il sent, que, malgré mes résistances, ce n'est pas de la souffrance perdue que la sienne. Hier, comme j'entrais à Soulgé-le-Bruant, à jeun depuis la veille, transi de froid, réellement épuisé, je le trouvai tout à coup sur mon chemin. Je ne savais plus trop où j'en étais et je n'aurais pu lui rien demander; il vit d'un coup d'œil ce qu'il me fallait et me mit sa gourde aux lèvres. Je bus quelque chose de délicieux qui me donnait, en passant par le gosier, cette sensation du chaud que j'avais presque oubliée. Puis il me coucha sur la paille dans la halle qu'on nous avait assignée, il me couvrit de son propre manteau et se tint longtemps près de moi pour qu'on ne me réveillât pas. Aussi ce matin j'étais ressuscité. J'ai voulu revenir à sa gourde; cette délicieuse boisson ne m'a plus paru que ce qu'elle était réellement, une affreuse eau-de-vie bonne à faire des frictions.

J'espère que nous resterons ici. Le pays me semble bien disposé pour la défense telle que nous la pouvons pratiquer. On dit la ligne de la Mayenne très-forte, il est vrai que l'on pensait de même des positions du Mans! Mais c'est si douloureux de rencontrer quelque part, dans une école ou une gare, une carte de France! Cette longue fuite vers l'Ouest, ces départements abandonnés peu à peu, ces villes laissées l'une après l'autre aux outrages des victorieux, cela vous saisit le cœur tout à nouveau et il prend un ardent désir qu'une bonne fois on se décide à vaincre sur place ou à se faire tuer sans aller plus loin.

En attendant, nous nous retrouvons quelque peu les uns les autres. Mon vieux 39me de marche, mon premier régiment, est ici, mais il a beaucoup souffert. La division Curten est arrivée hier; elle a pu se dérober depuis Château-du-Loir et n'a qu'à peine combattu, aussi est-elle déjà mise en avant-garde. On a de bonnes nouvelles de Bourbaki dans l'Est, et Paris, ce pauvre cher Paris auquel on n'ose presque plus penser depuis qu'on en est si loin, tient admirablement. Nous mettons tout ensemble pour nous en refaire une espérance. Écrivez-moi, chère maman, j'ai tant besoin que vous me consoliez!

MONSIEUR DE VINEUIL A MADAME DE VINEUIL.

Paris, 17 décembre.

Trois mois de siége! Eût-on jamais pensé que le peuple parisien supporterait pareille épreuve! Trois mois de monologue pour lui qui aime tant à recevoir ou à donner la réplique, dont la vie morale s'alimente d'ordinaire des nouvelles vraies ou fausses du monde entier, voilà trois mois qu'il est forcé de vivre sur son propre fonds, et il ne semble pas s'en trouver plus mal! Le besoin du rire, ce trait du caractère français, est resté le même dans nos traverses et je voudrais avoir enregistré quelques-unes des plaisanteries plus ou moins fines, mais toujours bienvenues, dont les expédients culinaires ont le privilége de faire les frais. En résumé, personne ne se plaint, sauf les maris et les pères privés de nouvelles et qui ne peuvent s'habituer à ce silence presque complet. Les étrangers, restés à Paris pour leurs affaires, partagent nos privations et n'ont pas le sentiment patriotique pour les soutenir, aussi ne cachent-ils plus leur désir de voir le siége se terminer d'une façon ou de l'autre.

« Si Paris ne veut pas capituler, disait hier soir ***, qu'on nous laisse nous rendre individuellement! »

et malgré, la forme plaisante, on sentait la lassitude dans l'accent.

L'ensemble de la population, et surtout de la population féminine, reste admirable. Il y a des illusions, parfois un peu de jactance, mais le sentiment qui domine est celui de la grandeur de la cause auprès de laquelle tous les sacrifices sont minimes. Et cependant la mortalité augmente de semaine en semaine, les enfants surtout sont frappés; tu serais navrée de la vue des chétifs petits visages qu'on rencontre.

Hier, j'en étais impressionné plus que de coutume encore, en traversant Paris pour aller inspecter le fort de ***, et, je ne sais comment, je me suis cru transporté à vingt ans en arrière, dans ce wagon qui nous ramenait toi et moi de Marseille, avec Maurice tout petit. T'en souviens-tu? nous n'avions pu trouver de lait pour lui au buffet d'Avignon et tu m'assurais, de la meilleure foi du monde, que jamais l'enfant ne supporterait d'attendre sans ce lait jusqu'à l'arrivée à Lyon. J'avais fini par m'inquiéter aussi. Nos pauvres petits Parisiens! depuis combien de temps ne leur manque-t-il pas ce lait que leurs mères aussi leur savent nécessaire!

J'étais donc hier au fort de ***, et là, du moins, ma visite a été un vrai plaisir. Les forts, depuis le siége, sont livrés à la marine. Ainsi qu'un vaisseau, le fort est isolé du reste du monde, et les marins s'y sont installés de manière à rendre leur prison fixe aussi confortable qu'ils sauraient rendre leur prison flottante. Dans tous les détails on sent le goût et l'habitude de l'arrangement. Maintenus occupés, les marins ne connaissent pas l'ennui, et sont préservés des mille tentations auxquelles céderaient des hommes oisifs. Ils ne s'absentent pas, ne s'enivrent pas, et non-seulement sont soumis à leurs chefs, mais encore savent mettre de l'entrain dans leur obéissance. Malgré leur supériorité reconnue sur tous les autres corps employés à la défense de Paris, ils sont généralement aimés, et je crains seulement qu'ils ne finissent par être gâtés par l'opinion, en même temps que trop employés par les chefs. C'est une tentation très-naturelle que celle de les réclamer un peu partout; avec eux on n'a à craindre ni défaillances ni maladresses, on sait que le possible sera fait.

En somme, l'exemple des marins est excellent. Quand il s'agira de la réforme de l'armée, je voudrais qu'on étudiât la manière dont s'est établi l'ascendant des officiers de marine sur les matelots. Je crois que le respect pour les connaissances de l'officier y est pour beaucoup. L'officier de marine sait incontestablement des choses qu'ignore le matelot et dont celui-ci comprend l'importance; dans l'armée de terre, nos jeunes lieutenants, pour ne pas parler des grades supérieurs, sont trop vite percés à jour par leurs subordonnés intelligents. L'autorité est factice, elle tient à l'épaulette et non à la valeur vraie de l'officier. L'armée de terre ne se sauvera et ne sauvera le pays qu'en élevant son niveau moral et intellectuel. Le travail, le travail et l'amour du pays, tout est là.

DU MÊME A LA MÊME.

Paris, 27 décembre.

L'ennemi bombarde depuis ce matin le plateau d'Avron et les forts de l'Est. C'est du nouveau, un nouveau prévu, mais redoutable. Avec les obus tombe la neige. Brillante et paisible, elle semble une messagère venue d'en haut pour couvrir d'un même linceul les amis et les ennemis.

Nos troupes souffrent cruellement dans la tranchée; ce froid est plus difficilement supporté par des hommes que les privations ont affaiblis. On brûle toutes les clôtures, on coupe les arbres des promenades : la pitié pour les souffrants est trop grande pour que personne regrette ce qu'on leur sacrifie. Tout à l'heure, sur le boulevard Pigalle, je remarquais des femmes dépeçant à coups de ciseaux les souches des arbres qu'on avait sciés il y a quelques jours. Elles étaient blanches de neige et ne pensaient pas à s'interrompre; ces chétifs éclats de bois vert et humide étaient une espérance de vie pour leurs enfants.

DU MÊME A LA MÊME.

Paris, 30 décembre.

Je reviens, ma chère femme, d'une expédition qui eût été selon tes goûts. Quelques-uns de nos amis, préoccupés comme nous tous des souffrances de nos soldats, avaient imaginé qu'il serait possible de leur distribuer dans la tranchée même quelque boisson chaude qui les aiderait à réagir contre le froid excessif. Ils avaient pensé qu'une locomobile permettrait de chauffer rapidement une grande quantité de liquide à la fois, et nous sommes partis ce matin avec notre instrument que traînait un cheval, avec un panier de bouteilles d'eau de vie et même du sucre. Il y avait sept degrés de froid, un fort vent du nord, peu de neige.

Nous nous dirigeons vers Drancy, où l'on construit à l'abri des murs écroulés du château de M. de Ladouçette, une puissante batterie destinée à battre le Bourget. Nous nous établissons aussi parmi ces ruines, et bientôt notre eau bout. Le colonel donne ordre que chaque compagnie vienne à tour de rôle à la distribution. L'eau chaude passe dans un seau où l'on a mis le sucre, on remue avec une pelle de bois, une pelle de baby, puis on ajoute une bouteille de cognac.

En une heure et demie, nous avons pu distribuer un tiers de litre par homme à 1,200 hommes. Par malheur, chacun de nous a une tâche spéciale et cela empêchera de renouveler souvent notre expédition, mais nous nous sommes convaincus que des distributions semblables seraient faciles à établir par l'intendance.

Au retour, triste nouvelle : notre artillerie a évacué le plateau d'Avron, rendu intenable par le bombardement. L'autre jour on apprenait par l'état-major prussien que l'armée du Nord avait été défaite le 24 et le 25... Quelle triste fin d'année! Nous avions un heureux moment ce matin en versant les grogs à nos pauvres soldats, et voilà que nous retrouvons plus sombre encore le sombre avenir que nous avions tâché d'oublier!

Maurice ne peut admettre la pensée de la défaite finale. D'après lui, le secours viendra, il ne sait trop d'où, mais il viendra. C'est un brave et digne garçon sans égoïsme et passionné pour le devoir. Que Dieu l'entende!

Le bombardement n'a pas cessé, mais il n'a aucun effet sur les forts.

DU MÊME A LA MÊME.

Paris, 31 décembre.

Quel soulagement de la voir s'achever cette triste année 1870! il me semble impossible que celle qui commence demain ne vaille pas mieux. Il y a pourtant un degré d'infortune au-dessous duquel on ne peut pas descendre; n'y sommes-nous pas déjà?

Je quitte ce cher et malheureux ***. Il vient d'apprendre la mort de sa femme, enlevée soudainement il y a deux mois. Tu l'auras su sans doute alors par des amis communs, mais lui avait continué pendant ces deux mois à la croire vivante, telle qu'il l'avait laissée, au milieu de leurs cinq enfants, nourrissant le dernier... Il lui écrivait chaque jour. Un petit carré de papier de cinq centimètres lui a appris son deuil et brisé sa vie. Il comprend à peine, se demande ce qu'on aura fait de ses enfants, et la plus affreuse des douleurs s'aggrave pour lui de toutes sortes d'amertumes inconnues. J'ai trouvé près de lui quelques intimes. Chacun fait un triste retour sur soi-même devant une telle épreuve; bien peu d'entre nous ont su quelque chose des leurs depuis trois mois et demi, et la pensée que ce silence peut cacher un deuil semblable est devenue un atroce cauchemar.

Ma femme bien-aimée, André, Berthe, Marguerite, Robert, me serez-vous tous rendus? et quand?

DU MÊME A LA MÊME.

Paris, 6 janvier.

Hier, la journée des assiégés avait bien commencé, malgré dix degrés de froid. Quelques numéros du *Moniteur prussien*, journal officiel de Seine-et-Oise, avaient pénétré jusqu'à nous et nous leur avions dû un aperçu de l'état des choses hors de notre prison qui nous avait fait quelque bien. Ce n'est pas que ces journaux renfermassent de bonnes nouvelles, mais ils n'en donnaient point de mauvaises, et c'était beaucoup. Il semble ne s'être rien passé d'important sur la Loire, pas de nouvelles de ce redoutable Frédéric-Charles; mais des témoignages que la résistance de la province s'est accentuée, voilà qui avait suffi à nous donner une lueur d'espérance. Tu vois que nous ne sommes pas gâtés! Il faut peu de chose pour réjouir des assiégés qui s'imaginent parfois qu'au delà de l'enceinte de leur prison, tout s'est écroulé.

Le soir, les rapports constataient un redoublement

d'activité du feu de l'ennemi; le même vacarme continue toute la nuit; le matin nous apprenons que des obus sont tombés dans le quartier Saint-Jacques, rue Gay-Lussac et boulevard Saint-Michel. La population n'en paraît point émue, quoique quelques habitants des quartiers atteints quittent leur domicile. On est résolu à voir en beau, et l'avis général est que les Prussiens ne se seraient pas décidés au bombardement de la ville même, ce qui sans avertissement préalable est monstrueux comme fait de guerre, s'ils n'étaient pas eux-mêmes menacés. On les juge pressés d'en finir par crainte de la province, et l'attente d'une délivrance prochaine fait saluer presque gaiement les formidables détonations des grosses pièces de siége.

Est-il besoin de te dire que je ne partage pas la commune espérance? Ce peuple est bien toujours le même, prompt à l'illusion, volontiers séduit par l'absurde, mais si admirablement généreux qu'il cherche des excuses à ses pires ennemis, et cela sous leurs bombes mêmes.

DU MÊME A LA MÊME.

Paris, 9 janvier.

Le bombardement continue avec la même violence contre les forts et les quartiers du sud, les obus pleuvent maintenant jusqu'à la rue de Madame. Le Panthéon, l'École des Mines, le Luxembourg sont atteints; les habitants s'établissent dans leurs caves ou se réfugient de ce côté-ci de la Seine. J'ai invité les ***, dont la maison avait reçu deux bombes et qui avaient passé la nuit dernière dans leur cave, à venir prendre notre appartement, ils s'installent en ce moment. Comme les Prussiens pointaient hier de préférence sur l'hôpital militaire du Val-de-Grâce, Trochu leur a fait dire qu'il allait y concentrer les blessés allemands; les obus ont immédiatement pris une autre direction. Malheureusement il y avait déjà des infirmières et des malades d'atteints.

En somme, les accidents ont été peu graves relativement au nombre des obus tombés dans la ville, mais le fait que les victimes sont des femmes, des enfants, des passants ou des dormants, les rend odieux. Il était devenu pour ainsi dire classique qu'une ville investie ne pouvait être bombardée avant que la libre sortie n'eût été offerte aux femmes, aux vieillards et aux enfants. Malgré sa surprise, la population reste très-ferme : ni effroi, ni stupeur, ni colère, ni agitation d'aucune espèce.

Si l'on analysait le sentiment général, il s'en dégagerait peut-être une certaine satisfaction de voir que l'ennemi juge nécessaire de déployer tous ses moyens pour nous réduire. Les haineux, ou du moins ceux qui s'efforcent de l'être, se déclarent enchantés que la Prusse endosse une infamie de plus. — Hélas ! cela peut bien consoler sur la rive droite, où les bombes n'arrivent pas, mais cela ne console pas sur la rive gauche, là où un pauvre petit, dans sa chambre, vient d'être affreusement mutilé par le même projectile qui tuait à côté de lui son père et sa mère. Cela ne console pas ceux qui aiment l'âme humaine pour elle-même et quel que soit l'uniforme dont on habille son enveloppe. Infamies prussiennes! dit-on, mais qui en souffre, sinon l'humanité tout entière? Elle croyait au progrès, à la civilisation, à la lumière, et elle ne sait plus où elle en est. Qui en souffre? sinon l'idée chrétienne. L'idée chrétienne doit changer la face du monde, et elle la changera ! ma foi reste entière; mais malheur à ceux qui arrêtent son œuvre, foulent aux pieds ses conquêtes et retournent de gaieté de cœur à la barbarie !

Je ne serais pas surpris que l'impatience gagnât la

population. On finira pas forcer la main au général et par obtenir des sorties.

Des pigeons sont arrivés. Il y a de bonnes nouvelles de Faidherbe, qui a battu les Prussiens à Bapaume; on attend de grands succès dans l'Est, enfin Chanzy manœuvre sur la Loire et reçoit des renforts. Quand aurai-je une dépêche pour moi et saurai-je si mon cher, cher lignard a résisté à tant d'épreuves?

DU MÊME A LA MÊME.

Paris, 13 janvier.

Une bombe par minute cette nuit dans le quartier Saint-Sulpice, préférence marquée des obus pour les établissements hospitaliers, entre autres *la Pitié*.[1]

Vent du nord qui a ramené un froid de plus en plus difficile à supporter, puisque le chauffage fait complétement défaut.

Diminution nouvelle de la ration de cheval (80 grammes pour *trois* jours).

Enfin, vagues rumeurs de trahison, trop pardonnables dans une population éprouvée jusqu'à l'extrême limite de ses forces, mais néanmoins rumeurs insensées et dangereuses : voilà le bulletin du jour; il est triste. On sent la souffrance autour de soi si grande, qu'elle oppresse ; on n'ose plus, comme jadis, regarder dans la rue les passants au visage ; on craint trop de rencontrer l'œil enfoncé et le teint blême de malheureux pour lesquels on ne peut rien. Oh ! l'empereur d'Allemagne ! de quel fardeau il charge sa vieillesse ! Chaque jour il profane les paroles du Saint Livre en les associant à ses ordres ou à ses triomphes sanguinaires, et il n'a pas su trouver dans ce même Livre une seule leçon de miséricorde ou de simple justice ! Il mêle ce qu'il y a de plus odieux à ce qu'il y a de plus sacré, et l'on dirait qu'il veut faire reculer le XIXe siècle jusqu'au pire moyen âge dont il semble échappé !

Et cependant, il y a des gens heureux dans la ville désolée !

J'entrais ce matin à l'ambulance Chaptal, le jour commençait à peine ; je croisai sous le porche Mme *** qui sortait.

« Je croyais que vous ne deviez plus passer de nuits ? lui dis-je.

— Je ne le fais pas habituellement, répondit-elle, mais mon 219 allait mourir ; vous savez que nous nous aimions beaucoup ; il m'a priée de rester jusqu'à la fin. Il a peu souffert au dernier moment, le pauvre garçon !

— Peut-être, mais vous ! pour vos forces, il faudrait que le siége se terminât.

— Oh! ne dites pas cela; c'est si bon de se sentir utile, de consoler! Vous savez, ajouta-t-elle, que je n'ai pas à me plaindre de mon lot en ce monde; eh bien, c'est ici que j'ai connu les meilleures joies. »

Et deux grosses larmes ont coulé sur ce visage si jeune encore et d'ordinaire si gai, qu'on n'aurait jamais songé à l'associer au ministère lugubre qu'elle venait de remplir.

D'autres femmes de tes amies me le disaient aussi: « Avec toutes ses douleurs, c'est cependant un hiver qui sera béni pour nous. Les souffrances sont horribles à voir et il nous semble que nous n'oublierons jamais certains spectacles, mais du moins on combat contre le mal et la souffrance, et l'on sent qu'on les diminue en une certaine mesure. Et puis nous vivons pour la première fois comme Dieu veut que l'on vive, il n'y a pas de partage difficile à faire entre le monde et notre œuvre, tout est à elle. Et combien de gens nous aimons maintenant que nous n'aurions jamais connus! Nous n'aurions jamais cru qu'il y eût tant de bon dans notre peuple. Nous avons beaucoup appris. »

DU MÊME A LA MÊME.

Paris, 16 janvier.

Bienheureux dégel aujourd'hui. Quoiqu'on ait brûlé toutes les barrières, les arbres des promenades, les bancs, les charpentes, jusqu'à l'asphalte des trottoirs réduit en briquettes, la souffrance du froid dépassait toutes les autres.

La mortalité a augmenté dans une proportion considérable. La vie est usée à ce point, dans la population, en général, que toute force physique de résistance est éteinte, le moindre accident amène la mort.

Le bombardement réclame aussi sa part dans le total de chaque jour. A entendre l'effroyable tapage de l'artillerie, les profanes imaginent que tout doit être détruit, maisons et habitants, et sont soulagés en apprenant par le journal que le nombre des victimes est de trente ou quarante seulement. Seulement! mais ces chiffres reviennent tous les jours, et l'impression dans le quartier même est bien différente. Ces victimes, c'est le voisin, la blanchisseuse, une cuisinière, l'enfant du portier que chacun connaît; l'un jouait dans la rue, l'autre dormait dans son lit, et voilà!

Toutes les influences convergent en ce moment pour obtenir une nouvelle sortie. Il y a dans la population une certaine impatience nerveuse qui finira par réagir sur la direction des opérations militaires. On est bien malheureux, à des heures pareilles, de posséder l'autorité qui a pu, une fois, sembler désirable. Parce qu'on n'ose pas dire que la sortie sera inutile, on est sans force pour la refuser, et pourtant la commander est assumer sur soi une lourde responsabilité.

Une dépêche du préfet de Lille confirme la victoire de Faidherbe à Bapaume. On a aussi quelques gazettes allemandes dont le ton marque une certaine considération pour la résistance de la France. Je voudrais voir ces gazetiers allemands, les rédacteurs du *Times*, et même les prétendus Français qui nomment leur pays un pays pourri pour se dispenser de le défendre, je voudrais les voir tous en ce moment assister au défilé des bombardés de la rive gauche qui viennent chercher asile jusqu'ici. Chacun porte ou traîne avec soi un bagage bien réduit; les femmes, déjà chargées, mènent les enfants par la main; tout cela est calme, simple, point aigri. Quand la Seine a été traversée, on se retourne sur le quai de la rive droite pour dire adieu au chez-soi qu'on ne reverra probablement plus que dévasté, et parmi tous ces gens sans pain, sans toit, peut-être sans espérance, vous n'entendrez pas une voix qui demande que l'épreuve s'abrége. Non! Chacun sait qu'un jour de souffrance de plus, c'est aussi un jour de plus acquis à l'honneur du pays. Cela pourtant est beau et prouve que tout n'est pas perdu pour l'avenir.

DU MÊME A LA MÊME.

Paris, 17 janvier, soir.

Enfin une lettre de toi! une vraie! et vous êtes tous vivants! Elle m'arrive à l'heure même!

Je savais bien hier en t'écrivant que c'était le jour de la réception de la valise de M. Washburne, mais je n'osais plus te parler de mon espérance si souvent déçue.

Par quels cruels moments vous avez passé les uns et les autres! Ta lettre du 15 décembre m'a fait partager ton inquiétude pour notre cher, brave André. Heureusement qu'un petit carré de papier, du 21, mis sous l'enveloppe adressée par Mme*** à son mari, est parvenu aussi et me dit la bonne fortune de ce mortel toujours privilégié qui, après avoir usé du précieux dévouement de Barbier, tombe justement sur l'une des ambulances de la Société internationale. Que se sera-t-il passé depuis? Je pense avec anxiété à la retraite de l'armée de la Loire; mais André, se trouvant dans une ambulance, devait être couvert par la convention de Genève.

Grâce à Dieu, je vois que l'invasion a été clémente aux environs de S... et que vous avez été assez épargnés. Mais que de détails on voudrait encore! seulement un mot sur ces quatre dernières semaines, un mot sur André.

Je suis ingrat, chère femme, et c'est mal. Après quatre-vingt-dix jours, revoir ton écriture, te savoir toujours calme et forte, nos enfants préservés, et demander davantage! je ne mérite pas mon bonheur. Mes bienheureuses feuilles sont parties immédiatement pour le quartier de Maurice.

Le bombardement continue. Vingt et une victimes. Les compagnies de marche de la garde nationale prendront part à la prochaine sortie; elles le réclament. Il est à craindre que ce ne soit une dure expérience, mais elle convaincra la population des difficultés dont elle ne se doute pas. Nous sommes accablés de besogne.

Les privations vont s'accroître. Le pain, déjà si mauvais, sera incessamment rationné. Dis-toi bien, au moins, que ni ton fils ni moi n'avons encore réellement souffert. Maintenant que nous voilà en possession de nouvelles de nos absents, nous vaudrons tous deux encore dix fois mieux qu'auparavant.

MADAME DE THIEULIN A MADAME DE VINEUIL.

Thieulin, 5 janvier.

Voici, en bien comptant, dix jours que je suis de retour dans mon cher chez-moi, et je n'ai su encore que penser à notre ambulance du Bocage! J'y pense pour la regretter. J'avais découvert enfin ma vocation (un peu tard, se dit Mlle Berthe en riant). — Ma chère nièce, mieux vaut tard que jamais...

Grâce à la mère que vous avez, vous trouverez sans doute le bon chemin plus tôt que votre vieille tante, et mieux vaudra; mais si elle l'a trouvé tard, du moins ne veut-elle plus le quitter. Ma vocation, c'est l'infirmerie. On avait eu beau me gâter mon ambulance en dispersant mes pauvres blessés avant qu'ils fussent en état de marcher, jamais je n'aurais pu me décider à la quitter si mes habitudes premières d'obéissance conjugale ne m'avaient ramenée ici dès qu'Adolphe a jugé le moment venu d'y rentrer. Nous avons laissé Roland en possession de l'abbé M*** comme secours et société; les blessés allemands avaient été évacués sur Orléans ainsi que les Français estimés rétablis, il ne lui restait qu'un petit nombre de malades, il pouvait en effet se passer de nous.

Nous avons trouvé Thieulin occupé par un corps de francs-tireurs qui y vivaient fort à l'aise et n'avaient nul désir de voir revenir les vrais propriétaires. Deux lettres de Vendôme, d'André, nous attendaient. On sent combien la captivité pèse au pauvre garçon, et cela renouvelle mes regrets de n'avoir pu le rejoindre; mais tu dois être, malgré tout, trop heureuse de le savoir à l'abri des balles et bien soigné par son honnête homme de dentiste. Je te félicite du repos forcé auquel il se trouve condamné.

Pendant qu'il expie sa gloire à Vendôme, Barbier le cherche à Tours ou ailleurs, et je ne sais comment lui faire parvenir un avis. Le service de la poste est complétement suspendu par ici, les routes sont peu sûres. Nous sommes entre les Français au nord et ses Prussiens au sud, et justement dans la zone consacrée aux escarmouches. On nous prend, on nous perd, on nous reprend pour nous reperdre à chaque instant, tout cela sans considérable effusion de sang, grâce au ciel, mais à la grande souffrance de nos pauvres nerfs.

Le canon se fait entendre depuis hier, au nord; le voilà maintenant à l'est, et aussi au sud. Les francs-tireurs qui occupent le parc et le château sont fort émus et ne savent guère le cacher; je ne serais pas étonnée de les voir détaler subitement. Mes vœux les accompagneront, mais non pas mes regrets. Nous avons suffisamment joui de la société de ces messieurs, et il me semble que c'est au tour de quelque autre à les posséder. Non qu'ils soient méchants, loin de là, mais ce sont des gens émus, et par cela même émouvants, buveurs, gâcheurs, braillards, en tout ennemis jurés du calme dont nous avions tant besoin et que nous espérions retrouver en retrouvant notre chez-nous.

6 janvier.

Je l'avais bien prévu : nos francs-tireurs s'en sont allés ce matin par une porte comme les Prussiens arrivaient par l'autre ; — ces derniers demandaient depuis combien de temps les francs-tireurs étaient partis. Je crois vraiment qu'ils ont une peur effroyable les uns des autres.

Quelle tristesse de se retrouver entourés de tous ces uniformes ennemis! Il est trop certain que nous venons d'essuyer encore une défaite. Le général Rousseau a subi deux attaques à la Fourche, près de Nogent ; il a perdu des canons, on ne sait encore combien, et il se concentre maintenant à Margon. Des hussards allemands disent avoir perdu beaucoup de monde à la Fourche et aussi à la Gaudaine, mais je me méfie quelque peu de leurs propos. Ils sont assez malins pour avoir remarqué qu'annoncer de grandes pertes est un moyen sûr d'ouvrir le cœur et les réserves des pauvres Français; une intention de flatterie leur fait souvent exagérer le nombre de leurs blessés, flatterie étrange et sinistre comme le temps qui l'a vu inventer. De grandes pertes pour eux, c'est la résistance pour nous; notre résistance, c'est l'espoir ou tout au moins l'honneur.

Adieu, chère sœur. De quoi demain sera-t-il fait? dit le poëte; moi je prédis qu'il sera fait de choses tristes, et qu'il en sera de même de bien des lendemains de ce demain.

DE LA MÊME A LA MÊME.

Thieulin, 11 janvier.

Je n'ai point l'âme jalouse, mais je remarque que, d'après tes lettres, tu es exceptionnellement bien partagée en Prussiens.

Veux-tu savoir comment cela se passe par ici depuis qu'ils y sont de nouveau les maîtres non contestés, car nos pauvres petites troupes ont fui maintenant bien loin vers Connerré ou au delà? Tu auras une seule journée, celle du 9, par exemple.

Dix-huit hussards polonais qui ont couché dans les communs, ainsi que leurs chevaux, prennent congé à neuf heures du matin, non sans avoir bien déjeuné. Leur lieutenant, dans les plus aimables intentions, je n'en doute pas, salue et crie : « Au reffoir! » Un silence éloquent lui répond.

Deux heures après, un escadron entier complétement ivre. Les hommes se font ouvrir le château, entrent dans toutes les chambres, touchent à tout, se jettent sur les lits, étendent leurs bottes grasses sur les canapés; je t'épargne les faits les plus graves. L'un se met au piano, un autre monte la pendule du grand salon, enfin ces honnêtes gens tuent le temps de leur mieux jusqu'à ce qué leur repas soit prêt. De ce repas je ne dirai rien, car je m'abstiens d'y assister. Pendant qu'ils s'y consacrent, je fais le tour de mes chambres pour voir si aucun n'est resté endormi, et j'en trouve deux qu'il me faut secouer et qui jurent tant qu'ils peuvent. Mais j'aime mieux leurs jurons que le risque d'en garder un seul. Chez le docteur A***, notre voisin, pour un uhlan ivre laissé ainsi une nuit par mégarde, ses camarades ont trouvé moyen d'extorquer une amende. Enfin, voilà mes gens à cheval, fort vacillants; ils partent.

Trois fourchettes ont disparu, tous les morceaux de savon, des serviettes et une dizaine de petits objets. Par contre, il est resté dans le vestibule un sac à bandoulière où je trouve, entre autres choses, six camisoles de femme, brodées, garnies et attachées deux par deux avec des rubans roses, plusieurs paires de gants de femme neufs, des mouchoirs neufs garnis, un lot de bagues (huit ou dix) attachées ensemble par une ficelle, des photographies de la ville de Chartres, etc., etc.

Il est quatre heures, on sonne. C'est un grand gaillard blond, toujours des blonds ! (il faut absolument que tes fils brunissent).

« Madame, le colonel, quatre officiers et le secrétaire du colonel vont arriver; ils mettent leurs chevaux à l'écurie, ils disent : Préparez les chambres. »

Nous voilà sens dessus dessous, organisant, arran geant, *nettoyant*. On sonne de nouveau, nous descendons, Adolphe et moi ; c'est un officier :

« Je veux que toutes portes restent ouvertes, je veux une chambre. »

Adolphe le conduit dans la grande chambre du bout.

« Pas cela, je veux deux lits.

— Il n'y en a pas.

— Montrez tout. »

Il parcourt, choisit ma chambre d'été, où rien n'avait été préparé.

« Ici, vite, deux lits. »

On se hâte, mais celui-là n'était qu'un chirurgien .

Arrive le colonel, moins brutal, son secrétaire et trois officiers.

Les officiers daignent monter et accepter les chambres prêtes, mais le colonel exige des lits au rez-de-chaussée, il faut en passer par là. Après cela, le dîner. On demande du champagne, et l'on se plaint de n'avoir pas eu de gibier, puis toute la nuit un va-et-vient incessant. Le lendemain ces messieurs ont déjeuné chacun dans son lit, puis sont partis. Ils n'ont rien volé eux-mêmes, mais leurs ordonnances ont forcé les armoires de la sellerie et celles des chambres des garçons de ferme, et ont emporté ce qui leur a plu. Je ne parle pas des ordures laissées partout. Comprends-tu la lassitude de corps, d'esprit et de patience qui suit de telles journées?

Nous voudrions recevoir et soigner ici une douzaine de blessés, ce serait peut-être une sauvegarde, à coup sûr une consolation, mais on ne peut en ce moment nous donner aucun de ceux qui sont à Brou parce qu'ils ont encore besoin des soins journaliers d'un chirurgien, ce qu'ils ne trouveraient pas ici.

DE LA MÊME A LA MÊME.

Thieulin, 14 janvier.

Hier matin, un domestique arriva de la ville avec nos lettres, que les L... se chargent de recevoir à la poste. Il apportait aussi cette fatale nouvelle de la prise du Mans. « Jusques à quand? jusques à quand?

Seigneur, » disait David. Existerait-il pour nous seuls un malheur sans fond ni terme? Les détails sont si affreux que je ne veux ni les croire ni les répéter. J'aime mieux penser aux consolations qui nous restent.

André n'était pas au Mans [1], et Paris tient toujours!

Il y avait dans notre courrier une lettre du fils Barbier pour ses parents; tu sais qu'il a été fait prisonnier à Josnes; sa lettre était timbrée de Barmen en Prusse; nous avons décidé de la porter nous-mêmes, et bien vite, à sa pauvre mère. Nous avions besoin de voir un peu de joie pour supporter la pensée de cet abandon du Mans.

Il y a six kilomètres de Thieulin à la ferme. Que fait-on quand on n'a plus ni chevaux ni voitures? On prend un âne. — J'ai donc pris l'âne de Pierre et même sa petite charrette, afin de rapporter quelque victuaille si la basse-cour de la mère Barbier se trouvait moins dépeuplée que les nôtres, car de ce côté-ci on n'a plus rien, mais rien.

Rouler en charrette à âne quand on a de bonnes fourrures, que le soleil brille sur trois pouces de neige, qu'on a son mari avec soi et qu'on va porter des nouvelles à une pauvre mère inquiète, ne manque

1. Le lecteur sait au contraire qu'André avait rejoint l'armée avant la bataille du Mans.

pas d'un certain charme. Mais savoir que Chanzy est en déroute et penser que cette neige si belle sert là-bas vers l'Ouest de lit funèbre à tant de braves gens, qu'elle retarde nos canons, gèle les pauvres pieds de nos soldats lassés, qu'elle est enfin, elle aussi ! notre ennemie, cela est affreux. On ne veut plus la voir, et comme elle est partout en bas, on regarde en haut... Ciel du Dieu clément, ciel d'où viennent les pardons, quand donc auras-tu pitié?...

Cela a été pourtant un bon moment que cette joie de la mère Barbier. Son fils va bien, quoique ayant peine à supporter le dur régime des prisonniers; on voit que, malgré son apathie native, il sent les outrages qui ne leur sont pas épargnés. Combien d'autres, comme lui, auront appris trop tard ce que coûte cette insouciance de chacun dont se compose l'insouciance du pays! L'après-midi s'est passée à causer doucement pendant que Cadet, qui nous avait escortés, parcourait le village pour découvrir des vivres. Toute cette partie du pays a été traitée aussi durement que nos environs. Les deux fermes les plus proches de celle de Barbier ont été brûlées entièrement sous prétexte que des francs-tireurs y avaient logé. Nous sommes revenus avec quelque peu de farine, des pois secs, du petit salé, un dindon et un tonnelet de cidre. Dire que cela constitue une fortune au temps actuel dans ce pays du Perche, si riche d'ordinaire!

La nuit tombait comme nous entrions dans le parc; j'étais morfondue malgré mes fourrures :

« Tu te réchaufferas vite, me dit Adolphe, vois là-bas comme ta chambre est éclairée, quel feu les domestiques t'ont fait !

— Mais je crois qu'on en a fait partout, répondis-je. Qu'est-ce qu'il leur a pris? toute la façade est illuminée. »

J'étais enraidie de ma longue course et je descendais péniblement de mon équipage quand Thomas et Marie accoururent à la fois :

« Madame, c'est le prince de *** qui est arrivé il y a deux heures avec beaucoup de monde, il est dans la chambre de madame.

— Le prince de *** ! dans ma chambre ! et pourquoi?...

— Il a voulu absolument celle-là et pas d'autre. J'ai enlevé ce que j'ai pu des affaires de madame et je les ai mises en attendant dans la mienne.

— Vous avez dit au prince que c'était la chambre de madame? demanda encore Adolphe.

— Certainement monsieur, et même que jamais aucun officier n'avait songé... »

Nous étions entrés dans le vestibule : les candélabres des grands jours étaient allumés, il y avait une sentinelle au pied de l'escalier, des officiers descendaient, causant très-haut, comme chez eux ; on ne se fait pas à ces vues-là. Je devinai que la colère gagnait Adolphe. « Sauvons-nous! » murmurai-je, et je l'entraînai dans le petit salon, pendant que la pauvre Marie continuait ses récits. A l'en croire, le château devait contenir une trentaine d'officiers et les communs regorgeaient de chevaux et de cavaliers.

— « Cela se complique, dis-je en essayant de rire, voyez si vous pouvez rentrer dans ma chambre et enlever les portraits qui sont à la cheminée ; laissez les grands s'il le faut, sauvez les miniatures.

« Je crois qu'il nous faudra camper ici, ajoutai-je à Adolphe, où irions-nous? Je ne me soucie pas de rencontrer ces messieurs.

— Non certes! »

Je crois qu'il commençait un tout petit juron, mon pauvre mari, tant il était hors des gonds, quand on frappa à la porte, et un officier d'une quarantaine d'années, à l'air doux et comme il faut, s'introduisit lui-même :

— « Monsieur le comte et madame la comtesse, je suis le major..., secrétaire des commandements de Son Altesse le prince de ***.

« Son Altesse m'a fait l'honneur de me charger d'inviter madame la comtesse et monsieur le comte à dîner avec elle. Cela serait très-agréable au prince de connaître des personnes aussi haut placées dans la société française et de penser que madame la comtesse ne change pas ses habitudes pour lui. »

C'était très-poli, n'est-ce pas? et admirablement prononcé.

Adolphe répondit :

— « Le prince de *** sait-il qu'il a choisi la propre chambre de madame?... Au reste, la question de ses intentions ou de ses procédés n'a rien à voir dans notre résolution : nous ne dînerons pas avec les officiers du roi Guillaume tant que la Prusse sera en guerre avec la France. »

Et il salua de cet air qui veut dire : Maintenant, allez-vous-en !

Notre major semblait, malgré tout, si poli et si brave homme, que j'essayai d'adoucir les angles.

— « Il ne peut rien y avoir de blessant pour les individus dans la décision que monsieur vous communique, dis-je. Dans d'autres lieux, nous avons partagé les repas de médecins allemands qui soignaient avec nous les mêmes blessés ; mais ici, nous asseoir à votre table serait vous recevoir à la nôtre. Nous n'avons point souhaité la guerre, mais puisqu'elle vous fait nos ennemis, nous ne pouvons pas vous traiter comme des hôtes.

— Madame la comtesse, répliqua le major avec une figure assez embarrassée, je comprends, je comprends très-bien ; mais... permettez-moi de dire... le prince de *** est très-jeune, tout à fait charmant, mais très-jeune, et alors il est... volontaire... Il a envie d'avoir des seigneurs français pour causer en français; il va être contrarié. Je lui donnerai bien tous les bons conseils, mais il sera contrarié, et peut-être il ne sera pas... aimable après qu'il aura été contrarié.

— J'espère mieux de lui, dit Adolphe souriant, quoi qu'il en eût, de l'air contrit de l'ambassadeur, l'honneur du prince de *** le guidera, comme le nôtre nous dirige. »

Le major disparut. Nous convînmes qu'il avait l'air fort brave homme, mais que la situation n'était pas gaie. Évidemment, le prince de *** devait être tout autre chose que commode. « Bast ! dit Adolphe, il ne brûlera toujours pas le château, il ne saurait où se mettre et le froid pique. »

Sur cette réflexion consolante, nous avisâmes à dîner sans nous montrer. Il y a derrière le petit salon une espèce de vestibule d'où un escalier descend au sous-sol; par là nous nous fîmes monter une pauvre petite lampe d'office, la seule qui restât, puis du bois pour la cheminée; enfin, quand la grande table eut été servie, nous eûmes un dîner d'envahis, triste dîner, mangé tristement.

En même temps que la soupe, paraissait de nouveau le major :

— « Je ne voudrais pas être importun, mais, en vérité, si madame la comtesse voulait bien seulement servir le café du prince au salon? Il va avoir fini... cela arrangera encore les choses. Le prince de *** est un peu... très... mécontent. Croyez, monsieur le comte et madame, que j'ai dit tout ce qui m'a été possible... Je suis désolé quand le prince fait des choses pas bien... Quand le prince a pris la chambre de madame la comtesse, c'est qu'il avait froid et il y avait beaucoup de feu dans cette chambre-là...

— Je ne pense plus à ma chambre, monsieur, répondis-je; les procédés du prince de *** le regardent, c'est à nous à avoir soin des nôtres. Advienne que pourra! je ne puis pas aller lui servir le café, mais je vous suis très-reconnaissante de vos bonnes intentions. »

Il parut un peu soulagé.

« Ah! madame! c'est que tout ce qui se passe me fait beaucoup de peine. Je voudrais, et d'autres aussi, voir moins de haine dans la guerre. Mon nom est français, madame, mes aïeux ont habité Rouen, puis votre roi Louis XIV les a chassés à cause de leur religion et cela nous a faits Allemands; mais je ne veux pas de mal au pays d'où vient ma famille et je sais bien que cette guerre-ci est très-durement faite. »

Le pauvre homme se hâta de retourner à son prince et à ses compagnons.

Nous ne tardâmes pas à nous apercevoir qu'il avait peu d'influence sur eux. Un bruit effroyable nous avertit que les convives quittaient la salle à manger, le grand salon fut brusquement ouvert, la lumière pénétra jusqu'à nous à travers le store baissé, qui cachait de notre côté la glace sans tain ; les voix, les rires, les mouvements de meubles remplirent l'air en un instant.

— « Ils veulent peut-être nous vexer, me dit Adolphe à voix basse. »

Le piano fit entendre une valse entraînante ; un cliquetis de tasses l'interrompit, c'était le café.

Nous nous étions assis dans l'ombre, l'un près de l'autre et nous tenant la main. Comme nous nous plaignions mutuellement! Comme je pensais que je devais aimer mon pauvre mari pour ce qu'il supportait ! Ma main tressaillit dans celle d'Adolphe.

« Qu'est-ce? » demanda-t-il.

— Une tasse par terre, dis-je. Cela ne fait rien, mais ils vont peut-être s'amuser à cela. »

En effet, une autre se brisa, puis une autre encore. Je crus distinguer le son de la voix du major plaidant doucement. — Un patatras éclatant lui répondit, ce devait être tout le plateau qui tombait. — Adolphe me serra la main à me faire mal, puis il poussa doucement les verrous des portes de communication. Le fait est qu'au train dont allaient ces messieurs, ils pouvaient s'aviser de nous venir insulter nous-mêmes. Bientôt des voix, sinon belles, du moins exercées, se firent entendre ; je ne pouvais distinguer les paroles qu'elles chantaient, c'était sans doute des hymnes guerriers. Puis un demi-silence, et quelqu'un attaqua l'air de *la Marseillaise*.

Je me croyais vieille, ma chère sœur, je me croyais calme, je me croyais positive, j'avais ri souvent des exaltations patriotiques, *la Marseillaise* avinée des rues m'avait semblé ignoble; mais quel élan m'a portée vers toi, mon noble, et pauvre, et beau pays, pendant que ces hommes outrageaient lâchement ton cri de guerre! — Quand ils avaient réussi à flétrir un vers de leur accent niais, les éclats de rires dérisoires s'élevaient et saluaient ironiquement les grandes menaces que la fortune avait trahies.

— « Ah! oui! semblaient-ils dire, le jour de gloire! Ah! vraiment! ils sont bons avec leur : Tremblez, tyrans!... »

Combien dura cette angoisse, je ne le sais, mes larmes coulaient à travers mes doigts qui voulaient les retenir, j'avais oublié où j'étais, je priais que la haine n'entrât pas dans mon cœur. Cette haine cherchée par eux, appelée, raillée d'avance, elle m'aurait rendue semblable à eux. Hélas! assez d'autres les haïront!.. la haine ne m'est pas venue, mais bien le mépris.

Les airs de danse ont succédé. Les grosses bottes ont frappé en mesure le parquet. C'était une soirée longue à passer pour nous. J'ai proposé à Adolphe une partie de dominos, cela nous aurait donné l'ombre d'une occupation. Pendant que je prenais le jeu, Adolphe voulut fermer les persiennes, pour échapper au regard d'une sentinelle qui passait et repassait lentement sur la terrasse. Le soldat arrêta le volet de la pointe de son sabre : « *Sie dürfen nicht zumachen.* » (Vous ne devez pas fermer.)

Cela était peu de chose auprès du reste. Je renversai doucement les dominos, et tandis que les danses continuaient, que le casque pointu passait et repassait devant la fenêtre, que notre petite lampe fumait, que notre poitrine serrée se gonflait de nouveaux sanglots, nous essayâmes de jouer, mais ce fut un triste essai. Au bout d'un instant, nous regagnâmes notre coin où, du moins, la sentinelle ne nous voyait plus, et, la main dans la main, nous attendîmes.

Les pires choses prennent fin comme les meilleures. Quand une sorte de silence se fut fait, la pauvre Marie introduisit des couvertures et des matelas réellement soustraits à l'ennemi. — Nous n'avions pas toujours été si bien couchés chez Roland au moment de la grande presse des blessés ; mais ce dénûment dans sa propre maison avait quelque chose de particulièrement pénible.

Ce matin, en m'éveillant, par terre sur mon matelas (pardon de cette vue d'intérieur), je m'aperçus qu'Adolphe avait déjà quitté le sien. Il était tout habillé et regardait d'un air mélancolique à travers les carreaux marbrés de givre.

— « Espérons qu'ils s'en iront aujourd'hui, » lui dis-je.

— « Peut-être ; — mais que font-ils ou ne font-ils pas

en attendant? Sais-tu que nous sommes gardés? Marie n'a pas pu venir jusqu'ici. Il y a une sentinelle derrière cette porte. »

Elle fut encore longue à passer, cette matinée-là. Les sentinelles qu'on relevait ne savaient pas le français et feignaient de ne pas comprendre notre allemand. A dix heures, deux tasses de café nous arrivèrent par les mains d'un soldat. Sur le plateau était une carte de visite du major de *** portant ces mots au crayon : « Avec ses respectueuses civilités et humbles excuses. Partira à midi. »

Vers midi en effet, nos arrêts étaient levés, les domestiques nous rejoignaient, empressés de commencer leurs récits, avant même que les officiers allemands, réunis dans la cour, fussent tous à cheval. Je crus que nos gens exagéraient, mais notre pèlerinage à travers les chambres nous révéla ce que pouvait faire, quand il était contrarié, ce prince « tout à fait charmant ». La dévastation est ingénieuse, il a fallu penser pour si bien détruire en si peu de temps. Trois pièces n'ont aucunement souffert, comme si leurs occupants s'étaient refusés à obéir au mot d'ordre. Je n'ai pas encore eu le temps de m'assurer si nous avons été volés, je ne le crois pas, et d'ailleurs, nos cachettes gardent encore la meilleure partie de nos objets précieux. Mais dans les chambres condamnées on a fait ce qu'on a pu; et pour te donner un détail, là où il y avait des tentures d'étoffe, elles ont été déchirées à hauteur d'homme, les draps de lit coupés en petits morceaux, la vaisselle broyée plutôt que cassée. Le cabinet de travail d'Adolphe paraissait en ordre au premier coup d'œil, voici ce que le second nous a révélé :

Tu te souviens de ce tableau peint par Van Loo qui nous vient de mon beau-père? il représente un déjeuner de chasse de Louis XIV. Seul il n'avait pas été caché, parce qu'il est encadré dans la boiserie même, au-dessus de la glace qui surmonte la cheminée; nous comptions que la difficulté qu'on aurait à l'ôter de là le sauverait. En effet il y est encore; mais chaque personnage, courtisan, grande dame, laquais, et même Sa Majesté, a été muni d'une petite touffe de crin à la place où une queue pouvait s'imaginer. Le cuir fendu du fauteuil d'Adolphe montre où l'on a trouvé la matière, un poinçon qui est encore là a été sans doute l'instrument.

Souffrir est un art qui s'acquiert comme tout autre, cette dernière vexation a manqué son but. Chevilly nous a appris ce qu'est la vraie douleur, et une douleur vraie préserve des fausses. Une même pensée nous est jaillie du cœur en même temps : combien il vaut mieux endurer de telles choses qu'être capable de les imaginer ! Si l'on était méchant, il y aurait même un amer plaisir à voir ses ennemis tomber si bas! D'aujourd'hui, j'adopte pour tâche de répéter à tes fils d'abord, puis à tous les jeunes gens, à tous les enfants : Gardez-vous de la haine, la haine rend bête, et puis vous ressembleriez aux Prussiens.

Ce qui achèverait la victoire de l'Allemagne sur nous, serait qu'elle nous donnât ses mœurs. Quand la fortune vous reviendra, vous lui montrerez comment on en doit user au XIXe siècle. Votre exemple ne l'élèvera pas peut-être, mais du moins le sien ne vous aura pas abaissés.

MONSIEUR DE VINEUIL A MADAME DE VINEUIL.

Paris, 18 janvier.

Chère femme,

L'attaque des positions ennemies est pour demain. Maurice sortira avec Ducrot, cette lettre ne quittera mon bureau qu'après son retour. Tu nous pardonneras de ne pas t'avoir prévenue, mieux vaut tout apprendre d'un coup, le péril et la délivrance du péril, s'il plaît à Dieu que cette fois encore il y ait pour nous délivrance !

Notre grand garçon me quitte à l'instant, il m'avait rapporté ta lettre et m'en a laissé une pour toi, que voici. Comme la mienne, elle ne sera terminée qu'après tout danger passé. Il a entendu de nouveau mon petit sermon contre la recherche des coups d'éclat.

. . . .

Ces lettres du 18 ne furent jamais envoyées, et il nous faut raconter nous-même brièvement, simplement, les derniers jours de janvier.

Dans la nuit du 18 au 19, les troupes, mêlées de garde nationale mobilisée, furent concentrées avec quelque peine hors de nos lignes, en face des positions désignées à leur attaque.

Avant le jour, elles ouvrirent le feu au milieu d'un brouillard intense qui augmentait les difficultés de leurs mouvements. Néanmoins, les hauteurs de Montretout furent occupées dans la matinée par le général Vinoy. Le général Ducrot lutta de Garches à Buzenval pendant plusieurs heures et se maintint à force de sacrifices. Maurice de Vineuil, qui l'accompagnait, ne se ménageait pas. Il avait mis pied à terre, et trois fois on le vit se mêler aux gardes nationaux et aborder avec eux le redoutable mur du parc de Buzenval.

A quatre heures du soir, un immense effort de l'ennemi nous rejetait définitivement en arrière. Des batteries d'artillerie appelées en hâte pour couvrir la retraite n'arrivaient pas: les roues s'enfonçaient jusqu'au moyeu dans les terres détrempées. On entendit le général demander à haute voix dans la brume qui se faisait de nouveau : « Où est donc Vineuil ? Il faut leur envoyer Vineuil ! Il les fera marcher ! » Mais Maurice de Vineuil ne se trouva pas.

Quand, les uns après les autres, les bataillons décimés rentrèrent vaincus dans la pauvre grande ville en deuil, M. de Vineuil était sur leur passage, épiant les visages connus, attendant ou son fils, ou bien un message dont Maurice eût pu charger un ami, si son service le retenait encore hors des remparts. Mais la nuit devint complète avant que M. de Vineuil eût rien appris. Ce fut seulement des officiers de l'état-major du général Ducrot, quand il parvint à les joindre, que le pauvre père obtint une indication vague : Maurice était encore à trois heures devant le parc de Buzenval, il s'était admirablement battu, personne ne l'avait vu tomber, il pouvait être prisonnier.

Alors commencèrent des recherches d'une autre nature et qui devaient durer deux longues journées. L'ennemi refusait même aux ambulanciers de pénétrer dans ses lignes. M. de Vineuil explorait vainement tous les replis du terrain que nous avions conservé, il apprenait des deuils ou des menaces de deuils qui retentissaient dans son cœur comme autant de prophéties sinistres. C'était le peintre Regnault tué ; c'était un ami, le colonel de Monbrison, blessé mortellement, — et il ne pouvait obtenir de franchir cette ligne de sentinelles qui le séparait du parc devant lequel son fils avait dû tomber.

Plusieurs fois, pendant ces deux jours, il quitta le champ de bataille pour parcourir les ambulances de Paris, mais son attente fut toujours déçue. Dans l'après-midi du 21, à la faveur d'un armistice tacite, l'ennemi nous rendit enfin nos blessés et M. de Vineuil pénétra dans le parc de Buzenval. Ses recherches restèrent vaines.

Bien des fois, sa lettre commencée avec tant de confiance le 18 lui revint en mémoire, ainsi que ce visage si doux et si ferme, resplendissant de jeunesse et de foi qui s'était penché vers lui pour l'embrasser, tandis qu'une autre lettre, qui ne serait non plus peut-être jamais terminée, se posait sur la sienne.

Le 22, le pauvre père errait encore d'ambulance en ambulance, il avait même fini par entrer à l'amphithéâtre de l'hôpital Beaujon, où l'on centralisait les cadavres. C'était un spectacle horrible, et il en sortait chancelant de l'émotion de l'attente, osant à peine se réjouir de ne pas avoir du moins rencontré là son fils, quand un crieur de journaux vint à passer. « La liste des blessés aux ambulances de la Presse! » criait-il.

M. de Vineuil acheta le *Gaulois* et lut: « de Vineuil, ambulance de la Presse, Passy. »

Il y eut là quelques heures bien douces au sortir de telles angoisses, car la blessure de Maurice, une balle à l'avant-bras gauche, n'était pas jugée très-grave.

M. de Vineuil éprouvait la détente forcée de si longues émotions, il sanglotait sur ce fils retrouvé et les actions de grâces brûlaient ses lèvres. Puis le calme lui revint, il s'aperçut de l'extrême faiblesse de Maurice. Maurice, relevé d'abord sans connaissance, avait aussitôt que possible écrit quelques mots ; la lettre avait dû être égarée dans le trouble général, et lui-même s'inquiétait de ne pas voir arriver son père.

La sympathie de ses collègues laissa à M. de Vineuil les loisirs que Maurice et lui-même réclamaient. Dès cette première journée, en étudiant l'état de son fils, il s'inquiéta de sa grande faiblesse et fit demander les docteurs ... et ... L'encombrement des blessés était si considérable que ce dernier seul put venir. Il jugea la blessure beaucoup plus grave que les premiers chirurgiens ne l'avaient fait ; l'artère avait dû être coupée, en ce cas l'amputation serait nécessaire.

M. de Vineuil comprit que le vieux chirurgien n'était que trop sûr de ses pronostics. Il décida avec lui de transporter Maurice le lendemain à l'ambulance Chaptal, dont tout le personnel médical et hospitalier lui était connu.

Ce transport, à l'heure matinale où chaque boulangerie avait sa queue navrante à voir, restera dans les souvenirs de M. de Vineuil. Hors de la voiture, les signes les plus évidents de l'épuisement général frappaient ses yeux; au dedans, ce long corps affaissé, qu'il soutenait, semblait épuisé aussi. Il faudrait donc capituler! et ce bras, qu'il faudrait tout à l'heure demander à Maurice, ce bras, — peut-être cette vie — auraient été sacrifiés en vain!

C'était dans la salle dite salle Suisse[1] qu'on attendait Maurice, il devait y trouver les soins maternels des dames infirmières, amies de Mme de Vineuil. Malgré sa faiblesse, il sut montrer sa joie de se trouver ainsi entouré, et voulant remercier chacun : « Mon père le dira à maman, » fit-il. — M. de Vineuil allait reprendre: « Tu le diras toi-même; » mais quelque chose lui serra la gorge et l'en empêcha.

M. R..., le jeune et habile chirurgien de la salle Suisse, jugea, comme le vieux praticien, que l'amputation ne pouvait être évitée; il fut décidé qu'elle aurait lieu le lendemain 24. Quand parurent les premières lueurs du matin, le pauvre père, qui avait passé la nuit au chevet de son fils, vit que ses yeux étaient ouverts et fixés sur les vitres blanchissantes. C'était le moment de le préparer à ce qui allait suivre. Il semblait à M. de Vineuil qu'il ne trouverait jamais les

1. Cette salle était ainsi appelée parce que tout son personnel appartenait à la colonie suisse de Paris, qui subvenait par souscriptions aux dépenses nécessaires.

mots nécessaires, mais sa prière muette fut exaucée et il put parler avec calme.

Le regard de Maurice, ranimé par une ardente attention, ne quitta pas le sien jusqu'au moment où deux larmes vinrent le troubler. « Ne vous faites pas trop de chagrin, dit-il, pour moi ce n'est pas grand'-chose... il y a seulement maman!... » et les paupières se fermèrent pour arrêter les larmes qui voulaient tomber.

Il était redevenu tranquille et souriant quand le chirurgien parut avec ses aides. — « Quel bonheur qu'on puisse me chloroformer! dit-il. Je me souviens que, pendant une rougeole, maman nous lisait *Mes prisons* de Silvio Pellico; il y a un affreux récit de l'amputation de Maroncelli, après lequel elle nous disait : « Tâchez de ne jamais vous faire couper de jambe, vous voyez ce que c'est! » — Elle sera bien heureuse que je n'aie pas à souffrir. Vous le lui direz, père. »

M. de Vineuil fit un grand effort : « Tu le lui diras toi-même. »

« Alors, reprit Maurice, avec un sourire de soumission, nous le lui dirons ensemble. » Avant de s'abandonner au chloroforme, il eut encore une pensée pour un anneau de peu de valeur qu'il portait à la main gauche.

« Je suis si douillet qu'il vaudra peut-être mieux l'ôter après, » fit-il.

Et il ajouta en regardant son père: « Toujours pour maman... Elle aura tant besoin d'être consolée de n'avoir pas été avec vous! »

L'opération réussit; le calme et la résignation du patient étaient d'heureux augure.

La nuit fut bonne, et les jours qui suivirent affermirent l'espoir. Son père, qui ne le quittait pas, arrêtait au passage toutes les nouvelles, qui se succédaient alors plus tristes les unes que les autres. C'était la déroute de Saint-Quentin, la déroute du Mans, les premières négociations pour l'armistice qu'il s'agissait de cacher.

Mais le malheur du pays se respirait dans l'air, il était sur les visages, il se sentait partout, même quand il ne s'avouait pas; et Maurice disait: « Donnez-moi donc une bonne nouvelle et je guérirai tout de suite! »

Il parlait souvent de son frère André. Plus sérieux que lui par caractère, Maurice avait eu moins d'intimité avec ce frère qu'avec ses parents; mais maintenant, il semblait qu'un instinct secret le poussât à ramener comme une consolation le nom d'André, les espérances que donnait André, l'aimable caractère d'André, dans toutes les conversations avec son père. « Vous verrez quel homme ce sera, » répétait-il sans cesse. Et le malheureux M. de Vineuil ne conservait, à cette même heure, aucune espérance sur André! Il pensait que trop de désastres avaient atteint l'armée de la Loire pour qu'il y eût survécu.

Le 28 janvier, les négociations pour l'armistice étaient publiques. M. de Vineuil annonça aux Platanes la blessure de Maurice, et conseilla à sa femme de tout disposer pour venir le rejoindre à Paris, dès qu'une des portes serait ouverte. François devait l'escorter et les enfants être confiés à une excellente voisine, Mme de...

Le 29, le texte de la convention entre le gouvernement de la Défense nationale et la Prusse était dans les journaux. En dépit des précautions prises, Maurice saisit au vol des mots qui le frappèrent, — ravitaillement, remise des forts;—il voulut comprendre, s'agita, et il fallut tout lui dire. En vain lui parla-t-on de l'honneur sauvé, en vain fit-on intervenir l'espoir d'un relèvement, la confiance en la bonté de Dieu; il semblait que sa foi, d'ordinaire si ferme, cette foi qui l'avait fortifié dans son épreuve personnelle, ne pût soutenir l'épreuve de la patrie.

Deux heures après, il était atteint du frisson fatal, et l'apparition de ce symptôme trop connu enlevait immédiatement tout espoir.

La nuit se passa en rêveries à haute voix, il reconnaissait toujours son père, mais ne pouvait, même pour lui plaire, dominer son agitation. Le 30 au matin, l'accablement était effrayant. Il ouvrit seulement les yeux, comme M. ***, le pasteur de la famille, achevait auprès de son lit une prière à haute voix. Maurice lui sourit et répétant ses derniers mots : « Là où il n'y aura plus ni deuil, ni tristesse, ni défaite, là où le Sauveur essuiera toute larme de nos yeux !... Dites donc à mon père que c'est bien... » Et il retomba dans son accablement. Dans la soirée les divagations revinrent. Le regret de son bras coupé se faisait jour, puis il parlait d'André avec agitation. A d'autres moments, c'était sa foi d'enfant qu'il exprimait, et son père recueillait précieusement chaque parole d'espoir en Celui dont le disciple a écrit : « Il a mis sa vie pour nous, nous devons donc aussi mettre notre vie pour nos frères. »

Au matin du mardi 31 janvier, tout était fini pour ce monde ; l'ambulance tout entière s'associait à un tel deuil et même les hommes de service, eux qui avaient tant vu mourir, faisaient silence en passant devant cette dépouille glorieusement mutilée.

Ce jour-là était celui de la réception de la valise de M. Washburne.

Voici la lettre qui fut remise à M. de Vineuil :

ANDRÉ A MONSIEUR DE VINEUIL.

Lignes de la Mayenne, 20 janvier.

Cher père, et toi mon cher Maurice,

Cette petite feuille aura-t-elle le bonheur, en franchissant les lignes prussiennes, de vous porter ce que ses sœurs n'ont pu faire, les chaudes accolades du *capitaine* de Vineuil? J'ai reçu hier une lettre de maman, et je profite immédiatement de la recette qu'elle me donne pour vous atteindre. Tout allait très-bien aux Platanes; elle me dit que vous êtes inquiets de moi et que je dois vous rassurer. Rien n'est plus facile; je me repose et je vais très-bien, au chagrin près, et encore mon chagrin diminue à mesure qu'une lueur d'espoir me revient. Car ici nous avons de l'espoir, sachez-le, et dites-le autour de vous, mon cher père. Certes nous avons été battus, et plus battus, hélas! que vous ne pouvez le croire. Je n'entreprendrai pas un récit trop lamentable pour être livré en pâture à de pauvres assiégés; vous avez assez de vos tristesses, et mieux vaut vous répéter le mot *Espérance*.

Nous avons un bon général, ferme, actif, et point disposé à voir les choses plus noires qu'elles ne sont. Nous nous reformons rapidement, nous avons une belle artillerie, et la rage pousse même à ceux qui ne l'avaient pas encore connue. Tenez ferme à Paris. Je sais, mon bien cher père, que ce sera toujours votre avis; et il faut que je vous dise, puisque j'y suis, ce que cent fois j'ai dit à Dieu avec une reconnaissance immense, que les meilleures forces, celles qu'on apprécie dans les moments graves, où l'on n'a pas le temps de se faire à soi-même de longs discours, c'est l'exemple d'un père tel que vous, c'est le souvenir de maman me disant : « Ne pense plus à nous, c'est maintenant au pays qu'il faut penser. » Je l'entendais même au plus fort du vacarme de l'artillerie. Et quand, dans nos revers, le découragement me voulait mordre le cœur, ou bien quand je me sentais m'endurcir comme tant d'autres se sont endurcis, à force de voir souffrir et de souffrir eux-mêmes, c'était vous que j'appelais à mon secours et je ne voulais pas faire autrement que vous n'auriez fait. Aussi il me semble que je saurai maintenant vous aimer cent fois mieux qu'autrefois. Que ce sera bon de se revoir ! Père, mère, Maurice, Berthe et les petits, je vous le répète encore : Espérance ! et j'unis dans un même embrassement mes chers assiégés à mes chers envahis.

. . . .

Ici pourrait s'arrêter notre tâche, car aucun autre

fragment de lettre ne nous a été communiqué. Cependant nous croyons devoir à ceux dont l'intérêt nous a suivis jusqu'ici de compléter par un mot le récit qui se dégage des lettres précédentes.

On voulut attendre, pour rapporter dans le caveau de famille les restes de Maurice, que son père et son frère pussent être libérés de leurs devoirs militaires. Les préliminaires de la paix furent signés le 3 mars, et les odieuses conditions qu'on subissait frappèrent comme d'un second deuil la famille dont les débris allaient se réunir aux Platanes.

Le 10 avril fut choisi pour l'inhumation.

C'était un de ces jours splendides qui, succédant aux exceptionnelles rigueurs du dernier hiver, alórs que toute lutte avait cessé, ajoutaient pour les vaincus un regret à tant d'autres, et faisaient remarquer à quelques-uns que Dieu semblait n'avoir voulu atténuer en aucune façon les souffrances auxquelles les peuples s'étaient condamnés par la guerre.

Le convoi quitta les Platanes vers midi. Tous les proches parents étaient présents, mais plusieurs intimes amis des de Vineuil avaient été retenus bien loin, soit par la difficulté des voyages en ce temps-là, soit par des deuils semblables au leur. La population des environs les remplaçait. Personne ne restait dans aucune des maisons du petit village quand le cortége en sortit; et de Montlévêque, de Montépilloy, de Thiers et même de Barberie, les fermiers et les paysans avaient laissé pour un jour leurs habitudes d'indifférence et suivaient à pied avec les voisins les plus proches.

C'est que beaucoup d'entre eux l'avaient vu tout enfant, ce vaillant jeune homme. On se souvenait de l'avoir rencontré par les traverses dès ses dix ans, tout fier de cheminer seul, en plein champ, sur le vieux poney noir; plus d'un laboureur avait encore devant les yeux son visage souriant et son salut cordial.

Les longues marches aimées du père et des deux fils les avaient conduits souvent loin de leur vallée, on les connaissait partout pour des chercheurs de pierres antiques, des explorateurs de camps romains, et quand ils passaient tous trois, les vieux paysans, toujours pratiques même dans leur goût du beau, se disaient de l'un à l'autre: « Quels fameux travailleurs feraient bien ces beaux garçons! » Maintenant on allait conduire en terre l'un d'eux, et cela peinait les plus durs. D'ailleurs, quoique le pays eût fortement souffert, cependant l'absence de résistance avait ménagé les vies et l'on n'était point blasé comme ailleurs; hélas! sur ces deuils sanglants.

Le long convoi se déroula sur la route bordée d'ormes noueux, et bientôt les habitants de la ville, venus au-devant par petits groupes, l'allongèrent encore. On se montrait avec respect la pauvre mère, qui, sous son voile, suivait à pied, au bras de son mari. Elle était plus forte que les premiers jours, et à M. de Vineuil lui-même, qui la détournait de son dessein, elle avait répondu : « Puisque tu y vas, j'irai. Nous avons trop souffert séparés, du moins ne souffrons plus qu'ensemble. » Et elle était venue. On comptait les consolations qui lui étaient laissées. André, pâle et désolé, tenant son petit frère par la main, les deux sœurs s'appuyant l'une sur l'autre; on suivait sur la noble figure de M. de Vineuil la lutte de sa douleur contre sa résignation de chrétien, et ceux mêmes que la seule curiosité de voir un enterrement protestant, chose si rare en ces contrées, avait fait sortir de chez eux, ne pensaient plus qu'à ces cœurs brisés, qu'à cette belle espérance moissonnée.

Ainsi on atteignit les boulevards qui, en été, ceignent la ville de verdure et par lesquels il faut passer pour gagner le cimetière. Le cortége couvrait la chaussée dans presque toute sa largeur, quand survint un incident qu'on aurait pu prévoir et peut-être même empêcher. Les chevaux d'un escadron prussien sortaient de la caserne pour aller à l'abreuvoir. Un officier était en tête, chaque soldat à cheval menait un autre cheval par la bride, et ces hommes, épanouis dans le triomphe qui leur valait une paix lucrative, jouissant du beau temps, de la quasi-liberté de la petite tenue, laissaient bondir leurs chevaux, et causaient et riaient en descendant le Cours à la rencontre de la foule affligée qui montait. Le corps avait été placé sur le break de famille qui avait servi à tant de joyeuses promenades; ce break avait été tendu de noir, et c'était le pauvre brave François qui avait appelé à lui tout son courage pour monter sur le siége où il avait enseigné à son jeune maître à conduire. Jusque-là il avait fait bonne contenance, mais quand il vit venir à lui ce flot d'hommes, si cruels sans le savoir dans leur joie victorieuse, il perdit tout autre sentiment que celui de sa souffrance de cœur et, détournant brusquement ses chevaux à gauche, de manière à ne plus voir l'escadron prussien, il les arrêta sur le bord de la chaussée.

L'officier passa, superbe, le poing sur la hanche, son grand sabre battant les flancs de son cheval; ses hommes causaient et riaient toujours; pourtant *eux* regardèrent et sentirent la tristesse de cette foule. Peut-être comprirent-ils quel était son deuil en apercevant l'épée et les épaulettes posées sur le drap noir, et le mouvement d'André qui s'était jeté devant sa mère et la faisait détourner pour lui épargner leur vue. Quoi qu'il en soit, le sourire s'effaça de leurs lèvres, le silence se fit et les derniers rangs même saluèrent gravement.

Ce fut alors que des larmes amères inondèrent en dépit de tous ses efforts le visage d'André. M. de Vineuil, lui, n'avait ni baissé ni détourné les yeux; le vieux soldat n'avait point de malédictions même pour les vainqueurs; il subissait leur présence comme il subissait son épreuve, et ne laissait voir sur son visage qu'une douleur sans colère.

Lentement et plus tristement encore, on reprit la marche interrompue; le cimetière s'ouvrit, la tombe était là, béante; et à mesure que descendait le cercueil, à mesure aussi, semblait-il, les glorieuses promesses de l'Évangile, proclamées à voix haute, élevaient vers les espérances de la résurrection les âmes abattues. La dernière prière se termina par une bénédiction et la foule s'écoula peu à peu. La famille resta bientôt presque seule, chacun avait compris que l'effort de la pauvre mère dépassait les limites des forces humaines et qu'il fallait lui éviter même l'ébranlement des sympathies. Il n'y avait plus dans le cimetière que le pasteur, les de Thieulin, Barbier et quelques vieux serviteurs quand M. de Vineuil emmena sa femme, toujours à son bras.

Au moment de passer la porte du cimetière, ils virent que deux hommes s'étaient comme cachés dans l'ombre. Leur veste bleue, la casquette plate qu'ils tournaient dans leurs doigts, faisaient reconnaître l'uniforme ennemi, mais leurs figures étaient émues et leurs yeux mouillés.

Mme de Vineuil retint un instant son mari, et tendit à l'un, puis à l'autre, sa main restée libre : « C'est Franz et Bürkel, nos malades de cet hiver, » dit-elle, en réponse à son regard interrogatif; et la voiture s'étant avancée, la famille de Vineuil y monta.

« Père, dit Robert après un long silence, je voudrais être soldat.

— Pour nous venger, Robert ?

— Je crois que oui, père, mais encore plus pour l'Alsace...

— Mes enfants, dit M. de Vineuil en couvrant d'un même regard ses deux fils, ne haïssez que le mal ! haïssez-le toujours! haïssez-le partout!... Pour nos provinces enlevées, comptez sur Dieu, il ne laissera pas sans châtiment une iniquité telle que celle qui vient de se commettre. Comment châtiera-t-il? comment réparera-t-il? Je n'en sais rien, je sais seulement qu'il est le Dieu juste. Peut-être, pour instruments de sa justice, demandera-t-il des hommes : si vous vous êtes gardés de la haine, vous serez dignes d'en être. Vous marcherez pour la délivrance, — non pour la vengeance, — vous marcherez tous deux.... Votre père mettra ses dernières forces à vous suivre, et votre mère — la mère de Maurice — ne retiendra aucun de nous ! »

FIN.

TABLE

PARIS. — J. CLAYE, IMPRIMEUR, 7, RUE SAINT-BENOIT. [1880]

J. HETZEL & CIE

ÉDITEURS

BIBLIOTHÈQUE D'ÉDUCATION ET DE RÉCRÉATION A L'USAGE DE L'ENFANCE, DE LA JEUNESSE, DES INSTITUTIONS DE JEUNES GENS ET DE JEUNES FILLES. — BIBLIOTHÈQUES PUBLIQUES, SCOLAIRES ET POPULAIRES. — LIVRES DE PRIX. LIVRES D'ETRENNES.

Poésie — Romans — Voyages — Histoire
Sciences & Arts

ŒUVRES COMPLÈTES

VICTOR HUGO — JULES VERNE

JEAN MACÉ — P.-J. STAHL

GUSTAVE DROZ — ERCKMANN-CHATRIAN

MAGASIN D'ÉDUCATION

105 fr. — **Collection complète** — **15 vol.**

PARIS

18, RUE JACOB, 18

Envoi *franco* contre mandat pour toute demande au-dessus de 30 fr.

— 1er Mai 1872 —

GAVARNI-GRANDVILLE.

LE DIABLE A PARIS, *Paris à la plume et au crayon*, 1,508 dessins, dont 600 grandes scènes et types avec légendes de GAVARNI et 908 dessins par GRANDVILLE, BERTALL CHAM, DANTAN, etc.; texte par BALZAC, ALFRED DE MUSSET, VICTOR HUGO, GEORGE SAND, STAHL, BARBIER, SUE, LAPRADE, SOULIÉ, NODIER, GOZLAN, GUSTAVE DROZ, ROCHEFORT, VILLEMOT, Mme DE GIRARDIN, etc. L'ouvrage complet forme 4 beaux volumes grand in-8°. Reliés 1/2 chagrin, 44 fr.; toile, tranches dorées, 40 fr.; brochés.......................... 28 fr.

Prix de chaque volume : relié, tranches dorées, 11 fr.; toile, tranches dorées, 10 fr.; broché.................. 7 fr.

Les 4 volumes du *Diable à Paris* contiennent la plus grande accumulation de petits chefs-d'œuvre, soit comme texte, soit comme dessins, qui ait jamais été réunie dans une œuvre littéraire. L'inouï bon marché de ce trésor défie toute comparaison.

GRANDVILLE.

* LES ANIMAUX PEINTS PAR EUX-MÊMES, scènes de la vie privée et publique des animaux, sous la direction de P.-J. STAHL, avec la collaboration de BALZAC, GUSTAVE DROZ, BENJAMIN FRANKLIN, JULES JANIN, ÉDOUARD LEMOINE, ALFRED DE MUSSET, PAUL DE MUSSET, CHARLES NODIER, GEORGE SAND, P.-J. STAHL. 1 vol. grand in-8°, contenant 320 dessins. Relié, tranches dorées, 14 fr.; cartonné toile, tranches dorées, 12 fr.; broché.......................... 9 fr.

Le vrai chef-d'œuvre de Grandville et livre unique au point de vue littéraire.

GŒTHE (KAULBACH).

LE RENARD, traduit par E. GRENIER, illustré de 60 belles compositions par KAULBACH. 1 vol. gr. in-8°. Relié, tranches dorées, 11 fr.; toile, tranches dorées, 10 fr.; broché....... 7 fr.

Le même ouvrage, en édition populaire gr. in-8°. Toile, tranches dorées, 5 fr.; broché.......................... 2 fr. 50

Excellente traduction d'un des ouvrages les plus curieux du grand poëte et philosophe allemand. On sait que le poëme de Gœthe est inspiré d'une épopée satirique du moyen âge. Il a su y conserver tous les traits heureux de l'original, en y ajoutant cette empreinte du génie et cette perfection de forme qui donnent à une œuvre une vitalité indéfinie. Celle-ci restera dans tous les temps et dans toutes les langues.

TOUSSENEL (A.).

L'ESPRIT DES BÊTES, 85 dessins par Bayard. 1 volume grand in-8°, relié, tranches dor., 9 fr.; toile, tr. d., 7 fr. 50; br. 5 fr

Ce livre est unique en son genre; accepté par les savants comme une œuvre scientifique de haute portée, il restera, en outre, comme un des spécimens les plus rares de l'esprit français. Les illustrations de Bayard sont dignes du texte.

FABLES DE LA FONTAINE (édit. EUGÈNE LAMBERT).

FABLES, précédées d'une notice sur sa vie et son œuvre, par A. Morel. 115 grandes illustrations par Eugène Lambert. 1 beau vol. gr. in-8°, relié, demi-chagrin, tranches dorées, 15 fr.; toile, doré sur tranches, 13 fr., broché............ 10 fr.

M. Eugène Lambert, un de nos peintres d'animaux les plus goûtés du public, a illustré de 115 grandes compositions cette nouvelle édition d'un livre qu'on a appelé à juste titre le classique de tous les âges.

MOLIÈRE (édition TONY JOHANNOT et SAINTE-BEUVE).

ŒUVRES, précédées d'une notice sur sa vie et ses ouvrages, par Sainte-Beuve. 630 vignettes de Tony Johannot. 1 vol. gr. in-8°, relié, tranches dorées, 15 fr.; toile, tranches dorées, 13 fr.; broché.................................. 10 fr.

La Notice de Sainte-Beuve placée en tête de cette célèbre édition est presque le dernier travail du célèbre critique. Les 630 vignettes de Tony Johannot dont elle est enrichie sont, avec l'illustration du *Don Quichotte* et du *Voyage où il vous plaira*, les chefs-d'œuvre de cet éminent et gracieux talent. Partout, dans ces admirables dessins, ce sont les conceptions mêmes de notre grand comique qui prennent forme et s'animent devant les yeux.

EN PRÉPARATION

DON QUICHOTTE (TONY JOHANNOT, L. BIART et MÉRIMÉE).

Par CERVANTES, traduction entièrement nouvelle de LUCIEN BIART, notice par MÉRIMÉE. Magnifique édition ornée de 750 dessins par Tony Johannot. 1 vol. grand in-8°, par séries de 50 centimes.

GIL BLAS ET LAZARILLE (MEISSONIER, GIGOUX et NODIER).

Par LESAGE, magnifique édition suivie de LAZARILLE DE TORMES, ornée de 620 dessins par Meissonier et Gigoux, 1 vol. grand in-8°. 50 cent. la série.

CATALOGUE
DES PRINCIPAUX OUVRAGES
ET TRAVAUX CONTENUS DANS
LA COLLECTION DU MAGASIN

JULES VERNE. — Les Aventures du capitaine Hatteras (*Anglais au pôle Nord. — Désert de glace*). — Les Enfants du capitaine Grant (*Voyage autour du monde*), 3 parties. — Vingt mille lieues sous les mers. — Aventures de 3 Russes et de 3 Anglais.

JEAN MACÉ. — Les Serviteurs de l'estomac. — Un Fleuve d'eau chaude dans l'Océan.

NÉRAUD et JEAN MACÉ. — Botanique de ma fille.

P.-J. STAHL. — Morale familière. Ouvrage couronné par l'Académie française. — La Petite Princesse Ilsée.

P.-J. STAHL et L. DE WAILLY. — Les Contes célèbres de l'Angleterre. — Scènes de la vie des enfants en Amérique, 2 séries.

P.-J. STAHL et MULLER. — Le Nouveau Robinson suisse.

JULES SANDEAU. — La Roche aux mouettes.

EUGÈNE MULLER. — La Jeunesse des hommes célèbres. — La Morale en action par l'histoire.

LEMOINE. — La Guerre pendant les vacances.

H. SAINTE-CLAIRE DEVILLE et FARADAY. — Histoire d'une chandelle.

LUCIEN BIART. — Aventures d'un jeune naturaliste. — Causeries scientifiques.

HECTOR MALOT. — Romain Kalbris.

MARQUIS DE CHERVILLE. — Histoire d'un trop bon chien.

H. DURAND. — Histoire d'une bonne aiguille.

VAN BRUYSSEL. — Histoire d'un aquarium. — Les Clients d'un vieux poirier.

D. ORDINAIRE. — La Poésie au moyen age.

CAHOURS et RICHE. — Chimie des demoiselles.

E. GRIMARD. — Histoire naturelle.

LACOME. — La Musique au foyer.

GRATIOLET. — Le Plaisir et la Douleur.

GREENWOOD. — Métamorphoses de Pierre le Cruel.

232 CONTES ET RÉCITS

Articles de Science ou de Littérature

Par MM. J. Macé, P.-J. Stahl, E. Muller, Erckmann-Chatrian, Kæmpfen, Gustave Droz, E. Laboulaye, E. Legouvé, L. Mickiewicz, Lucien Biart, Marco Wovczok, E. Duk, A. Genevray, Lacordaire, Zurcher et Margollé, E. Grimard, E. Néraud, Camille Flammarion, Élisée Reclus, Dr Jonathan Franklin, H. Sainte-Claire Deville, J. Bertrand, Ordinaire, Mme Desbordes-Valmore, F. de Silva, Rorlin, P. Chazel, Beecher-Stowe, etc.

MORALITÉS DIVERSES par Saint-François de Sales, le père Lacordaire, l'abbé Peyreve, J. Macé, Stahl; fragments empruntés des moralistes : Ésope, Phèdre, Fénelon, Sterne, Franklin, Gellert, Gay, Lichtwer, etc.

DESSINS PAR SÉRIES AVEC LÉGENDES

Contenus dans le MAGASIN

FRŒLICH ET P.-J. STAHL

PETITES SOEURS ET PETITES MAMANS............ 98 dessins.

VOYAGES DE DÉCOUVERTES DE Mlle LILI ET DE SON COUSIN LUCIEN.......................... 47 —

VOYAGE AUTOUR DU MONDE DE Mlle LILI ET DE SES COUSINS LUCIEN ET TOTO...................... 48 —

MADEMOISELLE PIMBÊCHE......................... 16 —

UNE RÉVOLTE DANS UN PENSIONNAT DE JEUNES FILLES.

BONSOIR, PETIT PÈRE.

LA BRIDE SUR LE COU.

E. FROMENT

PETITES TRAGÉDIES ENFANTINES................. 54 dessins.

SCÈNES DE LA VIE DE FAMILLE.................. 24 —

G. FATH

PIERROT A L'ÉCOLE.......................... .... 32 dessins.

JUNDT

L'ÉCOLE BUISSONNIÈRE AU VILLAGE............. 24 dessins.

Et 1,700 autres dessins et vignettes illustrant les textes, par MM. Meissonier, Bertall, Gavarni, de Montaut, Yan' Dargent, Oscar, Pletsch, Riou, Gérard Séguin, Millet, Fath, Lallemant, Férat, Matthis, Clerget, Benett, Neuville, Bayard, etc.

PRIX — CADEAUX — ÉTRENNES

BIBLIOTHÈQUE DES FAMILLES

ÉDUCATION

ET RÉCRÉATION

Volumes illustrés in-8° et grand in-8°.

BIART (LUCIEN).

AVENTURES D'UN JEUNE NATURALISTE. 1 beau volume grand in-8° orné de 156 dessins par BENETT, relié, tranches dorées, 14 fr.; toile, tranches dorées, 12 fr.; broché...... 9 fr.

Un voyage que tous les enfants seront heureux de pouvoir faire, en compagnie d'un enfant intelligent, bon et brave, à travers ces contrées de l'intérieur du Mexique, si peu explorées et si fécondes en surprise de toute sorte.

BRÉHAT (ALFRED DE).

LES AVENTURES D'UN PETIT PARISIEN. — 1 beau volume in-8°, illustré par MORIN, relié, tranches dorées, 11 fr.; toile, tranches dorées, 10 fr.; broché.................. 7 fr.

Aussi amusant que le *Robinson suisse*, instructif, moral et littéraire; beaucoup de variété et de mouvement. Grand succès de famille; traduit en plusieurs langues.

CAHOURS ET RICHE.

CHIMIE DES DEMOISELLES. 1 vol. in-8° avec figures dans le texte; relié, tr. dor., 11 fr.; toile, tr. dor., 10 fr.; broché. 7 fr.

La *Chimie des demoiselles*, par M. Cahours, membre de l'Institut, et par M. Riche, professeur agrégé, se compose des leçons faites avec tant d'éclat par les auteurs à la Sorbonne. La *Chimie des demoiselles* est aussi la chimie des jeunes gens et des gens du monde, cela va sans dire; son titre indique seulement qu'elle a été écrite plus spécialement à l'usage des jeunes personnes. Louer le livre des deux célèbres professeurs serait superflu.

CHERVILLE (MARQUIS DE).

HISTOIRE D'UN TROP BON CHIEN. 1 vol. in-8°, illustré par ANDRIEUX, relié, tr. dor., 11 fr.; toile, tr. dor., 10 fr.; broché. 7 fr.

Ce livre aimable, d'un des principaux collaborateurs d'Alexandre Dumas, justifie le mot de l'illustre conteur : « M. de Cherville n'a qu'un défaut : il fait si bien qu'il ne me laisse plus rien à faire. »

DESNOYERS (LOUIS).

AVENTURES DE JEAN-PAUL CHOPPART. 1 vol. illustré de nombreuses vignettes par GIACOMELLI, nouv. édition augmentée de gravures hors texte par CHAM. 1 vol. in-8°. Relié, tranches dorées, 11 fr.; toile, tranches dorées, 10 fr.; broché 7 fr.

Livre original, robuste, très-bon et très-amusant pour les enfants et excellent pour servir d'antidote aux idées d'indépendance prématurée, qui travaillent souvent les jeunes têtes. Succès consacré et on ne peut plus légitime.

GOLDSMITH.

LE VICAIRE DE WAKEFIELD, traduction de CHARLES NODIER, illustré de dix belles gravures sur acier par TONY JOHANNOT. Grand in-8°. Relié, tranches dorées, 11 fr.; toile, tranches dorées, 10 fr.; broché........................ 7 fr.

Un des rares romans qui peuvent être lus par les jeunes gens et les jeunes personnes, non-seulement sans danger, mais avec fruit; classique pour le style, en France comme en Angleterre.

GRAMONT (LE COMTE DE).

LES BÉBÉS, poésies de l'enfance, illustrées par OSCAR PLETSCH. 1 vol. in-8°. Relié, tr. dor., 11 fr.; toile, tr. dor., 10 fr.; br. 7 fr.

LES BONS PETITS ENFANTS (volume en prose), vignettes par LUDWIG RICHTER. 1 vol. in-8°. Relié, tranches dorées, 11 fr.; toile, tranches dorées, 10 fr.; broché...................... 7 fr.

Ces deux volumes, d'une inspiration morale, aimable et élevée, sont ornés de nombreuses vignettes par les deux dessinateurs de scènes enfantines les plus en renom de l'autre côté du Rhin, Ludwig Richter et Pletsch. Jolis textes ingénieusement variés, d'un style pur et élégant.

HUGO (VICTOR).

LES ENFANTS (*le Livre des Mères et des Jeunes Filles*), la fleur des poésies de Victor Hugo ayant trait à l'enfance, illustrées par FROMENT. 1 vol. grand in-8°. Relié, tranches dorées, 15 fr.; toile, tr. dorées, 13 fr.; broché....... 10 fr.

Ce qui est offert aux mères dans ce recueil, c'est le miroir même de leur cœur, c'est le trésor amassé de leurs plus vives, comme de leurs plus suaves émotions. Amis et adversaires, tous, sans acception d'école et de parti, avaient admiré, éparses dans l'ensemble des œuvres du poëte, les perles dont a été composé cet écrin. Chacune, pour ainsi dire, était célèbre pour son compte. Les éditeurs de ce livre ont eu raison de penser que, réunies, elles auraient une valeur inestimable. Ce recueil est unique en son genre.

A. KÆMPFEN.

LA TASSE A THÉ, 9 gravures hors texte, nombreuses vignettes, par WORMS. 1 vol. in-8°. Relié, tranches dorées, 11 fr.; toile, tranches dorées, 10 fr.; broché.................. 7 fr.

Ce livre, charmant par la délicatesse des sentiments et du style, est digne de prendre place dans toutes les bibliothèques de jeunes filles, à côté des modèles du genre. C'est un voyage en Chine auquel on ne saurait faire qu'un reproche, c'est qu'il finit trop vite.

Mme S. LOCKROY.

LES FÉES DE LA FAMILLE. 1 beau volume in-8°, illustré par DE DONCKER. Relié, tranches dorées, 11 fr.; toile, tranches dorées, 10 fr.; broché........................ 7 fr.

Recueil de contes bien composés et écrits avec un rare naturel. Ils ne renferment pas seulement de bonnes pensées, mais des pensées d'un ordre élevé; le merveilleux qui les enveloppe y est à dose acceptable même pour ceux qui voudraient le proscrire tout à fait.

JEAN MACÉ.

HISTOIRE D'UNE BOUCHÉE DE PAIN, illustrée par FRŒLICH. 1 vol. in-8°. Relié, tr. dor., 11 fr.; toile, tr. dor., 10 fr.; br. 7 fr.

Un des chefs-d'œuvre de notre temps, son succès universel en a fait un classique de tous les pays. Chez M. Macé, l'homme de cœur, de goût et d'esprit est à la hauteur du savant. Ce livre, avec les *Serviteurs de l'estomac* qui le complètent, a rendu non-seulement possible, mais attrayante, pour les jeunes filles et les jeunes garçons, l'histoire naturelle de l'être humain.

LES CONTES DU PETIT-CHATEAU, illustrés par BERTALL. 1 beau volume in-8°. Relié, tranches dorées, 11 fr.; toile, tranches dorées, 10 fr.; broché........................ 7 fr.

Ces *Contes* ont les qualités prime-sautières des *Contes de Perrault*, et sont pour les enfants des leçons plus directes et plus intelligibles. En même temps lecture attachante par l'originalité des inventions, la vivacité, la pureté et l'entrain du style.

LE THÉATRE DU PETIT-CHATEAU. 1 beau volume in-8° sur vélin, illustré par FROMENT. Relié, tranches dorées, 11 fr.; toile, tranches dorées, 10 fr.; broché.................... 7 fr.

Un vrai théâtre pour les enfants de notre temps, gai, instructif, varié, sans rien de suranné ni de banal. Il peut se lire aussi bien que se jouer dans les familles et dans les institutions.

L'ARITHMÉTIQUE DU GRAND-PAPA (*Histoire de deux petits marchands de pommes*), illustrations de YAN'DARGENT. 1 vol. in-8°. Relié, tranches dorées, 11 fr.; toile, tranches dorées, 10 fr.; broché............................ 7 fr.

Charmant conte où les enfants peuvent apprendre en se jouant la numération, les quatre règles, les fractions, le système décimal et le système métrique. Ingénieux et original comme tous ceux de son auteur, ce livre est la meilleure préparation à l'étude aride de l'arithmétique et la plus jolie sans comparaison sous le rapport littéraire.

MALOT (HECTOR).

ROMAIN KALBRIS, dessins de E. BAYARD. 1 vol. in-8°, relié, tranches dorées, 11 fr.; toile, tranches dorées, 10 fr., broché...................................... 7 fr.

Une donnée de la plus grande simplicité, deux enfants pour personnages principaux, tels sont les éléments d'où l'auteur a tiré ce livre heureux, un des plus charmants, des plus touchants et des mieux écrits qui puissent être mis sous les yeux de l'enfance et de la jeunesse.

MARELLE (CHARLES).

LE PETIT MONDE. 1 vol. in-8°, illustré de nombreux dessins et vignettes. Relié, tr. dor. 11 fr.; toile, tr. dor., 10 fr.; br. 7 fr.

Petits récits et apologues en vers, d'une naïveté charmante et d'un sentiment excellent. — Ce volume convient surtout aux enfants du premier âge.

MAYNE-REID.

WILLIAM LE MOUSSE, AVENTURES DE TERRE ET DE MER. 1 vol. in-8°, illustré par RIOU, relié, tranches dorées, 11 fr.; toile, tranches dorées, 10 fr.; broché.................... 7 fr.

LES JEUNES ESCLAVES. 1 vol. in-8°, illustré par RIOU, relié, tranches dorées, 11 fr.; toile, tranches dorées, 10 fr.; broché. 7 fr.

LE DÉSERT D'EAU. 1 vol. in-8°, illustré par BENETT, relié, tranches dorées, 11 fr.; toile, tranches dorées, 10 fr.; broché 7 fr.

Il faut choisir dans l'œuvre abondante de Mayne-Reid. Les *Aventures de terre et de mer, William le mousse,* le *Désert d'eau,* les *Jeunes Esclaves,* ont pris place parmi ses chefs-d'œuvre.

DE MEISSAS (L'ABBÉ),

Chapelain de Sainte-Geneviève.

HISTOIRE SAINTE, comprenant l'Ancien et le Nouveau Testament, d'après les documents fournis par la Bible et les historiens de l'antiquité, avec nombreuses vignettes par GÉRARD SÉGUIN. 1 volume grand in-8°, relié, tranches dorées, 14 fr.; toile, tranches dorées, 12 fr.; broché........ 9 fr.

Excellent ouvrage d'enseignement religieux, qui est en même temps un excellent et très-entraînant livre d'histoire. Il présente, dans un ordre méthodique, tout l'ensemble des faits relatés dans les divers livres de l'Ancien et du Nouveau Testament. Œuvre d'un esprit sûr et distingué, il convient à tous les âges.

MULLER (EUGÈNE).

RÉCITS ENFANTINS, illustrés par FLAMENG. 1 volume in-8°. Relié, tranches dorées, 11 fr.; cart. toile, tranches dorées, 10 fr.; broché.................................. 7 fr.

Beaucoup de variété dans les sujets, une forme simple; récits aimables et très-attachants pour les enfants.

LA JEUNESSE DES HOMMES CÉLÈBRES, illustrations par BAYARD. 1 vol. in-8°, relié, tranches dorées, 11 fr.; toile, tranches dorées, 10 fr.; broché......................... 7 fr.

Le livre de M. Eugène Muller est à la fois d'un érudit et d'un conteur. On y sent les études sérieuses du bibliothécaire, et on y retrouve la grâce et le charme de l'auteur de la *Mionette.*

NÉRAUD ET JEAN MACÉ.

BOTANIQUE DE MA FILLE, illustrations par LALLEMAND. 1 vol. in-8°, relié, tranches dorées, 11 fr.; cart. toile, tr. dorées, 10 fr.; broché........................... 7 fr.

La Botanique de ma fille, ou de mon fils, ou la vôtre, convient à tous les âges. C'est une perle égale peut-être dans sa spécialité à l'*Histoire d'une bouchee de pain*. Il est, en outre, par la richesse de son illustration, un des plus remarquables de notre collection.

NOEL (EUGÈNE).

LA VIE DES FLEURS, illustrations de YAN'DARGENT. 1 volume in-8°, relié, tranches dorées, 11 fr.; cart. toile, tranches dorées, 10 fr.; broché................................ 7 fr.

Ouvrage très-bien écrit, excellent pour inspirer à la jeunesse et à l'adolescence le goût de la botanique et préparer à son étude.

LOUIS RATISBONNE.

LA COMÉDIE ENFANTINE, couronnée par l'Académie française. (Livre dès à présent classique.) PREMIÈRES ET DERNIÈRES SCÈNES, RÉUNIES EN UN VOLUME IN-8°, AVEC TOUTES LES GRAVURES DE FROMENT ET DE GOBERT de la première édition. Relié, tr. dorées, 11 fr.; toile, tr. dorées, 10 fr.; broché... 7 fr.

Ce livre est le premier de la collection par la date et n'a pas de rivaux par son succès. C'est la seule œuvre moderne, en vers, qui ait réussi à devenir classique pour le jeune âge.

SAINTINE (X.-B.).

PICCIOLA, 41e édition, illustrée à nouveau par FLAMENG. 1 vol. in-8°. Relié, tr. dor., 11 fr.; toile, tr. dor., 10 fr.; broché. 7 fr.

Un livre pour lequel toute apologie est depuis longtemps superflue; sain, touchant, aimable, gracieux, ne développant la sensibilité que dans le sens le plus droit, le plus moral.

SANDEAU (J.).

LA ROCHE AUX MOUETTES, illustré par BAYARD et FÉRAT. 1 vol. in-8°, relié, tr. dorées, 11 fr.; cart. toile, tr. dorées, 10 fr.; broché................................ 7 fr.

Livre exquis, un bijou dû à la plume de M. Jules Sandeau, un classique dès son apparition.

SCHULER (TH.), P.-J. STAHL ET JEAN MACÉ.

LE LIVRE DES PETITS ENFANTS. 1 vol. in-8°, illustré, relié, tr. dorées, 11 fr.; cart. toile, tr. dorées, 10 fr.; broché.... 7 fr.

Cet admirable petit ouvrage *illustré splendidement* des chefs-d'œuvre du célèbre artiste alsacien, M. Théophile Schuler, est le plus complet, le plus riche et le mieux conçu des alphabets qu'on ait jamais offert au premier âge. C'est le premier, c'est le meilleur livre à mettre entre les mains des enfants.

SAUVAGE (ÉLIE).

LA PETITE BOHÉMIENNE, illustrations par Frœlich. 1 vol. in-8. Relié, tr. dor., 11 fr.; toile, tr. dor., 10 fr.; broché.. 7 fr.

SÉGUR (LE COMTE ANATOLE DE).

FABLES, illustrées par Frœlich. 1 beau vol. in-8°. Relié, tr. dorées, 11 fr.; cart. toile, tr. dorées, 10 fr.; broché..... 7 fr.

Élégance et distinction de forme, morale aimable et solide, sentiments élevés : telles sont les qualités qui recommandent ce recueil. Tous les âges le liront avec autant de profit que de plaisir.

P.-J. STAHL.

LA MORALE FAMILIÈRE (*couronnée par l'Académie française*). **CONTES ET RÉCITS** illustrés par Schuler, Bayard, de la Charlerie, Frœlich, etc. 1 vol. in-8°, relié, tranches dorées, 11 fr.; toile, tranches dorées, 10 fr.; broché........ 7 fr.

Livre qu'un critique éminent a appelé « un petit chef-d'œuvre de goût et d'honnêteté », et dont M. Villemain, dans son Rapport à l'Académie française, a dit : « Ces leçons de bon sens, de droiture, de franchise et d'honneur sont accueillies par l'Académie du même prix et couronnées par elle dans le même rang que les œuvres de la philosophie la plus élevée. »

P.-J. STAHL ET MULLER.

LE NOUVEAU ROBINSON SUISSE, revu et traduit par P.-J. Stahl et Muller, mis au courant de la science moderne par Jean Macé, environ 150 dessins de Yan'Dargent. 1 vol. gr. in-8°. Relié, tr. dor., 14 fr.; toile, tr. dorées, 12 fr.; broché. 9 fr.

En conservant toutes les qualités de l'ouvrage original, qui l'ont rendu si cher aux enfants, la nouvelle traduction en a fait disparaître les erreurs scientifiques, les longueurs et les autres défauts qui le déparaient. C'est maintenant un livre aussi scientifique, aussi sûr et aussi solide qu'il est intéressant et agréable. — L'édition actuelle a pris, même à l'étranger, la place de l'original ; c'est elle qu'on traduit partout.

P.-J. STAHL ET DE WAILLY (LÉON).

CONTES CÉLÈBRES DE LA LITTÉRATURE ANGLAISE, illustrations par Fath. 1 vol. in-8°. Relié, tranches dorées, 11 fr.; toile, tr. dorées, 10 fr.; broché.................... 7 fr.

Ce volume est un écrin, chaque conte est un diamant, un des plus grands succès de la collection.

ŒUVRES COMPLÈTES parues : 33 fr. BROCHÉES.

JULES VERNE

ŒUVRES COMPLÈTES parues : 48 fr. CARTONNÉES.

(ŒUVRES COMPLÈTES)

VOYAGES EXTRAORDINAIRES

TRÈS-BELLE ÉDITION POPULAIRE ILLUSTRÉE

* **LES AVENTURES DU CAPITAINE HATTERAS** (LES ANGLAIS AU PÔLE NORD et LE DÉSERT DE GLACE), illustrées de 261 dessins et vignettes par RIOU. 1 vol. gr. in-8°, relié, tr. dorées, 11 fr.; cart. toile, tr. dorées, 10 fr.; broché.. 7 fr.

Il n'y a pas à faire l'éloge des ouvrages si originaux, si remarquables à tous les titres, de M. Verne, arrivé presque dès ses débuts à une célébrité plus qu'européenne. Les *Aventures du capitaine Hatteras* font connaître, à travers les péripéties du plus dramatique récit, toutes les données ainsi que les hypothèses de la science sur la nature et les phénomènes des contrées hyperboréales.

* **VOYAGE AU CENTRE DE LA TERRE,** illustré de 56 dessins par RIOU. 1 vol. in-8°, toile, tr. dorées, 6 fr. 50; broché.. 3 50

Tout ce qu'on sait ou qu'on est en droit de supposer sur la constitution intime de notre globe se trouve, pour ainsi dire, vérifié dans ce livre, dont la lecture serait d'ailleurs des plus attrayantes, ne fût-il qu'une œuvre de pure imagination.

* **CINQ SEMAINES EN BALLON,** illustrées de 80 dessins et vignettes par RIOU. 1 vol. in-8°, toile, tr. dor., 7 fr.; broché.. 4 fr.

L'ouvrage de début de l'auteur, qui dès lors s'annonçait comme un maître dans ce merveilleux et émouvant tableau, déroulé par lui aux yeux du lecteur, de toutes les contrées intérieures du vaste continent africain, dont les mystères, dont la vie étaient restés jusqu'à notre époque parmi les *desiderata* de la science.

Cinq Semaines en ballon et le *Voyage au centre de la terre* se vendent aussi réunis en un volume relié, tranches dorées, 11 fr.; toile, tr. dorées, 10 fr.; broché.. 7 f..

JULES VERNE

(ŒUVRES COMPLÈTES. — SUITE.)

* **LES ENFANTS DU CAPITAINE GRANT** (VOYAGE AUTOUR DU MONDE), 177 dessins de RIOU. 1 vol. grand in-8°, relié, tr. dor., 14 fr. ; toile, tr. dorées, 12 fr. ; broché.... 9 fr.

A l'intérêt scientifique se joint, dans ce livre, celui qui est excité par une action fondée sur les plus nobles sentiments d'amour filial et de dévouement à l'humanité. Pour tous les ouvrages de M. Verne, le savant, le conteur et l'écrivain sont au même niveau.

* **DE LA TERRE A LA LUNE**, 43 dessins par DE MONTAUT. 1 vol. grand in-8°, toile, tr. dorées, 6 fr. ; broché.... 3 fr.

Œuvre pleine de gaieté et d'humour qui est en même temps un livre de science positive irréprochable. Rien de plus attachant que l'histoire de tous ces préparatifs pour une visite à notre satellite, à travers lesquels on se trouve initié à tout l'ensemble de ses rapports avec notre globe, rien de plus curieux que le récit du retour des voyageurs présenté dans la seconde partie *Autour de la lune.*

VINGT MILLE LIEUES SOUS LES MERS. 111 dessins par DE NEUVILLE. 1 vol. grand in-8°, relié, doré, 11 fr. ; toile, tr. dorées, 10 fr. ; broché.................... 7 fr.

Le plus grand succès de M. JULES VERNE avec LE CAPITAINE HATTERAS.

EN PRÉPARATION :

AUTOUR DE LA LUNE. 1 volume illustré.

LA VILLE FLOTTANTE. 1 volume illustré.

JULES VERNE et THÉOPHILE LAVALLÉE.

* **GÉOGRAPHIE ILLUSTRÉE DE LA FRANCE ET DES COLONIES.** 108 gravures par CLERGET et RIOU, et 100 cartes par CONSTANS et SÉDILLE. 1 vol. grand in-8°, relié, tr. dor., 15 fr. ; cart. toile, tr. dor., 13 fr. ; broché... 10 fr.

Ce livre a été donné comme prix d'excellence dans les plus grands centres d'instruction. C'est la plus nouvelle, la plus claire, la plus richement illustrée et la moins chère, dans ses conditions, des géographies de la France.

ALBUMS-LIVRES EN COULEURS

IN-4°.

CHROMOTYPOGRAPHIE SILBERMANN

DESSINS DE FRŒLICH, TEXTES DE P.-J. STAHL.

ALPHABET DE Mlle LILI, relié toile, à biseaux........ 5 fr.
Cartonné bradel.................................... 3 fr.

ARITHMÉTIQUE DE Mlle LILI, relié toile, à biseaux.. 5 fr.
Cartonné bradel.................................... 3 fr.

MONSIEUR CÉSAR, relié toile, à relief.............. 3 fr.
Cartonné bradel.................................... 1 50

MOULIN A PAROLES, relié toile, à relief............ 3 fr.
Cartonné bradel.................................... 1 50

HECTOR LE FANFARON, relié toile, à relief......... 3 fr.
Cartonné bradel.................................... 1 50

IL ÉTAIT UNE BERGÈRE, relié toile................ 3 fr.
Cartonné bradel.................................... 1 50

JEAN LE HARGNEUX, relié toile, à relief........... 3 50
Cartonné bradel.................................... 2 fr.

HISTOIRE D'UN AQUARIUM ET DE SES HABITANTS. 1 vol. grand in-8°, par E. Van Bruyssel, avec planches en 12 couleurs, chef-d'œuvre typographique imprimé par Silbermann de Strasbourg, d'après Becker et Riou. Prix : relié, tranches dorées à biseaux, 8 fr.; cartonné bradel................. 6 fr.

ALBUMS-LIVRES IN-8°.

L. FRŒLICH ET P.-J. STAHL.

Bibliothèque de mademoiselle Lili et de son cousin Lucien.

BONSOIR, PETIT PÈRE, relié toile, à biseaux....... 5 fr.
Cartonné bradel.................................... 3 fr.

JOURNÉE DE Mlle LILI, relié toile, à biseaux......... 5 fr.
Cartonné bradel.................................... 3 fr.

LE PETIT DIABLE, relié toile, à biseaux............. 5 »
Cartonné bradel.................................... 3 fr.

Mlle LILI A LA CAMPAGNE, relié toile, à biseaux...... 5 »
Cartonné bradel.................................... 3 fr.

MADEMOISELLE MOUVETTE, relié toile, à biseaux.. 7 50
Cartonné bradel.................................... 5 fr.

MONSIEUR TOC TOC, relié toile, à biseaux........... 5 »
Cartonné bradel.................................... 3 fr.

PREMIÈRES ARMES DE Mlle LILI, relié toile, à biseaux 5 »
Cartonné bradel.................................... 3 fr.

VOYAGES DE DÉCOUVERTES DE Mlle LILI ET DE SON COUSIN LUCIEN, relié toile, à biseaux....... 7 50
Cartonné bradel.................................... 5 fr.

VOYAGE DE Mlle LILI ET DE SON COUSIN LUCIEN AUTOUR DU MONDE, relié toile, à biseaux.. 7 50
Cartonné bradel.................................... 5 fr.

LE ROYAUME DES GOURMANDS, rel. toile, à biseaux 7 50
Cartonné bradel.................................... 5 fr.

HECTOR LE FANFARON (bistre), relié toile, à biseaux........ 2 50

JEAN LE HARGNEUX (bistre), relié toile, à biseaux.......... 2 50

MADEMOISELLE PIMBÈCHE, relié toile, à biseaux.... 3 50
Cartonné bradel.................................... 2 fr.

LE ROI DES MARMOTTES, relié toile, à biseaux...... 3 50
Cartonné bradel.................................... 2 fr.

ZOÉ LA VANITEUSE, relié toile, à biseaux........... 2 50
Cartonné bradel.................................... 1 fr.

FATH (GEORGES).

PIERROT A L'ÉCOLE, relié toile, à biseaux.......... 5 »
Cartonné bradel.................................... 3 fr.

FROMENT ET P.-J. STAHL.

HISTOIRE D'UN PAIN ROND, relié toile, à biseaux.... 5 »
Cartonné bradel.................................... 3 fr.

LA PETITE PRINCESSE ILSÉE, relié toile, à biseaux.. 7 50
Cartonné bradel.................................... 5 fr.

O. PLETSCH ET P.-J. STAHL.

LES PETITES AMIES, relié toile, à biseaux........... 5 fr.
Cartonné bradel.................................... 3 fr.

MARIE (ADRIEN) ET P.-J. STAHL.

LE PETIT TYRAN, relié toile, à biseaux............. 5 fr.
Cartonné bradel.................................... 3 fr.

LANÇON.

CAPORAL, LE CHIEN DU RÉGIMENT, relié toile, à biseaux.................................... 5 fr.
Cartonné bradel.................................... 3 fr.

AVENTURES SURPRENANTES DE TROIS VIEUX MARINS, par GREENWOOD (JAMES), 1 volume-album grand in-4°, dessins par GRISET. Richement relié, 7 fr.; cartonné bradel. 5 fr.

Livre très-amusant pour les yeux et très-récréatif comme lecture. Spécimen remarquable de l'art et de l'esprit anglais appliqués à la récréation de la jeunesse.

LORENTZ FRŒLICH.

BÉBÉ A LA MAISON, relié toile, à biseaux........... 6 50
Cartonné bradel.................................... 4 fr.

BÉBÉ AUX BAINS DE MER, relié toile, à biseaux..... 6 50
Cartonné bradel.................................... 4 fr.

JOLIS VOLUMES IN-18

ANCIEN NOUVEAU MAGASIN DES ENFANTS, IN-18

ALEXANDRE DUMAS.

LA BOUILLIE DE LA COMTESSE BERTHE, vol. album in-18, avec nombreux dessins, relié toile, 3 fr.; broché... 2 fr.

CHARLES NODIER.

TRÉSOR DES FÈVES ET FLEUR DES POIS, vol. in-18, avec nombreux dessins, relié toile, 3 fr.; broché........ 2 fr.

CONTES CHOISIS, illustrés des célèbres eaux-fortes de TONY JOHANNOT. 2 vol., 3 fr. 50 chacun. Les deux.............. 7 fr.

CHENNEVIÈRES (MARQUIS DE).

AVENTURES DU PETIT ROI SAINT LOUIS devant Bellesme. Broché.. 5 fr.

LE NOUVEAU MAGASIN DES ENFANTS.

4 SÉRIES GRAND IN-8o.

Chaque série br. **10** fr. — Rel. tr. dorée, **14** fr.

Les Aventures de Tom Pouce, par P.-J. STAHL; 110 vignettes par BERTALL.

Trésor des fèves et Fleur des pois, par Charles NODIER; 61 vignettes par Tony JOHANNOT.

Histoire de la mère Michel et de son chat, par E. de LA BÉDOLLIÈRE; 84 vignettes par LORENTZ.

Vie de Polichinelle et de ses nombreuses aventures, par Octave FEUILLET; 87 vignettes par BERTALL.

La Bouillie de la comtesse Berthe, par Alexandre DUMAS; 142 vignettes par BERTALL.

Histoire d'un casse-noisette, par Alexandre DUMAS; 237 vignettes par BERTALL.

Les Fées de la mer, par Alphonse KARR; 66 vignettes par LORENTZ.

Aventures du prince Chènevis, par Léon GOZLAN; 100 vignettes par BERTALL.

Monsieur le Vent et Madame la Pluie, par Paul de MUSSET; 92 vignettes par Gérard SÉGUIN.

Histoire du véritable Gribouille, par George SAND; illustrée; 67 dessins par Maurice SAND; gravures de H. DELAVILLE.

Le Prince Coqueluche, par Édouard OURLIAC; 80 vignettes par Gérard SÉGUIN.

La Révolte des Fleurs, par P.-J. STAHL, etc.

ÉTUDES

D'APRÈS LES GRANDS MAITRES

DESSINS ET LITHOGRAPHIES

Par A. COLIN

PROFESSEUR DE DESSIN A L'ÉCOLE POLYTECHNIQUE

Ouvrage adopté par le ministère de l'Instruction publique, à l'usage des Lycées et des Écoles.

Album in-folio : 20 planches,

PRIX : cartonné bradel .... 20 fr.
— cartonné toile, avec titre doré.... 22 fr.

Chaque planche se vend séparément, collée sur carton, avec texte au dos.
Prix de chaque planche : 1 fr. 25.

BIBLIOTHÈQUE D'ÉDUCATION ET DE RÉCRÉATION

VOLUMES IN-18

Brochés, **3 fr.** — Cartonnés toile, tranches dorées, **4 fr.**

AMPÈRE (A.-M.).....	Journal et correspondance.............	1 v.
ANDERSEN	Nouveaux Contes suédois...............	1 v.
BERTRAND (J.)......	Les Fondateurs de l'astronomie........	1 v.
BIART (Lucien).....	Aventures d'un jeune naturaliste.......	1 v.
BOISSONNAS (Mme B.).	Une Famille pendant la Guerre 1870-71.	1 v.
BRACHET (A.).......	Grammaire historique (préface de LITTRÉ) (Couronné par l'Académie française)	1 v.
BRÉHAT (de).......	Aventures d'un petit Parisien..........	1 v.
CARLEN (Emilie)....	Un Brillant Mariage..................	1 v.
CHERVILLE (de).....	Histoire d'un trop bon chien...........	1 v.
CLÉMENT (Ch.)......	Michel-Ange, Raphaël, etc.............	1 v.
DURAND (Hip.).....	Les Grands Prosateurs.................	1 v.
—	Les Grands Poëtes.....................	1 v.
ERCKMANN-CHATRIAN.	Le Fou Yegof ou l'Invasion............	1 v.
—	Madame Thérèse.......................	1 v.
—	Histoire d'un paysan (COMPLÈTE)........	4 v.
FOUCOU............	Histoire du travail....................	1 v.
FRANKLIN (J.)......	Vie des animaux (3 fr. 50 le vol.).......	6 v.
GRIMARD...........	Histoire d'une goutte de séve...........	1 v.
HIPPEAU (Mme).....	Cours d'économie domestique..........	1 v.
HUGO (VICTOR)......	Les Enfants..........................	1 v.
IMMERMAN..........	La Blonde Lisbeth.....................	1 v.
LAVALLÉE (Th.).....	Histoire de la Turquie.................	2 v.
LEGOUVÉ (E.)........	Les Pères et les Enfants au XIXe siècle (ENFANCE ET ADOLESCENCE)............	1 v.
—	Les Pères et les Enfants au XIXe siècle (LA JEUNESSE).....................	1 v.
—	Conférences parisiennes...............	1 v.
LOCKROY (Mme).....	Contes à mes nièces...................	1 v.
MACAULAY..........	Histoire et Critique....................	1 v.
MALOT (Hector).....	Romain Kalbris.......................	1 v.
MACÉ (Jean)........	Histoire d'une bouchée de pain.......	1 v.

Macé (Jean)........	Les Serviteurs de l'estomac............	1 v.
—	Contes du petit château................	1 v.
—	Arithmétique du grand-papa...........	1 v.
Maury (commandant)	Géographie physique..................	1 v.
Muller (Eugène)....	La Jeunesse des hommes célèbres.....	1 v.
Ordinaire..........	Dictionnaire de mythologie............	1 v.
—	Rhétorique nouvelle..................	1 v.
Ratisbonne (Louis).	Comédie enfantine (ouvrage couronné)..	1 v.
Reclus (Élisée).....	Histoire d'un ruisseau................	1 v.
Renard............	Le Fond de la mer..................	1 v.
Roulin (F.)........	Histoire naturelle....................	1 v.
Rozan (Ch.).......	Petites Ignorances de la conversation....	1 v.
—	La Bonté..........................	1 v.
Sandeau (Jules)....	La Roche aux Mouettes...............	1 v.
Sayous............	Conseils à une mère sur l'éducation littér.	1 v.
—	Principes de littérature...............	1 v.
Simonin............	Histoire de la terre..................	1 v.
P.-J. Stahl et de Wailly.	Scènes de la vie des enfants en Amérique :	
—	Les Vacances de Riquet et Madeleine...	1 v.
—	Mary Bell, William et Lafaine.........	1 v.
Stahl (P.-J.)......	Morale familière (ouvrage couronné)...	1 v.
Stahl et Muller....	Le Nouveau Robinson suisse...........	1 v.
Thiers.............	Histoire de Law.....................	1 v.
Verne (Jules)......	Aventures du capitaine Hatteras :	
—	— Les Anglais au pôle Nord..........	1 v.
—	— Le Désert de glace...............	1 v.
—	Les Enfants du capitaine Grant :	
—	— L'Amérique du Sud...............	1 v.
—	— L'Australie......................	1 v.
—	— L'Océan Pacifique................	1 v.
—	Autour de la lune....................	1 v.
—	Aventures de 3 Russes et de 3 Anglais..	1 v.
—	Cinq Semaines en ballon..............	1 v.
—	De la Terre à la Lune................	1 v.
—	Histoire des grands voyages et des grands voyageurs............................	1 v.
—	Le Pays des Fourrures................	2 v.
—	Le Tour du Monde en 80 jours........	1 v.
—	Vingt mille Lieues sous les mers........	2 v.
—	Voyage au centre de la terre...........	1 v.
—	Une Ville flottante....................	1 v.
Vogan (de)........	Voyages et Aventures.................	1 v.
Zurcher et Margollé	Les Tempêtes........................	1 v.
—	Histoire de la navigation..............	1 v.
—	Le Monde sous-marin................	1 v.

SÉRIE DES VOLUMES IN-18, AVEC GRAVURES

Brochés, **3 fr. 50** — Cartonnés, tr. dorées, **4 fr. 50**

(Suite de la Collection *Éducation et Récréation.*)

ANQUEZ............	Histoire de France...................	1 v.
BERTRAND (Alex.)...	Lettres sur les révolutions du globe......	1 v.
FARADAY (M.).......	Histoire d'une chandelle..............	1 v.
GRATIOLET (P.).....	De la Physionomie..................	1 v.
HIRTZ (Mlle)........	Méthode de coupe et de confection, pour les vêtements de femmes et d'enfants, 154 gravures.....................	1 v.
LA FONTAINE (JOUAUST)	Fables annotées par BUFFON...........	1 v.
LAVALLÉE (Th.)	Les Frontières de la France............	1 v.
MAYNE-REID	Aventures de terre et de mer..........	1 v.
—	Les Jeunes Esclaves.................	1 v.
—	Le Désert d'eau....................	1 v.
—	Les Chasseurs de girafes..............	1 v.
—	Les Naufragés de l'île de Bornéo.......	1 v.
MORTIMER D'OCAGNE.	Les Grandes Écoles de France.........	1 v.
PARVILLE (de)......	Un Habitant de la planète Mars........	1 v.
SILVA (de).........	Le Livre de Maurice.................	1 v.
TYNDALL.......	Dans les montagnes............	1 v.

SÉRIE IN-18. — PRIX DIVERS.

(Suite de la Collection *Éducation et Récréation.*)

BLOCK (Maurice)....	Petit Manuel d'Économie pratique.....	2 fr.
A. BRACHET........	Dictionnaire étymologique de la langue française (couronné par l'Ac. franç.)..	8 fr.
CLAVÉ (J.)..........	Principes d'économie politique, in-18...	2 fr.
GRIMARD (Ed.)......	La Plante (2 vol.) (*en réimpression*)....	10 fr.
MACÉ (Jean)........	Théâtre du petit château.........	2 fr.
—	Arithmétique du grand-papa (éd. popul.)	1 fr.
—	Morale en action....................	1 fr.
—	Lettres d'un paysan d'Alsace sur l'instruction obligatoire................	» 30
—	Le Génie de la petite ville. 1 v. in-32..	» 25
—	Anniversaire de Waterloo, 1 vol. in-32..	» 15
—	Une carte de France — le Gulf-Stream.	» 25
—	La Ligue de l'enseignement, nos 1 à 4, à.	» 25
PROUDHON (P.-J.)...	La Guerre et la Paix. 2 volumes à......	2 fr.
SOUVIRON	Dictionnaire des termes techniques	6 fr.
X................	Vingt Mois de Présidence............	5 fr.
TROCHU (Général)...	L'Empire et la Défense de Paris.......	8 fr.

EN PRÉPARATION :

Agassiz	Manuel de zoologie. Traduit par Élisée Reclus	1 v.
Arago (Étienne)	Un Demi-Siècle	3 v.
Brachet (Auguste)	Histoire de la littérature allemande	1 v.
Dana	Manuel de géologie et de minéralogie	2 v.
Du Temple	Traité de mécanique usuelle	1 v.
Flammarion (Camille)	Histoire du ciel	1 v.
Foucou-Tyndall	Les Glaciers, de Tyndall	2 v.
Grimard	Jardin des Plantes	1 v.
—	Jardin d'Acclimatation	1 v.
Griset (Ernest)	Aventures de la vie sauvage	1 v.
Lacome	La Musique mise à la portée des enfants.	1 v.
Malot (Hector)	L'Enfant du tour de France	1 v.
Marsh (George-P.)	L'Homme et la Nature, traduit par Mackintosh et Élisée Reclus	1 v.
Maury (commandant)	Leçons de géographie	1 v.
Muller	Morale en action par l'histoire	1 v.
—	Les Filles du sonneur	1 v.
North Peat	Les Merveilles de la science	1 v.
Ordinaire	Histoire de la littérature française	1 v.
Paris (Gaston)	Histoire de la langue française	1 v.
Scherer	Cours complet de littérature française	10 v.
Tissandier	L'Air	1 v.
Van Bruyssel	Les Clients d'un vieux poirier	1 v.
Verne (Jules)	Aventures d'une demi-douzaine de savants	1 v.
—	Le Pays des fourrures	1 v.
—	Voyages et Voyageurs	1 v.
Wood (Mme)	Aventures d'un griffon	1 v.

ÉDITIONS POPULAIRES ILLUSTRÉES GRAND IN-8°.

VOYAGE OU IL VOUS PLAIRA, par Alfred de Musset et P.-J. Stahl, illustré par Tony Johannot.

LES MILLE ET UNE NUITS, illustrées par Gustave DORÉ.

ALBUMS Frœlich, Froment, Richter, Detaille, Marie, O. Pletsch, Yundt, Cham, Lançon, Bertall, etc., etc.

LIVRES D'AMATEURS

GRAND LUXE

ÉDITIONS ILLUSTRÉES

IVCTOR HUGO. — Poésies elzéviriennes, sur chine, les 10 vol. 115 fr.

CONTES DE PERRAULT, illustrés par Gustave Doré, la grande édition in-folio. Reste quelques exemplaires à............ 100 fr.

DAPHNIS ET CHLOÉ. Traduction d'Amyot, complétée par P.-L. Courier. 42 compositions au trait, en couleur, dans le texte, par Burthe. Préface par Amaury Duval. Magnifique édition in-folio en deux couleurs, imprimée par Claye.... 50 fr.

LEMERCIER (Alfred) et BOCQUIN. — Gavarni, aquarelles fac-simile (chromolithographies), album en feuilles composé de 6 planches. Prix................................ 30 fr.

GAVARNI. — Œuvres choisies, album in-folio. Cartonné.... 22 fr.
Quelques exemplaires seulement.

GRANDVILLE et KAULBACH. — Œuvres choisies, album in-folio. Broché........................ 20 fr.
— — Cartonné........................ 22 fr.

L'ORAISON DOMINICALE, dessins de Frœlich. Album in-4°, contenant 10 planches à l'eau-forte, relié toile........... 18 fr.

SEPT FABLES DE LA FONTAINE, dessins de Frœlich. Album in-4°, illustré de 10 planches, broché...................... 5 fr.

LES RICHESSES GASTRONOMIQUES DE LA FRANCE. — Lorbac (Ch. de), texte. — Lallemand (Ch.), illustrations : Les vins de Bordeaux, 1re partie. *Généralités, culture, vendanges, classification, châteaux vinicoles.* Crus classés. Broché.. 25 fr.
— Saint-Émilion, *son histoire, ses monuments et ses vins.* Broché.. 8 fr.

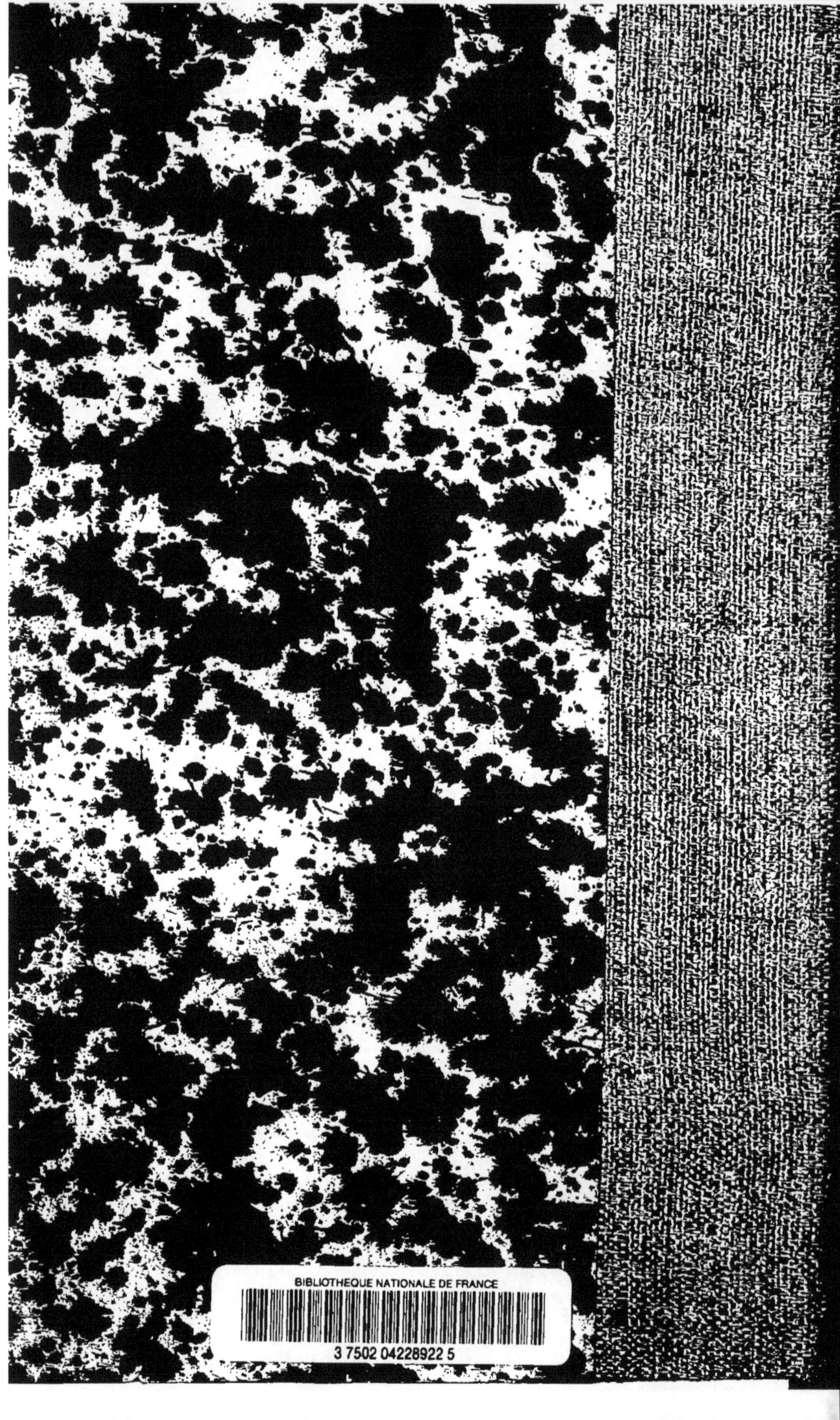

www.ingramcontent.com/pod-product-compliance
Ingram Content Group UK Ltd.
Pitfield, Milton Keynes, MK11 3LW, UK
UKHW020425200726
13857UKWH00002B/284